»Ich bin eine gute Mutter!«

● *Corinna Knauff* ist selbstständige Diplomheilpädagogin und freie Autorin und widmet sich beruflich seit vielen Jahren der Psychologie der Märchen. Sie lebt mit ihrem Mann und ihren zwei Kindern in Köln.

Corinna Knauff

»Ich bin eine gute Mutter!«

Warum es Ihrem
Kind besser geht,
wenn Sie nicht immer perfekt sind

Campus Verlag
Frankfurt/New York

Die Ratschläge in diesem Buch wurden von der Autorin sorgfältig erwogen und geprüft, dennoch kann eine Garantie nicht übernommen werden. Eine Haftung der Autorin beziehungsweise des Verlags und seiner Beauftragten für Personen-, Sach- und Vermögensschaden ist ausgeschlossen.

Bibliografische Information der Deutschen Nationalbibliothek.
Die Deutsche Nationalbibliothek verzeichnet diese Publikation in der Deutschen Nationalbibliografie; detaillierte bibliografische Daten sind im Internet unter http://dnb.d-nb.de abrufbar.
ISBN 978-3-593-38794-9

Das Werk einschließlich aller seiner Teile ist urheberrechtlich geschützt. Jede Verwertung ist ohne Zustimmung des Verlags unzulässig. Das gilt insbesondere für Vervielfältigungen, Übersetzungen, Mikroverfilmungen und die Einspeicherung und Verarbeitung in elektronischen Systemen.
Copyright © 2009 Campus Verlag GmbH, Frankfurt am Main.
Umschlaggestaltung: R.M.E, Roland Eschlbeck und Ruth Botzenhardt
Umschlagmotiv: © Corbis, Düsseldorf
Satz: Campus Verlag GmbH, Frankfurt am Main
Druck und Bindung: Druck Partner Rübelmann GmbH, Hemsbach
Gedruckt auf säurefreiem und chlorfrei gebleichtem Papier.
Printed in Germany

Besuchen Sie uns im Internet: www.campus.de

Inhalt

Einleitung 9

**Bildungsmütter im Kreuzfeuer eigener und
fremder Ansprüche** 13

Auf in den Kampf fürs Kind! 14
Mami – ein Dienstleistungsunternehmen 18
FürSORGE 19
Supermama und Superfrau 20
Ratgeber und *Rama*-Mutter: Wie der Leistungsdruck entsteht 22
Der leise Krieg der Mütter 28
Der Verlust der mütterlichen Unbefangenheit 31
Förderitis – eine neue Epidemie 35

Zuviel des Guten. Die Kehrseite der perfekten Bemutterung .. 38
Das »König-Kind«-Phänomen 45

Abschied von der Übermutter 51
Gute Mütter sagen Nein 56
Mütter-Mantras für ein gelassenes und selbstsicheres Muttersein ... 63
Basicmama statt Supermama 65

Die Entthronung des kleinen Königs 76
Kinder brauchen das wahre Leben 76
Orientierung mit den Maximen der Basiserziehung 79

Erwachsene in die Erwachsenenwelt, Kinder in die Kinderwelt ... 81
Gemein, spießig und streng sein: Mütterliche Macht gutheißen ... 86

Das eigene Maß finden 101
Wir sind nicht die Sklaven unserer Rituale 102

Win-Win für Mutter und Kind: Geben und Nehmen 107
Muttersein = Geben? 107

Erziehungsballast abwerfen 115
Nicht perfekt, aber auch nicht allein 116
Welche Förderung braucht mein Kind wirklich? 126

Schluss mit dem Kontroll-Overkill 133
Die totale Kontrolle ist eine Illusion 136

**Dem schlechten Gewissen den Wind
aus den Segeln nehmen** 142
Eine Frage der Perspektive 143
Vermeidungsstrategien sind keine Lösung 148

Emanzipation für Mama und Papa: Erziehung teilen 152
Geteiltes Leid ist halbes Leid 155

Das Zauberwort heißt Distanz 161
Renitenz: Ein kindlicher Abgrenzungsversuch 165
Zur Mutterliebe gehören Nähe und Distanz 166

Dem Herzen trauen 171
Mein Herz hat recht 172

Nobody is perfect – noch nicht einmal Mütter 179
Keine Erziehung ohne Fehler 179

Beipackzettel für Erziehungsratgeber 186

Das politisch Unkorrekte wagen 196
Nur die nicht perfekte Erziehung ist lustvoll 196

Neue Mütter braucht das Land – andere Vorbilder 204
Kindergeschichten für Mütter 211

Sich selbst wiederentdecken 215

Bis zum Mond und wieder zurück 222

Danksagung 225

Literaturhinweise 226

Für Bettina

Einleitung

Wir wissen das. Eine Mutter zu sein war von jeher kein Zuckerschlecken. Mittlerweile hat das Muttersein jedoch eine Qualität erreicht, die verdächtig an Hochleistungssport erinnert.

Das ist kein Wunder, schließlich sind die Erwartungen allerorts hoch und Erziehung keine private Angelegenheit mehr. Von allen Seiten prasseln Forderungen auf uns Mütter ein. Sind wir achtsam und voller Engagement und Fürsorge für unser Kind, sind wir auch schon mittendrin im Leistungsdruck. Bestens informiert und hochempfänglich für Anregungen und fachliche Erkenntnisse, können wir uns dem Ansturm von Ansprüchen und Glaubenssätzen über das ideale Muttersein kaum entziehen. Die Konsequenz daraus: Als gute Mutter von heute reißen wir uns die Beine für unsere Kinder aus.

Gemäß den allerorts propagierten Notwendigkeiten, die eine gute Mutter offensichtlich ausmachen, geben wir von Anfang an alles und stürmen los: Für eine geglückte Entwicklung unserer Kinder eilen wir hoffnungsvollen Muttertalente von der ersten Yogastunde für Schwangere nahtlos zum sanften Geburtshaus. Vom sozialen PEKiP-Treffen geht es über die angesagten Frühförderaktivitäten zum ebenfalls sozialen Mutter-Kind-Turnen. Im direkten Anschluss hecheln wir – schon etwas angeschlagen – zu prestigeträchtigen Kinderballettstunden, zum enervierenden Flötenunterricht, zum stärkenden Fußballtraining, zur phantasiekompatiblen Malschule ... Dabei machen wir so Festentschlossenen noch unzählige Umwege über gewissenserleichternde Biomärkte, viel beschäftigte Logopäden, neidschürende Kinderschuhgeschäfte, furchteinflößende Bücherregale mit Elternliteratur ... und belassen es besser bei einem Kind.

»Ich bin eine gute Mutter!«

Wir schleppen den viel zu schweren Schulranzen unserer Kleinen und veranstalten vom Konkurrenzdruck angeheizte Kindergeburtstage, die jeden Eventmanager erblassen lassen würden. Sonnige Hochglanzbabys sind das Maß aller Dinge, ungeachtet dessen, dass Vergleichen unglücklich macht. Todernst nehmen wir jede Warnung vor potenziellen gesundheitlichen Schäden unserer Liebsten durch Umwelt, Ernährung und Erziehung. Wen würde es jetzt noch wundern, wenn bald Überwachungsmonitore für Neugeborene zum Standard im Kinderzimmer gehörten? Um unseren Kindern ein unbeschwertes, glückliches und, nicht zu vergessen, erfolgreiches Leben zu ermöglichen, bemühen wir uns, wo wir gehen und stehen, warmherzig, zugewandt und verständnisvoll zu sein. Unser Sündenfall heißt Schimpfen und Cola für Vierjährige.

So viel hingebungsvollen und konzentrierten Einsatz fürs Kind gab es noch nie. Und doch ist das Resultat unserer grenzenlosen Bemühungen erstaunlicherweise nicht ein starkes Kind, sondern die eigene chronische Erschöpfung und tiefe Verunsicherung. Ganz einerlei, für welchen Weg wir uns entscheiden, wir hadern mit unserem Muttersein. Sind wir berufstätig, fühlen wir uns wie Rabenmütter, bleiben wir daheim bei unseren Kindern, beschleichen uns Minderwertigkeitsgefühle.

Um den rechten Maßstab gebracht, richten wir uns komplett nach den Bedürfnissen unserer Kinder. Wir bügeln nachts um halb zwölf Juniors Lieblingsjeans, weil wir als gute Mutter vollstes Verständnis dafür haben, dass ihm jede andere Hose beim Schulfest nicht zuzumuten ist. Wir rühren den Kakao in die Milch hinein und nie umgekehrt, weil unser Kind es so will und wir wegen solcher Lappalien nicht die kindliche Autonomie gefährden wollen.

Befriedigend und erfüllend ist das nicht und tatsächlich sagt uns – hören wir mal hin – tief drinnen eine Stimme, dass da irgendwas nicht stimmt. So beschleicht nicht wenige von uns nach einiger Zeit das ungute Gefühl, der Aufgabe Erziehung nicht gewachsen zu sein. Denn die Kinder wollen den Aufwand, der um sie gemacht wird, nicht so recht danken. Frustriert müssen wir feststellen, dass sie bei allem Engagement nur schwer zufrieden zu stellen sind. Bockig sperren sie sich gegen unliebsame Anforderungen, und es fällt ihnen so schwer, mal zurückzustecken und zu verzichten.

Es ist nicht zu übersehen, die Souveränität von uns Müttern hat Schaden genommen. Gesellschaftliche Einflüsse erschweren uns häufig den unbefangenen und selbstbewussten Umgang mit den eigenen Kindern. Paradoxerweise trägt auch der Ratgeberboom seinen Teil dazu bei. Denn so manche Empfehlung von Fachleuten hinterlässt den Eindruck, schon vieles falsch gemacht zu haben und schließlich unweigerlich scheitern zu müssen.

Keine »Bildungsmutter« kann ihnen entkommen, und doch ist es keinesfalls aussichtslos. Es ist möglich, ohne mütterliche Spitzenleistungen zu erziehen und dabei eine gute Mutter zu sein.

Mit zwei Kindern für geraume Zeit selbst diesem mütterlichen Leistungsdruck erlegen – schließlich bin ich auch als Diplomheilpädagogin darauf geeicht, immer das Wohl der Kinder im Blick zu haben –, bin ich inzwischen bekennende Aussteigerin in Sachen Übermutter und kann sagen: Ja, es lohnt sich.

Wollen wir entspannt und eigenständig erziehen und uns selbst, bei aller Liebe zu den Kindern, nicht aus dem Blick verlieren, müssen wir uns trauen, wir selbst zu sein. Der Weg aus Fremdbestimmung und Leistungsdruck ist nur dann möglich, wenn wir bereit sind, uns nicht nur in Pflichterfüllung zu üben. Wenn wir uns gestatten, ganz normale Mütter mit Ecken und Kanten zu sein, die auch Grenzen setzen und eigene Bedürfnisse achten, wird es uns leichter fallen, liebevoll und aufmerksam unseren Kindern gegenüber zu sein.

Wenn wir uns einmal dazu entschlossen haben, nicht immer perfekt sein zu wollen, haben wir im Grunde alles, was wir zum Muttersein brauchen: uns selbst und unsere Kinder.

In diesem Buch soll es darum gehen, wie wir zu uns selbst zurückfinden und aus dem Kreislauf überhöhter Ansprüche und Überforderung ausbrechen können.

Unter der Rubrik *Von Mutter zu Mutter* finden Sie persönliche Kommentare und Impulse sowie praktische Tipps, die Sie bei Ihren mütterlichen Unternehmungen begleiten und Sie unterstützen sollen, auch wenn schwierige Entscheidungen und Aktionen bevorstehen.

Das Buch, das Sie in Händen halten, soll kein Erziehungsratgeber im klassischen Sinne sein, denn es stellt nicht die Kinder, sondern Sie als Mutter ins Zentrum. *Ich bin eine gute Mutter!* ist ganz und gar ein Buch für Mütter – ein persönliches Plädoyer für mütterliche Autonomie und Souveränität.

Bildungsmütter im Kreuzfeuer eigener und fremder Ansprüche

Eine junge Frau, schlank und schön, in Jeans und T-Shirt, streicht mit einem liebevollen Lächeln die pastellfarbene Bettwäsche im Kinderzimmer glatt. Sie geht über einen weichen, fröhlich bunten Teppich zum großzügigen Fenster. Ihr wohlwollender Blick fällt auf einen blondgelockten kleinen Engel, der singend seinen Puppenbuggy über einen grünen Rasen schiebt. Ein Junge mit frisch gescheiteltem Haar, lässig im weißen T-Shirt, rollt auf seinem Kickboard heran. Ein leises Lächeln zeigt sich auf dem Gesicht der Mutter.

Beispiel

— Schnitt —

Ausgelassenes Lachen: Die Familie sitzt vergnügt am langen Holztisch beim köstlichen Abendessen mit Biopute, Rohmilchkäse, einem guten Bordeaux für die Erwachsenen und naturtrübem Apfelsaft für die Kinder. Das Mädchen spricht den Tischvers — »Piep, piep, piep, wir haben uns alle lieb!« —, eine spontane Gesangseinlage des Sohnes wird mit begeistertem Applaus belohnt. Mit einem gespielten Seufzer bückt sich die Mutter, um den Löffel des glucksenden Jüngsten aufzuheben. Die Designerküche im Hintergrund blinkt, das Echtholzparkett leuchtet frisch geölt.

Es mutet wie ein schlechter Werbespot oder wie der Beginn des Drehbuchs einer kitschigen TV-Schmonzette an. Aber sieht so nicht der Traum vieler Mütter aus? Sanft, schön, wohlhabend, geschmackvoll, glücklich, fürsorglich und sauber, so sollte sie sein: die perfekte Mutter.

Dieses Klischee ist längst tief in unsere Vorstellung vom Muttersein eingedrungen und bestimmt unseren Alltag. Wir, die sogenannten Bildungsmütter, scheinen davon besonders betroffen zu sein: Wir scheuen keinen Weg, lassen keine Information über neueste Erkenntnisse aus, um unseren Kindern ein glückliches Leben zu ermöglichen. Wir wollen nur das Beste für unsere Kinder und sind dafür bereit, alles zu geben. Was wir uns vorgenommen haben, klingt geradezu tollkühn: Gerecht und verständnisvoll wollen wir sein, freundlich und zugewandt. Es versteht sich von selbst, dass wir unsere Kinder in ihrer ganz besonderen Eigenart wahrnehmen und respektieren, dass wir ihnen notwendige Freiräume schaffen und sie gleichwohl sorgsam behüten. Alle Chancen dieser Welt wollen wir ihnen eröffnen und dafür sorgen, dass es ihnen an nichts mangelt. Um unsere Kinder zu selbstbewussten, durchsetzungsstarken, kommunikationsfreudigen und glücklichen Menschen zu erziehen, überlassen wir nichts dem Zufall und gehen nicht selten an die Grenzen unserer Leistungsfähigkeit und darüber hinaus.

Auf in den Kampf fürs Kind!

Als tüchtige, etablierte Mitglieder einer Leistungs- und Informationsgesellschaft gehen wir die Herausforderung, Mutter zu sein, zielgerichtet und erfolgsorientiert an. Mit dem Erscheinen eines winzigen Pünktchens auf dem Ultraschallbild unserer Gynäkologin machen wir uns voller Elan und Zuversicht ans Werk. Wie ein Schmetterling beginnt sich die Mutter in uns zu entfalten. Die Anlagen, eine gute Mutter zu sein, haben wir als kinderlose Raupen bereits in unserer bisherigen Sozialisation entwickelt – das Klima, in dem wir uns jetzt bewegen, tut sein Übriges. Hungrig nach Informationen brauchen wir gar nicht lange zu warten, und die wohlgemeinten Gebrauchsanweisungen zum Kinderkriegen sprießen wie Pilze aus dem Boden. Und die lassen wir uns dann auch richtig gut schmecken.

Unser Körper ist Ausgangspunkt für alle Hingabe ans Kind. Sobald wir unsere Eizelle befruchtet wissen, machen wir ellenlange Spaziergänge, den Pulsschlag lassen wir beim langsamen Joggen nicht über 120 schnellen, und zum Schwimmen gehen wir ab sofort wöchentlich. Wer jetzt nicht täglich Yoga macht, ist auffällig. Regelmäßiges Wahrnehmen der Schwangerschaftsvorsorgeuntersuchungen und die Teilnahme an Geburtsvorbereitungstreffen sind für uns so selbstverständlich wie das Zähneputzen. Doch damit ist es nicht getan: Akupunkturbehandlungen, literweise Himbeerblättertee für den Muttermund, Ölmassagen für den Damm, Mozart für die pränatale Gehirnentwicklung – um eine gute Mutter zu werden, tun wir alles vermeintlich Nützliche.

Mit großem Einsatz bemühen wir uns um eine erstklassige Hebamme, bevor noch bessere werdende Mütter sie ausgebucht haben. Und das ist nur der Beginn einer langen erbitterten Schlacht um die richtigen Begleiter für unser Kind. Sie wird sich im Kampf um den kompetentesten Kinderarzt, den fortschrittlichsten Kindergarten und die beste Schule noch lange fortsetzen.

Kaum in den mütterlichen Startlöchern, machen wir uns also auf, *die* Hebammenkapazität schlechthin an Land zu ziehen. Zielsicher und skeptisch gehen wir ans Werk: Wir interviewen bereits erfahrene Mütter, wir horchen die Frauenärztin und deren Arzthelferinnen aus und lauschen bei unseren zahlreichen Telefonanfragen auf den Klang der geburtshelferischen Stimme. Die unsicheren Stimmchen sortieren wir sofort aus. Jede Mutter, die gelesen hat, dass kindliche Hyperaktivität oder Lernstörungen nicht selten auf Geburtstraumata zurückzuführen sind, will für den einschneidenden Entbindungsprozess schließlich bestens gewappnet sein. Demzufolge fallen wir wie die Heuschrecken in den örtlichen Entbindungsstationen und Geburtshäusern ein, um uns ein Bild von den Räumlichkeiten und der Atmosphäre und nicht zuletzt von der fachlichen Kompetenz des Geburtshelferteams zu machen. Kreißsäle in Altrosa, damit das Kleine nicht gleich einen Farbschock bekommt, sobald es das Licht der Welt erblickt, Raumdecken mit Hunderten von Lichtpünktchen, als kleines Highlight während der Presswehen, sind das Minimum. Infoabende für Gebärwillige – von Nichtwollen kann jetzt nicht mehr die Rede sein – entwickeln sich zu angespannten Diskussionen über Geburten am Seil oder auf dem Geburtshocker. Beim Thema PDA und Badewannennutzungsfrequenz und deren Verfügbarkeit fallen vor allem forsche Väter auf, denen schon jetzt alle Felle wegzuschwimmen drohen.

Ist es Zeit für die Geburt, sind wir gründlich vorbereitet. Überflüssig zu erwähnen, dass alles schon seit Monaten liebevoll arrangiert ist – wir lassen uns von Kindern, die früher kommen wollen, nicht so leicht überrumpeln. Der garantiert nicht wärmestauende Schlafsack liegt auf der Öko-Rosshaarmatratze, bereits vorhandene Kinder sind schonend wegorganisiert und die Spieluhr ist in sicherer Entfernung der Wiege angebracht, um mögliche Hörschäden durch deren lärmendes Getöse zu vermeiden. Das Stillkissen mit kochfestem Bezug ist in Reichweite.

Wir sind eins

Ist das Kind da, sind Bonding und Stillen die zentralen Hauptwörter. Egal wie erschöpft wir sind, wir nutzen keinesfalls den Kinderschwester-Babysitterservice und geben unseren frisch geschlüpften Liebling nie im Neugeborenenzimmer ab. Stattdessen wachen wir misstrauisch über die ungeduldigen Kinderschwestern, die so gerne Tee oder ein klitzekleines bisschen Flaschenmilch zufüttern würden. Und klappt es dann tatsächlich nicht mit dem Stillen oder musste unser Kind vielleicht sogar mit einem Kaiserschnitt auf die Welt geholt werden, sind uns schlimme Versagensgefühle garantiert. Denn nach all dem, was wir wissen, haben wir unserem Kind eben nicht den besten Start ins Leben gegeben. Die Begegnung in der Rückbildungsgymnastik mit den anderen Müttern aus dem Geburtsvorbereitungskurs, die ihr Kind per Wassergeburt in nur sechs Stunden oder selig geborgen in einer Glückshaut auf die Welt gebracht haben, wird bitter werden.

Die Zeit mit einem Baby steht bei Müttern, die alles richtig machen wollen, ganz im Zeichen eines körperlichen und seelischen Totalausverkaufs. Wo früher Shampoo von *Paul Mitchell* zu finden war, steht jetzt Waschlotion von *Bellybutton*. Gespart wird mit Sicherheit nicht am Kind. Es ist erstaunlich, wie sehr wir Mütter in der Lage sind, eigene Bedürfnisse für 3 500 Gramm Menschlein zurückzunehmen. Waren es bisher Lippenstifte, Designerjeans und High Heels, die uns zu Lustkäufen verführten, sind es nun rasante Hightech-Buggys und knautschige Krabbelschuhe.

Die Werteverschiebung bleibt nicht ohne Folgen. Nahezu unmerklich verändert sich unsere Persönlichkeit. Mit Bett assoziieren wir nicht mehr Sex, sondern überfällige 60-Grad-Wäsche. Wir tragen den Slip links herum, die schwarze Hose ist voller Fusseln und angetrockneter Spuckreste, die ehemals konturierten Augenbrauen sind völlig außer Form geraten. Make-up ist plötzlich ein Fremdwort. Was zählt, sind nicht mehr wir selbst. Während wir in diesem Zustand unsere properen und fein herausgeputzten Babys hingebungsvoll in Nähe garantierenden Tragetüchern unterm prallen Mutterbusen spazieren tragen, damit die Kleinen auch keine Verlassensängste entwickeln, leiden wir zunehmend an Ischiasschmerzen. Aber wen stört das? Am wenigsten uns selbst, denn unsere stetige stille Hingabe verleiht uns Größe – zumindest jetzt noch.

Das erste Gesetz dieser Tage lautet: Du darfst dein Kind nicht schreien lassen, denn aus den überlieferten und noch an eigener Kinderseele selbst erfahrenen Erziehungsmustern der gruseligen Vorzeit haben wir gelernt. Wir sind fest davon überzeugt, dass unser Kind Schaden nimmt, wenn wir es einfach schreien lassen. Also nehmen wir es überall mit hin und schränken gewohnte und selbst notwendige Aktivitäten, die den Unwillen unseres Babys hervorrufen, drastisch ein. Die morgendliche Zeitungslektüre und die tägliche Körperpflege zählen zu den ersten Opfern. Duschen geht fortan mit schlimmen Gewissensbissen einher, die bislang dafür aufgewendete Zeit verkürzt sich jetzt auf einen Bruchteil – wer braucht schon eine Pflegespülung, wenn er nicht mal Zeit hat, sich das Shampoo aus dem Haar zu waschen? Um unserem Liebling weitere Zumutungen zu ersparen, vollführen wir akrobatische Glanzleistungen auch beim An- und Ausziehen. Jetzt sind möglichst Kleidungsstücke gefragt, die sich einhändig an- und ablegen lassen.

Wir leben eine Symbiose und entwickeln der biologischen Bedeutung des Begriffes entsprechend eine gegenseitige Abhängigkeit, indem wir unsere persönlichen Bedürfnisse ignorieren und uns stattdessen nur noch als Mutter unseres Kindes definieren.

Eine gewisse Analogie zu Spinnenmüttern, die sich ihren Jungen gleich nach der Geburt selbst zum Fraß vorwerfen, ist in diesem Stadium wohl nicht mehr zu leugnen. In dem Wunsch, dem Kind den besten Start ins Leben zu geben, scheint vielen von uns zwar nicht das eigene Leben, aber wohl die eigene Identität abhanden zu kommen.

Mami – ein Dienstleistungsunternehmen

Gute Mütter essen keinen Lachstoast mehr, sie bevorzugen Köttbullar. Statt in traumhaften Lofts oder lebendigen Wohngemeinschaften landen wir, ehe wir uns versehen, in kinderreichen Neubausiedlungen. Wir beziehen dort Doppelhaushälften oder Reiheneckhäuser, in denen wir selbst als Jugendliche zu versauern meinten. Ein eigener Garten und verkehrsberuhigte Straßen sind aber nun entscheidende Kriterien, da wir Kinder haben und wollen, dass es ihnen gut geht. Dafür nehmen wir selbst den Titel »Reihenhausregentin«, den uns unsere kinderlosen Freundinnen jetzt verpassen, ohne Gegenwehr in Kauf – auch wenn das schmerzt.

So wollen wir auch den Rest der Welt über unsere neue, allumfassende Lebensaufgabe informieren und pappen bunte Aufkleber auf das Heck unserer Fahrzeuge, auf denen überaus treffende Aufschriften wie »Patrick on Tour« oder »Leonies Taxi« prangen, obwohl wir bisher Meinungsäußerungen und Botschaften jeglicher Art auf Autos verabscheut haben. Und dann ziehen wir los. Wie ein Dienstleistungsunternehmen, das seinen Kunden etwas bieten muss, unternehmen wir Ausflugstouren inklusive Animation und unter Berücksichtigung aller wichtiger Sehenswürdigkeiten, die für unsere Klientel von Bedeutung sein könnten. In kleinen Zweitwagen, die niedlich klingende Namen tragen, oder – falls wir uns das leisten können – in dunklen Vans, riesigen Geländewagen, in denen unsere Kleinen zweifelsfrei am sichersten unterwegs sind, kutschieren wir unsere Lieblinge durch eine perfekte Kindheit.

Da eine Anpassung des Kindes an den erwachsenen Tagesablauf nicht im Sinne des Erfinders sein kann, planen wir unsere Aktivitäten nur noch im Hinblick darauf, ob unsere Kinder davon profitieren. Unter unseresgleichen finden wir uns in Krabbelgruppen wieder, in denen alle Mütter einvernehmlich auf den unausgesprochenen Verhaltenskodex eingeschworen sind, ausschließlich Gespräche über Kleinkindprodukte zu führen, während diejenigen, die diese Form der Regression eigentlich verabscheuen, schweigen und sich heimlich den Tagträumen vom Frühstückscafé, Pilates- oder Nagelstudio hingeben.

Die Bereitschaft zum Entsagen jedweder fraulicher Wünsche scheint sich parallel zu unseren Kindern entwickelt zu haben. Und so verbringen wir unsere erwachsene Lebenszeit von nun an in Spaßbädern oder auf Indoor-Spielplätzen.

FürSORGE

Außer Kindertransport und Kinderunterhaltung steht ein weiteres großes »K« auf der mütterlichen Agenda: Kinderernährung. Priorität: sehr hoch. Das Mütterliche ist und war immer gleich dem Nährenden. Da erstaunt es nicht, dass es für Mütter, die ihr Bestes geben wollen, von Anfang an eine hochsensible Geschichte ist, die erregte Debatten unter Frauen auslösen kann.

Die große Verunsicherung beginnt bereits in der Schwangerschaft. Angesichts der furchterregenden und fatalen Konsequenzen, die schon die reine Nahrungsaufnahme mit sich bringen kann, beäugen wir jede Mahlzeit mit großem Argwohn: Ist Appenzeller ein Rohmilchkäse? War da nicht auch irgendetwas mit Muscheln?

Die Entscheidung für Brust oder Flasche ist bekanntlich brisant genug, darauf folgt aber schon bald die Frage, ob wir nun Gläschenkost oder selbst gemachten Kartoffel-Pastinaken-Biorindfleisch-Brei verfüttern sollen.

Sogar mit älteren Kindern lässt uns die Sorge um die richtige Ernährung nicht los. Pausenbrote sind eine echte Herausforderung – ballaststoffreich und ästhetisch ansprechend sollen sie sein (das Auge isst mit!). Sie müssen dem Kindergaumen schmecken und sollen möglichst noch mit kleinen Zetteln garniert sein, auf denen wir liebevolle Brotbox-Botschaften an unseren fleißig lernenden Schatz verfasst haben. All das zeichnet uns als gute Mutter aus. Schnelle, unkomplizierte Fertiggerichte sind selbstredend verpönt, denn sie enthalten Konservierungsstoffe, dafür fehlen gesunde Vitamine und Spurenelemente, und außerdem machen sie nicht selten den Eindruck, als wimmelte es darin nur so vor Mikroorganismen. Vollwertiges Essen zaubern wir jedoch nicht mit einem »Tischlein deck' dich« auf den Teller. Die gesunde Verköstigung unserer Kinder ist alles andere als Zauberei – es gilt, die jeweiligen Ansprüche und Extras zu berücksichtigen. Das zehrt an den mütterlichen Nerven und erfordert Einkaufsrallyes, die uns durch zahlreiche und lang anhaltende Ampel-Rotphasen führen. Selbst haarsträubende Parkplatzsuche kann uns nicht schrecken – den Kindern soll es schließlich schmecken.

Das Ende vom Lied ist, dass wir trotz Waschmaschine, Trockner, Zweitwagen und Babysitter permanent unter Zeitdruck stehen. Multitasking heißt das Zauberwort, das Erlösung bringen soll. Wir sind darin gezwungenermaßen Weltmeister. Die Fähigkeit, sich auf mehrere Dinge gleichzeitig zu konzentrieren, ist eine ausgesprochen weibliche und definitiv nicht männliche Stärke und der einzige sichtbare Rettungsanker. Zähneputzen kann man wunderbar unter der Brause, während man noch schnell den Töchtern gezielte Kleideranweisungen durch die Duschwand erteilt und den Ehemann über den Verbleib seiner Autoschlüssel aufklärt. Dank einer großartigen technischen Errungenschaft gehen geschäftliche Telefonate am besten mobil, während einer Spazierfahrt mit dem Buggy, bei der man den Gang zur Apotheke erledigt, die Kalkulation für die neue Küche noch mal gedanklich durchgeht und die neuen Babybilder vom Drogeriemarkt abholt – mit angespannter Nackenmuskulatur und angespanntem Nervenkostüm.

Supermama und Superfrau

Trotz der gewaltigen Anstrengungen fürs Kind besteht unser Leben nicht ausschließlich aus Kindern. Obwohl unser mütterlicher Enthusiasmus keine Grenzen kennt, hindert uns das nicht daran, bei all unseren zusätzlichen Aufgaben eine wirklich gute Figur machen zu wollen. Mit Akribie gehen wir ans Werk, sämtliche weiblichen Rollen unseres Lebens bestens auszufüllen. Demzufolge geben wir mit unermüdlichem Einsatz die saubere Hausfrau, die zuverlässige Freundin, die tüchtige Tochter, die nette Bekannte, die verständnisvolle Schwester, die hilfsbereite Kollegin, die ideale Schwiegertochter, die verlässliche Patentante, die freundliche Nachbarin, die treu sorgende Ehefrau – und immer seltener die sinnliche Geliebte. Mit anderen Worten: Viel Stress und wenig Platz für die eigenen Bedürfnisse.

Von guten Müttern profitieren hauptsächlich die anderen. Wir sind wirklich ausgesprochen pflegeleicht. Im Kindergarten und in der Schule ist unser Engagement nicht mehr wegzudenken. In unser Ressort fallen die ehrenamtliche Organisation des Sommerfestes, die Anschaffung eines neuen Fahrradständers oder die Frage, ob die neue Kindergartenleiterin wirklich genügend Sachkompetenz und Menschlichkeit für ihren Job mitbringt. Frei nach dem Motto »Vertrauen ist gut, Kontrolle ist besser« kümmern wir uns, sind präsent und haben alles im Blick. Was haben *wir* davon? Wir fühlen uns nützlich und werden gebraucht.

Nebenbei bekommen unsere Kinder in der ruhigen Atmosphäre kleiner Gruppen die Aufmerksamkeit, die sie brauchen, um sich frei entwickeln zu können und massenhaft Mandalas auszumalen – in gebügelten T-Shirts und gebügelten Jeans (das macht Mutti doch ganz nebenbei!) und selbstverständlich mit den richtigen Turnschuhen. Als kleine Gesamtkunstwerke haben sie die trendigsten Haarschnitte und tragen stets zum Outfit passende Strümpfe ohne Löcher. Bei schlechter Witterung gehen unsere Kinder nicht ohne Mütze und Schal aus dem Haus, schwarze Fingernägel und dunkle Schatten am Hals, die man abrubbeln kann und die von einem akuten Waschmangel herrühren, sucht man bei ihnen vergebens. Dafür haben sie gute Zähne, die sie unserer unermüdlichen Zahnpflege zu verdanken haben; morgens und vor dem Schlafengehen, natürlich drei Minuten lang nach der KAI-Methode. Wir schmusen, spielen und singen vorbildlich mit ihnen, die tägliche Förderung mit pädagogisch anspruchsvollen Büchern eingeschlossen. Für ältere Kinder gibt es erwachsenenfreie Zonen, für die kleineren sicheres Spielzeug mit GS-Zeichen. Impfkalender und U-Heft der Sprösslinge sind im ordnungsgemäß ausgefüllten Zustand, sämtliche Steckdosen des familiären Haushalts mit Sicherungen versehen, Putzmittel und Medikamente befinden sich in für Kinder nicht zugänglichen verschlossenen Schränken. Kühlprodukte landen grundsätzlich im Müll, sobald sie das Haltbarkeitsdatum zu überschreiten drohen.

Ohne Frage, wir kommen unserem Ideal schon sehr nahe. Dafür müssen wir allerdings einen ziemlich hohen Preis zahlen: den Verlust eines ausgeglichenen und selbstbestimmten Mutterseins.

Ratgeber und Rama-Mutter: Wie der Leistungsdruck entsteht

Der Drang zum Perfektionismus ist uns nicht angeboren, er wird uns vorgemacht. Die Medien und auch die zahlreichen Ratgeber spielen dabei eine wichtige Rolle. Ihr suggestiver Einfluss zeigt uns ein hehres Mutterideal, an dem wir uns orientieren und offenbar auch messen. Der Macht der Medien ist zum großen Teil die Auffassung zu verdanken, dass nur eine perfekte Mutter ein Anrecht darauf hat, als gute Mutter zu gelten. Die Flut der schönen Bilder erklärt das Ideal zur Norm.

Die *Rama*-Mutter, der Prototyp einer perfekten Mutter, hat ihren Dienst erfolgreich getan. Obwohl schon seit Jahrzehnten im Geschäft, hat sie von ihrer Ausstrahlung nichts eingebüßt. Das Klischee von der perfekten Glückseligkeit einer bildschönen Familie beim köstlichen Margarine-Frühstück auf der sonnendurchfluteten Terrasse hat sich als Wunschziel nachhaltig in unseren Köpfen eingenistet und nichts von seiner Gültigkeit verloren. Die *Rama*-Familie veränderte dem Zeitgeist entsprechend zwar ihr Gesicht, doch nicht ihre Botschaft. Die derzeitige *Rama*-Mutter ist ganz »Familienmanagerin«, fleißig, strahlend, fürsorglich und immer liebevoll.

Nicht nur in der Werbung, auch in Spielfilmen, Bilderbüchern und Elternmagazinen werden wir fortwährend mit dem Bild der aufopferungsvollen Mutter konfrontiert, deren Verständnis grenzenlos zu sein scheint. Sie ist immer präsent, verliert nie die Geduld. Niemand will Mütter sehen, die ihren Kindern Schwieriges zumuten, fordernd oder gar nachlässig mit ihnen umgehen. Die zeitgenössischen Medien spiegeln ein erzkonservatives, archaisches Mutterbild wider. Die Mutter – behütend, nährend, selbstlos, edel und rein. Die »gute Mutter« ist eines der letzten Heiligtümer, sie darf unter keinen Umständen angetastet werden. Immerhin versinnbildlicht sie die gebündelte Sehnsucht des Menschen nach tiefster Geborgenheit und nach vollkommenem Schutz.

Die Medien liefern schöne Bilder als Vorlage für das Muttersein, aber sie geben auch eine Fülle von Informationen, die von Müttern oftmals als Instruktionen verstanden werden. Ein Heer von Journalisten, eloquenten Fernsehmoderatoren, Werbe- und Wertemachern steht uns Müttern mit Rat und Tat zur Seite, um uns mit immer neuen Vorgaben und Anweisungen zu beglücken. Ob direkt oder suggestiv, anklagend oder wohlwollend, die für den Umgang mit Kindern als notwendig erachteten Anforderungen werden durch Äußerungen von Experten und Lobbyisten stetig ergänzt und verändert – man hält uns auf dem Laufenden. Und alle reden mit. Nicht nur in Elternzeitschriften; auch renommierte überregionale Tageszeitungen, Polit- und Wissenschaftsmagazine und auf Mutter und Kind spezialisierte Versandkataloge liefern uns die aktuellsten Erkenntnisse aus der Neurophysiologie, zur Bindungsforschung oder zu neu entdeckten Gefahren. Mit diesen Themen steigen die Auflagen und Einschaltquoten – den Bildungsmüttern sei Dank.

Ratgeber sind Ratschläge

Insbesondere Erziehungsratgeber haben eine starke Wirkung auf uns. Denn während die Medieninformationen ungefragt an uns herangetragen werden, suchen wir im Elternratgeber gezielt nach pädagogischen Richtlinien. Wir erwarten viel, denn wir erhoffen uns von diesen Büchern die Lösung all unserer großen und kleinen pädagogischen Probleme. Dass es in jedem Ratgeber eine Menge zu beachten gibt, wird jeder wissbegierigen Leserin rasch klar, denn die Liste der pädagogischen Do's und Don'ts wird mit jedem neuen Ratgeber länger. Nachfolgend ein Auszug von Ge- und Verboten aus einer Reihe von Erziehungsratgebern – die vollständige Auflistung sämtlicher Anweisungen und Ratschläge für Mütter hätte den Umfang dieses Buches um ein Vielfaches gesprengt.

To do's für Mütter

Übersicht

- Erziehen Sie mit Humor
- Verstehen Sie die Bedürfnisse Ihres Kindes
- Schützen Sie die kindliche Privatsphäre
- Trauen Sie Ihrem Kind etwas zu
- Seien Sie spontan
- Überfordern Sie Ihre Kinder nicht
- Verlassen Sie sich auf Ihre Intuition
- Respektieren Sie die Persönlichkeit Ihres Kindes
- Nehmen Sie sich Zeit für Ihre Kinder
- Nehmen Sie sich regelmäßig Zeit für jedes einzelne Geschwisterkind
- Setzen Sie Ihrem Kind Grenzen
- Achten Sie auf eigene Zufriedenheit
- Vermitteln Sie Ihrem Kind Werte
- Streiten Sie sich mit Ihrem Mann nicht vor den Kindern
- Falls das doch mal passieren sollte, versöhnen Sie sich auch wieder im Beisein der Kinder
- Geben Sie Ich-Botschaften
- Vertrauen Sie auf kindliche Kompetenzen
- Seien Sie konsequent
- Sorgen Sie sich nicht so viel
- Stillen Sie Ihr Kind sechs Monate lang voll
- Stimulieren Sie Wachstum und Muskelentwicklung mit Babymassage
- Fördern Sie die Körperwahrnehmung Ihres Säuglings mit Babyschwimmen
- Verwenden Sie nur wertvolle Öle wie Raps- oder Traubenkernöl
- Transportieren Sie Ihr Kind in den ersten sechs Monaten nur liegend

- Benutzen Sie ein Badethermometer für das Badewasser
- Polstern Sie alle scharfen Ecken und Kanten ab, wenn Sie ein Kleinkind haben
- Tauschen Sie eckige Eisentische gegen runde Holztische aus
- Sorgen Sie für einen geregelten Tagesablauf
- Führen Sie feste Rituale ein
- Seien Sie fürsorglich und liebevoll
- Sichern Sie Treppen mit Gittervorrichtungen
- Steigen Sie nie über Treppengitter
- Inspizieren Sie die Rodelpiste, bevor Ihre Kinder Schlitten fahren
- Wählen Sie täglich mit Ihrem Kind zusammen die Fernsehsendungen aus
- Setzen Sie Ihr Baby nicht in die Babywippe
- Benutzen Sie kein Lauflerngerät
- Lassen Sie Ihr Kind keinen Saft oder andere zuckerhaltige Getränke aus der Flasche nuckeln
- Geben Sie Ihrem Baby keine Birne, an der schon eine braune Stelle ist
- Meiden Sie Zucker! Fructose, Laktose und Honig sind auch Zucker!
- Wärmen Sie Breireste niemals auf
- Halten Sie keine Diät während der Stillzeit
- Geben Sie Ihrem Kind täglich frisches Obst und Gemüse in den Ampelfarben
- Lassen Sie Ihr Grundschulkind nicht länger als eine halbe Stunde fernsehen
- Begrenzen Sie Computerspiele auf altersgemäße Zeiten
- Nehmen Sie schon einige Wochen vor der Empfängnis Folsäurepräparate ein
- Lassen Sie keine Kleinteile herumliegen
- Essen Sie keine Leberwurst in der Schwangerschaft
- Klären Sie Ihr Kind altersgemäß auf
- Machen Sie einen Erste-Hilfe-Kursus für Säuglinge
- Sichern Sie Fenster und Türen mit Kindersicherungen
- Sorgen Sie für ausreichend Bewegung an der frischen Luft
- Sorgen Sie für angemessene motorische Herausforderungen
- Stellen Sie Ihr Kind regelmäßig bei den Früherkennungsuntersuchungen vor
- Lassen Sie Ihr Kind niemals ohne Helm Fahrrad fahren

- Lassen Sie Ihr Kind niemals ohne Helm, Knie- und Ellenbogenschoner Inliner fahren
- Achten Sie auf gründliche Zahnpflege zweimal täglich
- Bringen Sie Ihrem Kind bei, nach der KAI-Methode Zähne zu putzen
- Überfrachten Sie Ihr Kind nicht mit Spielzeug
- Achten Sie auf hochwertiges Spielzeug
- Benutzen Sie nur spezielle Schnullerketten
- Tauschen Sie gebrauchte Schnuller regelmäßig aus
- Unterbinden Sie Daumenlutschen
- Lassen Sie Ihr Kind keinen Honig vor dem dritten Lebensjahr essen
- Lassen Sie Ihr Kind keine Erdnussprodukte vor dem vierten Lebensjahr essen
- Beschleunigen Sie die intellektuelle Entwicklung mit Musik beim Spielen
- Finden Sie einen guten Kompromiss zwischen Fördern und Freispiel
- Bringen Sie an der Toilette eine Kindersicherung an
- Fördern Sie die Konzentrationsfähigkeit des Kindes mit asiatischen Kampfsportarten
- Trainieren Sie mit Ihrem Kind eine tiefere Stimmlage, um seine Selbstsicherheit zu stärken
- Nutzen Sie die kindlichen «Zeitfenster» zum optimalen Lernen
- Bleiben Sie entspannt

Alles gelesen?

Oder fühlten Sie sich überfordert und haben diese Liste einfach überblättert? Dann haben Sie meiner Meinung nach genau das Richtige getan. Die Flut all dieser Ratgeber-Weisheiten führt allerdings bei den wenigsten Müttern dazu, sie schlicht zu ignorieren. Wollen wir bei der Erziehung unserer Kinder nichts versäumen, fühlen wir uns angehalten, auch weiterhin aufmerksame Leserinnen von Elternratgebern und Testzeitschriften zu bleiben. Denn nur dann haben wir die Chance, einen Informationsstand zu erreichen, der offenbar für eine geglückte Erziehung von Kindern notwendig ist.

Die ständige Konfrontation mit immer neuen Erkenntnissen, was in der Erziehung unbedingt zu berücksichtigen oder zu unterlassen sei, lässt uns ratlos werden, solange wir nicht in der Lage sind, aus unserer eigenen Perspektive die Dinge zu hinterfragen. Wenn wir innerlich keine Orientierung haben, sehen wir uns gezwungen, das eigene Muttersein tagtäglich mit der jeweils gerade erworbenen »To-do-Liste« abzugleichen. Um das geforderte Optimum zu erfüllen, müssen wir unser erzieherisches Handeln immer wieder überprüfen: Kann ich bei dieser Verhaltensempfehlung ein Häkchen machen oder nicht? Mache ich das so richtig, oder habe ich es bisher immer falsch gemacht? Da die Idealvorstellungen letztlich nicht erreicht werden können, stellt sich schnell das Gefühl des Scheiterns ein.

Das soziale Umfeld trägt ebenfalls seinen Teil zum Leistungsdruck von Müttern bei. Vorbei die Zeiten, in denen wir unser mütterliches Dasein im stillen Kämmerlein fristeten. Viele unserer Mitmenschen scheinen jetzt regen Anteil nehmen zu wollen an der Ausgestaltung unserer Rolle als Mutter – zumindest mischen sich zunehmend andere in unsere Erziehung ein. Nicht nur die Großmütter oder Freundinnen, die mittlerweile schon das dritte Kind großziehen, zeigen sich sachkundig und versorgen uns mit ihren Tipps. Auch dort, wo wir es nicht unbedingt erwartet hätten, finden wir fleischgewordene Ratgeber, die sich in Sachen Kindererziehung offenbar berufen fühlen. Wir begegnen ihnen in Gestalt von Busfahrern, Apothekern, freundlichen Hobby-Omis, Bademeistern und Serviererinnen oder auf Spaziergängen als Menschen, die uns zunächst ganz unverdächtig einen guten Tag wünschen, urplötzlich aber eine Auseinandersetzung zwischen Mutter und Kind kommentieren, worum wir in den seltensten Fällen gebeten haben. Nun, auch in der Hobby-Pädagogik kann man eine Entwicklung konstatieren: Während es früher noch hieß: »Dem gehört ordentlich der Hintern versohlt!«, sagen sie heute spitz: »Der Junge braucht Grenzen!«

Nuckelt unsere Zweijährige seelenruhig an ihrer Trinkflasche: »Sie wissen aber schon, wie schädlich das für die Zähne ist!«

Liegt das Neugeborene selig schlummernd im Kinderwagen auf dem Bauch: »Wissen Sie nicht, dass die Bauchlage das Risiko für den Plötzlichen Kindstod dramatisch erhöht?«

Stehen wir neben einer älteren Dame an der Supermarktkasse und stellen die Baby-Gemüsegläschen auf das Band: »Also meine Tochter hat auch so einen Kleinen. Doch sie bereitet die Mahlzeiten für ihren Schatz immer frisch zu.«

So viel sei gesagt: Pädagogische Attacken dieser Art verfehlen nicht ihre Wirkung. Solche Einmischungen suggerieren, dass man als Mutter versagt, dass man eine schlechte Mutter ist. Und das ist so ziemlich das Schlimmste, was man Müttern unterstellen kann.

Wir Mütter stehen mehr als andere Menschen unter strenger, misstrauischer Beobachtung und sind in besonderer Weise der Kritik wildfremder Menschen ausgesetzt. Dass wir eine beliebte Zielscheibe sind, liegt schlicht daran, dass wir Mütter sind. Das Thema »Mutter« lässt niemanden unberührt. Sie ist nun mal die erste große Liebe jedes Menschen, die ihre Bedeutung nie verliert, im Guten wie im Schlechten. Deshalb bieten wir Mütter uns hervorragend als Projektionsfläche an – für Sehnsüchte und Aggressionen.

Begegnen Menschen Müttern, wird die Beziehung zur eigenen wach. Je nachdem was für eine Mutter man hatte, fällt die Beurteilung mehr oder minder schmeichelhaft aus. Bedauerlicherweise holen vor allem die Enttäuschten zu Ratschlägen aus. Sie zahlen ihre schlechten Kindheitserlebnisse sozusagen stellvertretend an andere Mütter zurück. Das erklärt, warum vor allem die weniger netten Stimmen laut werden.

Kaum eine Mutter entgeht solchen Angriffen, die kränken und das mütterliche Selbstwertgefühl beschädigen. Sie gehören zur mütterlichen Lebenswirklichkeit und tragen dazu bei, dass Mütter sich genötigt fühlen, sich für ihr Verhalten zu rechtfertigen und zu verteidigen. Das erhöht den Druck, es als Mutter besser und besser zu machen, mit dem wenig aussichtsreichen Ziel, unanfechtbar zu werden.

Der leise Krieg der Mütter

Auch aus dem eigenen Lager droht Ungemach. Unsere Geschlechtsgenossinnen halten ebenfalls Mitsprache bei unserer Kindererziehung – von ihnen geht ein starker sozialer Einfluss aus. Es herrschen subtile, strikte Regeln und Gesetze innerhalb der Müttergemeinschaft. Wie wir als Mutter sein sollten, ist in einem verdeckten Verhaltenskodex definiert, über den niemand spricht, den aber nahezu jede Frau kennt und nach dem sich fast jede auch instinktiv richtet. Dass die teilnehmenden Mütter von Krabbelgruppen reihum mal mit Spülen und Kehren dran sind, ist hier festgelegt. Wehe dem, der in aller Seelenruhe sitzen bleibt. Genauso versteht es sich von selbst, dass eine Mutter das ganze fürsorgliche Einmaleins beherrscht. Ein ungewaschener, ungeschälter und nicht in kleine Scheiben geschnittener Apfel für unser Kleines fällt hier schon unangenehm auf. Interessanterweise löst das nichtkonforme Verhalten der wenigen Männer, die sich auf dieses urweibliche Terrain wagen, keine Irritationen aus. Daher bringen Männer, was die weibliche Hausordnung betrifft, frischen Wind in so manche Mutter-Kind-Gruppe. Sind sie allerdings länger dabei und zunehmend dem mütterlichen Verhalten ausgesetzt, sinkt die Toleranzschwelle der weiblichen Mitglieder. Dann heißt es auch für den Mann: Spülen!

Die frauliche Hauptdevise lautet: Wir sind alle gleich. So wird ein individuelles Abweichen von solchen Normen mit missbilligendem Verhalten und Unverständnis bestraft. Die Kinder bei Minusgraden ohne Schal draußen spielen zu lassen provoziert schon kritisches Stirnrunzeln. Meldet man sein Kind gegen seinen Willen beim Klavierunterricht an oder lässt seinen Sechsjährigen für eine Viertelstunde allein zu Hause, wird eine Kaffeetafel gern zum Schöffengericht.

Mütter, die sich lieber auf eigenen Wegen fortbewegen, als auf ausgetretenen Trampelpfaden im Kreis zu gehen, signalisieren, dass sie unabhängig sind, und müssen damit rechnen, von den anderen Muttertieren aus deren Gemeinschaft ausgeschlossen zu werden. Eigenständige Mutterpersönlichkeiten bedrohen durch ihr Verhalten den Zusammenhalt der Mutterherde, die nur denen Schutz bietet, die nicht ausscheren. Denn das Andere ist unbequem, es hält uns den Spiegel vor und verlangt, das Eigene zu überprüfen und sich unter Umständen unliebsamen Fragen nach einem unabhängigeren Leben, nach der eigenen Persönlichkeitsentwicklung zu stellen. Solche Überlegungen können unangenehm sein, sie bedrohen möglicherweise unsere hart erarbeiteten Prinzipien und lassen lästige Gefühle ans Tageslicht kommen, die wir lieber im Dunkeln lassen würden: die Angst vorm Scheitern, vor Ausgrenzung und vor Neid.

Als unangepasste Mutter ist man anders. Wer sich weigert, im allgemeinen Einheitsbrei mitzurühren, trägt bald das Etikett »arrogant« und riskiert, dass sein Kind nicht zum nächsten Kindergeburtstag eingeladen wird. Autonomes mütterliches Handeln, das nicht dem allgemeinen Kodex entspricht, ist also gewagt.

Neid macht die Sache noch in anderer Hinsicht schwierig. Ist unser Selbstwertgefühl schon angeschlagen, sind wir besonders anfällig für Rivalitätsdenken und fühlen uns als Mutter schnell in Frage gestellt. Deswegen kämpfen die berufstätigen Mütter gegen die Vollzeit-Mütter, die Still-Mütter gegen die Fläschchen-Mütter. Und deshalb verabscheuen Mütter, die selbst Kindergeburtstage mit Schnitzeljagd und Topfschlagen gestalten, Mütter, die sich den Profi-Clown ins Haus holen und umgekehrt.

Es reicht schon das teure Outfit der Nachbarskinder oder deren verbale Spitzenleistungen, um uns unter Konkurrenzdruck zu setzen. Dabei geht es nur vordergründig um Designerklamotten oder kindliche Talente, sondern schlicht und ergreifend darum, wer die bessere Mutter ist. So entsteht eine Wettkampfsituation, in der wir Mütter uns gegenseitig zu immer neuen Höchstleistungen herausfordern.

Von Mutter zu Mutter

Ob wir nun für ökologisch korrekte Kinderkleidung eintreten oder für Petit Bateau, ob wir unser Kind mit einem aerodynamischen Buggy spazieren fahren oder uns das Tragetuch umbinden – wofür wir uns auch entscheiden, hinter allen postulierten Glaubenssätzen stecken dieselben Gefühle und Sorgen von Müttern. Doch anstatt die zu entdecken, uns darüber auszutauschen und uns gegenseitig unsere Stärken bewusst zu machen, machen wir uns das Leben gegenseitig schwer.

Der Verlust der mütterlichen Unbefangenheit

Das mütterliche Perfektionsstreben ist eine Erscheinung unserer Zeit und unserer Kultur. Wohlstand, Freiheit, Sicherheit und ein hohes Bildungsniveau seine Grundbedingungen. Erst das Wissen darum, was wir richtig und was wir falsch machen können, und die Möglichkeit, dieses Wissen auch umzusetzen, schafft einen immer höheren Anspruch, den Anforderungen gerecht zu werden, erzeugt einen immer größeren Leistungsdruck.

Um ein Optimum zu erreichen, tun wir Mütter in der Tat einiges. Was man bei Finanzbeamten und im Dienstleistungsbereich schmerzlich vermisst – regelmäßiges und fundiertes Fortbilden –, ist für unsere Generation ein natürliches Bedürfnis. Obwohl selbst in gewisser Hinsicht Dienstleister (schließlich bieten wir tagtäglich einen 24-Stunden-Rundumservice), scheuen wir keine Kosten und Mühen und hasten geschäftig zu pädagogischen Vorträgen namhafter Erziehungswissenschaftler in Bürgerhäusern oder in die Grundschulen, wo wir mal angespannt, mal gebannt den Fachleuten lauschen, um adäquate Handlungsstrategien bei auffälligem Verhalten unserer Kinder zu erlernen und um für nervenaufreibende Taschengelddiskussionen gut gerüstet zu sein.

Dank der Lektüre einschlägiger Literatur und dem Besuch diverser Eltern-Kurse können sich unsere Kenntnisse hinsichtlich der emotionalen, geistigen, motorischen und sozialen Entwicklung von Kindern sehen lassen. Das Resultat sind gebildete Mütter, die für ihre Aufgaben hoch qualifiziert sind. Da macht uns so schnell keiner etwas vor. Wir wissen, wie wichtig eine Peergroup ist, dass Zweijährige nicht unbedingt trocken sein müssen und Geschwisterrivalität völlig normal ist.

Geprägt von progressiver Frauenliteratur und dem Studium zahlloser Magazine mit aufklärenden Dossiers und Beiträgen über das weibliche Seelenleben, ist unser Blick für psychologische Zusammenhänge geschärft. Die Relevanz emotionaler Faktoren für die Kindererziehung ist inzwischen jeder belesenen Mutter bekannt – eine Entwicklung, die noch sehr jung ist.

Seit Sigmund Freud die Bedeutung des frühkindlich Seelischen beschrieben hat, folgten zahllose Studien und Erkenntnisse, und es gehört inzwischen zur Allgemeinbildung zu wissen, dass sich das Seelenleben eines Kindes in den ersten Lebensjahren fundamental entwickelt. Die Psychoanalytikerin Margaret S. Mahler bezeichnete diese Zeit als »die psychische Geburt des Menschen«. Während dieser frühkindlichen Jahre wird die Persönlichkeit des Kindes nachhaltig geprägt. Wie dies gelingt, hängt ganz entscheidend von den ersten Bezugspersonen ab – im Normalfall von Mutter und Vater. Dabei sticht die besondere Rolle der Mutter ins Auge. Bei allem Engagement guter Väter – die Schwangerschaft, die Geburt und das Stillen werden sie uns nie abnehmen können. Da auch das Delegieren meist unsere Sache bleibt, stehen immer noch wir Mütter an vorderster Stelle und sind fortwährend gefordert, essenzielle Grundbedürfnisse zu erfüllen, Urvertrauen zu schenken, gutes Vorbild zu sein und tagtäglich die kleinen Dinge zu entscheiden, die Großes bewirken.

Wir haben die Freiheit und tappen im Dunkeln

Wir sind uns über unsere eigene Rolle und unseren Einfluss hinsichtlich einer gesunden Persönlichkeitsentwicklung unserer Kinder im Klaren. Unsere Kinder werden von uns als vollwertige Menschen wahr- und ernst genommen und erfahren die Wertschätzung ihrer persönlichen Einmaligkeit. Wir wahren und verteidigen ihre Rechte auf Schutz und einen eigenen Entwicklungsraum. Was wir für unser Bewusstsein in Kauf nehmen, ist der Verlust einer Sicherheit, die unsere Großmütter wahrscheinlich noch hatten. Die alten, rigiden Erziehungsmodelle, die unsere Vorfahren unbeirrt praktiziert haben, sind längst ausgelaufen, wir können uns nicht mehr an ihnen festhalten. Die heutige Erziehung beinhaltet ein ständiges Hinterfragen von bisherigen Standpunkten, bietet vielfältige Freiheiten, fordert aber auch immer wieder eine individuelle Entscheidung in Details. Nichts scheint mehr eindeutig zu sein, vieles steht zur Disposition.

Alles ist im Wandel, und wir stecken mittendrin in fortdauernder elterlicher Pionierarbeit. So ist es unsere Aufgabe, eine Balance zwischen Wunsch und Wirklichkeit zu finden. Das ist zugleich Chance und Risiko. Es wirft uns auf uns selbst zurück und stellt uns vor die Frage, wofür oder wogegen wir uns im Rahmen der eigenen Möglichkeiten und in Anbetracht der vorherrschenden pädagogischen Auffassung entscheiden sollen.

Hohe Ansprüche, die da an uns gestellt werden, denn der gegenwärtigen Pädagogik liegt ein Menschenbild zugrunde, das sowohl das Bedürfnis nach Bindung und Schutz als auch das Streben nach Autonomie betont.

Wir wissen:

- Kinder brauchen Liebe, Respekt und das Gefühl, mit all ihren Bedürfnissen angenommen zu werden, in ihren besonderen Eigenarten und in ihrer einmaligen Persönlichkeit.
- Kinder haben eine eigene Art, die Welt zu sehen, sie wollen sich verstanden fühlen und ernst genommen werden.
- Kinder dürfen nicht überfordert und in Erwachsenenrollen gedrängt werden, damit sie als Kinder auch Kinder sein können.
- Kinder brauchen einen sicheren Rahmen mit Verbindlichkeit und Führung, in dem sie sich körperlich und seelisch frei und dennoch geschützt bewegen können.
- Kinder brauchen Eltern, die für sie da sind, die mit ihnen Zeit verbringen und ihrer elterlichen Verantwortung nachkommen.
- Kinder brauchen Eltern als Vorbilder.
- Kleine Kinder brauchen viel Hautkontakt und Zärtlichkeit, größere noch wohltuende, körperliche Nähe.
- Kinder brauchen klare Grenzen, die ihnen Halt und Orientierung geben.
- Kinder müssen losgelassen werden, damit sie sich zu selbstständigen und starken Persönlichkeiten entwickeln können.
- Kinder brauchen Herausforderungen, an denen sie wachsen können.

Diese Auffassung von Erziehung ist ein Geschenk. Sie ist einfach ideal und ich bezweifele, dass wir daran noch etwas verbessern können.

Könnten wir all diese Faktoren im Umgang mit unserem Kind immerzu und allerorts berücksichtigen, könnten die Erziehungsberatungsstellen schließen, und wir müssten uns um das Glücklichsein unserer Kinder wenig sorgen.

Doch die Komplexität der Anforderungen lässt Fragen offen. In den wichtigsten pädagogischen Grundsätzen stecken viele Unwägbarkeiten. Das ist derzeitige Familienrealität und der Preis der liberalen, zugewandten Erziehung.

Wann hat der kindliche Wunsch Priorität, wann die haltgebende Grenze? Wann muss man seine Kinder (los-)lassen, wann unterstützen? Wann muss man seine Kinder Probleme selbstständig lösen lassen, wann muss man einschreiten? Wann muss man Freiraum zur Regeneration gestatten, wann das konsequente Durchhalten einfordern?

Glück als Zwang

Unser Wissen macht uns vorsichtig. Wie wirkt sich das auf unser geliebtes Kind aus, wenn wir entscheidende Dinge nicht richtig angehen oder gar versäumen? Diese Angst sitzt uns oft genug im Nacken. Fehler in der Erziehung sind nicht erwünscht geschweige denn vorgesehen. Und je mehr wir wissen, umso weniger wird uns verziehen, wenn wir dann doch Fehler machen.

Die bestmöglichen Entwicklungsbedingungen für Kinder sind für uns heute Standard. Vielfältige Optionen zur Vorsorge, Förderung, Begleitung, Nachsorge, Therapie und Rehabilitation sind ein unschätzbarer Segen. Die Kehrseite: Welche Mutter unter diesen Bedingungen für ihre Familie nicht das Optimum herausholt und nach außen sichtbar in Glück und Einklang mit ihren Kindern lebt, muss sich fragen lassen, ob sie nicht auf der ganzen Linie gescheitert ist. In einer Leistungsgesellschaft besteht der Anspruch, für jedes Problem eine Lösung zu finden. Sie suggeriert, dass Glück machbar ist, und gaukelt die Illusion von totaler Kontrolle vor.

Von klein auf haben wir das Sicherheitsdenken inhaliert. Der unbedingte Wille der vorangegangenen Generation, für jedes Problem eine Lösung zu finden oder zumindest einen Schutzbrief abzuschließen, brachte nicht nur einen hysterischen Einsatz von Penicillin hervor, sondern auch ein inzwischen weitverbreitetes Kontrollbedürfnis mit sich, dass in zeitgenössischer Erziehung eine nicht unwichtige Rolle spielt. Wir haben uns das Glück unserer Kinder auf die Fahnen geschrieben. Sicherlich wünscht sich jede Mutter, dass ihr Kind glücklich aufwächst, unabhängig von Nationalität und kultureller Prägung. Doch wir wünschen uns das nicht nur, wir gehen davon aus, dass wir das Glücklichsein unserer Kinder in der Hand haben. Deshalb gehen wir planvoll vor und versuchen, Kontrolle über die Entwicklung unserer Kinder zu bekommen.

Förderitis – eine neue Epidemie

Die Vorstellung, das glückliche Gedeihen des eigenen Kindes handhaben zu können und also auch »machen« zu müssen, hat zu einer wahren Förderepidemie geführt. Der Förderboom scheint Ausdruck für die Angst der Mütter vor dem Scheitern zu sein. Wir wollen die reichen Möglichkeiten nicht ungenutzt lassen, wir wollen als Mutter nicht versagen. So können wir gar nicht früh genug mit dem Förderprogramm anfangen, und das gut Gemeinte nimmt monströse Ausmaße an: Wir fördern nicht mehr nach Bedarf, wir lassen unsere Kinder von Anfang an ausbilden.

Um den großen Aufgaben Herr zu werden, werden wir als frischgebackene Mamas zu Personal Trainers unserer eigenen Babys. Mit Babyturnen und Babyschwimmen stimulieren wir deren Wachstum und Muskelentwicklung. Zwecks motorischer Frühförderung und guter Körperwahrnehmung eilen wir mit Kind und Kegel so früh wie möglich zu PEKiP-Gruppen. Anstatt unser Kleinstes in der Intimität des Zuhauses innig zu liebkosen, melden wir uns emsig bei einem Kurs für Babymassage in der Hebammenpraxis an. Dort lernen wir dann unter fachkundiger Anleitung die Füße, den Rücken, den Bauch und den Rest des Säuglings richtig zu berühren. Wir haben gelesen, dass auf diese Weise eine optimale Stimulation von Haut und Muskulatur erreicht und darüber hinaus eine sensible Begegnung zwischen uns und dem Kind ermöglicht wird. Ab zwei Jahren werden die Zwerge beim ganzheitlichen Kinderturnen angemeldet, was so viel bedeutet, dass nicht nur der Körper, sondern auch Geist und Seele unserer Kinder trainiert werden. Die Langsamen unter ihnen werden prophylaktisch schon einmal zur Psychomotorik geschickt, damit ja keine Entwicklungsverzögerungen übersehen werden. Lustvolles Turnen wird zur Pflichtübung, und gespielt wird nur noch nach Plan. Was dient wie und wozu? Inzwischen lässt sich mit Angeboten für Kinder, die nicht mindestens eine Förderung der Kreativität oder wertvolle Gruppenerfahrungen versprechen, kein Blumentopf mehr gewinnen. Ein Theaterbesuch beim brummigen Räuber Hotzenplotz und dem neunmalklugen Kasperle oder der unvergesslichen Pipi Langstrumpf geht noch an. Doch niemand will einfach so Geld ausgeben, wenn es nicht zweckdienlich ist. Spielen darf nicht mehr nur Spielen sein. Spielen die Kinder in der Gruppe, sollen sie soziale Kompetenz lernen, rasseln sie mit Instrumenten, dient dies einer verbesserten Wahrnehmungsfähigkeit. Singen sie zusammen, geschieht dies zur Stimmbildung. Klettern soll nicht nur Spaß machen, sondern das kindliche Selbstvertrauen stärken. Das Theaterspiel verheißt eine Verbesserung des Ausdrucksvermögens. Akrobatische Nummern im Kinderzirkus-Workshop sind gut für die Kommunikationsfähigkeit ...

Lustig bunte Lückkästen und musikalische Früherziehung sind seit Pisa Usus. Und für alle, die es sich leisten können: Astronomie und Mathematik für Zweijährige, Englisch für Babys – nur spielerisch versteht sich. Privatschulen haben wieder großen Zulauf.

Um Stresssymptomen vorzubeugen, gehen die Kleinen ab fünf zum Yoga, und das ist angesichts ihres Terminplans auch angeraten. Hockey ist als Mannschaftssport sehr beliebt, hier lernt unser Liebling sich in eine Gruppe sozial einzufügen, damit kein verbissener Einzelkämpfer aus ihm wird, mal abgesehen von den schicken Trikots. Und so weiter und so fort, diese Aufzählung ließe sich noch lange fortsetzen.

Doch schon jetzt zeichnet sich ab, dass uns ein unbefangener und selbstbestimmter Umgang mit Bildung verloren gegangen ist. Statt unsere Kinder bei Bedarf zu fördern, machen wir, um ja nichts zu versäumen, uns zu ihren Ausbildungsbegleitern – coach as coach can – und packen uns einen Termin nach dem anderen in unseren Terminkalender.

Von Mutter zu Mutter

Die PISA-Studie konnte uns deshalb so erschüttern, weil sie an unserer Überzeugung rührte, durch gute Bildungsmaßnahmen ein glückliches und materiell abgesichertes Leben für unsere Kinder verwirklichen und kontrollieren zu können. Die Überaktivität im Bildungsbereich kann daher auch als Versuch gesehen werden, einen drohenden Kontrollverlust abzuwenden.

Zu viel des Guten. Die Kehrseite der perfekten Bemutterung

Menschen, die immer alles richtig und gut machen wollen, sind Perfektionisten. Demzufolge sind die hier Beschriebenen perfektionistische Mütter. Aber wer mag das schon von sich behaupten? Obwohl Perfektionisten flächendeckend vorkommen, will keiner selbst zu dieser Spezies gehören – wenn man nicht gerade Coco Chanel oder Stanley Kubrick heißt. Die Bezeichnung »perfektionistische Mutter« wirkt unsympathisch, und mit ihr sind wenig schmeichelhafte Assoziationen verbunden: von Ehrgeiz zerfressene Strebermutter, verwöhnende Oberglucke oder überängstliche Zickenmama.

Es lohnt sich, einmal genauer hinzuschauen – und zuerst einmal in den Spiegel. Nachfolgend finden Sie fünf typische Anzeichen für das Perfekte-Mutter-Syndrom. Es ist nicht unwahrscheinlich, dass Sie sich in allen Punkten wiedererkennen. Aber trösten Sie sich, Sie sind nicht alleine.

1. Sie holen Ihren kleinen Sohn vom Kindergarten ab und sehen auf den ersten Blick, dass er eine kleine Schramme am linken Knie hat, die am Morgen definitiv noch nicht da war. Ist die Wunde desinfiziert worden? Und warum klebt kein Pflaster drauf?
2. Wenn Ihr Biometzger kein Hühnchen mehr hat, fahren Sie, ungeachtet des engen Zeitbudgets und brütender Hitze, in die kilometerweit entfernte Nachbarstadt, um gesunde Brustfilets frisch vom Ökomarkt zu besorgen. Und selbstverständlich transportieren Sie die anschließend in einer stets an Bord befindlichen Auto-Kühlbox.
3. Sie bringen Ihrer Tochter zum siebten Mal das vergessene Pausenbrot in die Schule.

4. Sie haben mindestens fünf Bücher zum Thema »Kind« gelesen.
5. Lieber kutschieren Sie Ihr neunjähriges Kind mit dem Auto im Berufsverkehr zur Musikstunde, als es mit der U-Bahn alleine dorthin fahren zu lassen und dabei heftiges Herzklopfen und schwitzig zerknüllte Papiertaschentücher zu riskieren.

Ganz gleich, ob wir als Mütter mit Wunschkindern, Überraschungskindern oder Drillingen gesegnet wurden: Es geht uns bei unseren ganzen Bemühungen schlicht und ergreifend darum, aus tiefstem Herzen gute Mütter sein zu wollen. Es liegt in unserem Selbstverständnis, einen guten Job abzuliefern, egal ob wir dafür bezahlt werden oder nicht. Wir kümmern uns gerne um unsere Kinder, obwohl wir dabei Gefahr laufen, im Rentenalter im Armenhaus zu landen – wenn wir nicht vorher schon an Schlafmangel oder fehlendem Applaus eingegangen sind. Trotz aller Widrigkeiten, wir geben unser Bestes. Dagegen wäre auch ganz und gar nichts zu sagen, wenn diese guten Vorsätze nicht ihre Tücken hätten. Denn es kann auch des Guten zu viel sein.

Des Guten zu viel

Extreme fordern zum Scheitern heraus und haben die unangenehme Eigenschaft, sich schnell ins Gegenteil zu verkehren. So kann der freiheitliche Erziehungsgedanke in einengende Überkontrolle münden, und der Wunsch, seinem Kind alle Türen dieser Welt zu öffnen, in eine Fürsorglichkeit verwandelt werden, die erdrückend wirkt. Und wenn wir des Öfteren kurz vor einem Schreikrampf oder einem depressiven Belastungssyndrom stehen, will sich das auch nicht so recht mit dem Bild von einer liebevollen und souveränen Mutter decken, das wir im Herzen tragen.

Wie kommt es, dass wir trotz bester Vorsätze so deutlich an unsere Grenzen stoßen?

In unserem Bestreben, alles gut und richtig zu machen, verlieren wir die Balance. Wo zu viel des Guten ist, fehlt etwas anderes.

Die Verwöhnungsfalle

An dem Umstand, dass wir sehr fürsorglich und verständnisvoll sind, lässt sich am besten illustrieren, wie das Maß zum Problem werden kann. Maßhalten ist heute kein Ideal. Die Wohlstandsgesellschaft propagiert Konsumfreude, nicht Verzicht. Wir guten Mütter sind die Inkarnation der Fürsorglichkeit. Das hat viele Sonnenseiten: Unsere Kinder haben das Glück, im guten Sinne bemuttert, achtsam beschützt und versorgt zu werden. Sie wachsen in einem Klima auf, in dem sie viel Aufmerksamkeit erfahren, in dem die Sicht der Dinge aus ihrem Blickwinkel bedacht und angemessen gewürdigt wird. Doch unsere Töchter und Söhne sind verwöhnt, es ist wahrlich nicht zu übersehen. An nichts soll es ihnen mangeln. Besonders die Kleinsten erwartet ein Leben im Überfluss. Schon Babys tragen kostspielige Lauflern-Schuhe, entweder luxuriös in zartem Rosa mit knautschigem weißen Lederfutter oder cool in dunkelblau mit Kreppsohle und dem richtigen Schildchen dran. Nach einigen Jahren der Mutterschaft befindet sich in unseren zugestellten Kellern ein wildes Sammelsurium an schnittigen Rollern, Plastikautos, Vollholz-Kaufläden und Spielhäusern, Inlineskatern, verchromten BMX-Fahrrädern und stabilen Puppenbuggys. Es stapeln sich Berge von Plüschtieren, die man nirgendwo mehr loskriegt.

Solange das Geld reicht, bekommen ja beide Seiten etwas: das Kind ein neues aufregendes Spielzeug und die Mutter das Glück des Schenkens. Schwierig wird es aber, wenn sich die Ansprüche der Kinder verselbstständigen und wir das Gefühl bekommen, nur noch als Geldgeber zu fungieren. Das passiert spätestens ab dem Vorschulalter. Dann orientieren sich unsere Kinder urplötzlich an den Statussymbolen ihrer *Peergroup* und entwickeln ihren eigenen Geschmack. Die ersten Jahre durften wir unsere Lieblinge nach unserem Gusto voll und ganz verwöhnen, und auf einmal sollen wir hässliche Diddl-Mäuse kaufen.

Wer kann es unseren Kindern verdenken? Sie gehen nur davon aus, dass die Rundumversorgung immer weitergeht und nicht vor so existenziellen Dingen wie Killerkreiseln und Pokémon-Karten Halt macht. Dass diese Produkte unverschämte Preise haben und im Auge des Erwachsenen keinerlei ideellen oder substanziellen Gegenwert besitzen, macht die Sache für Kinder nur noch interessanter.

Materielle Verwöhnung hat den unangenehmen Nebeneffekt, dass sie als eine Form der Zuwendung eingesetzt und von den Kindern auch so erlebt wird. Das schafft auf beiden Seiten Abhängigkeiten. Bei den Kindern entsteht eine hohe Anspruchshaltung, der Eltern irgendwann nicht mehr genügen können oder wollen, weil es zu teuer wird oder es sich nicht mehr mit ihren eigenen Interessen deckt. Im Gegenzug bleiben wir Mütter mit jeder neuen Bedürfnisbefriedigung immer öfter enttäuscht und entwertet zurück, weil sich die erwartete Dankbarkeit der Kinder immer seltener einstellt. Denn die Kinder verwehren uns damit die Anerkennung, die wir gerne hätten.

Unsere Kinder sind klein und die Welt ist gefährlich

Es könnte alles so schön sein, wenn es nur funktionieren würde. Doch das tut es nicht, denn übertriebene Fürsorglichkeit birgt weitere Fallgruben. Die winzige Silbe »sorg« lässt schon erahnen welche. Gemessen an der Länge des Wortes ist sie zwar klein, aber oho! Sie steht für »Sorgen haben« und »sich sorgen«, sprich für Ängstlichkeit. Während unsere Urahnen ihre Kinder in dunkle, feuchte Keller gesperrt haben, um sie zu disziplinieren, sperren wir unsere Kinder in goldene Käfige, um sie zu beschützen. Dank unserer Fürsorge führen unsere Kinder ein behütetes Leben im Schlaraffenland des 21. Jahrhunderts. Wahrscheinliche und unwahrscheinliche Gefahren haben in dieser Kindheit keinen Platz mehr.

Bevor das winzige Ei es sich in unserer Gebärmutterschleimhaut gemütlich gemacht hat, werfen wir bereits prophylaktisch Folsäuretabletten ein. Tierische Rohprodukte sind für Schwangere tabu, Leberwurst auch. Sind wir zum Essen eingeladen und der Gastgeber kredenzt als Vorspeise butterzartes Carpaccio vom Rind mit frisch gehobeltem Parmesan und einem feinen Zitronen-Olivenöl-Dressing, starren wir entgeistert auf den Teller und lehnen höflich dankend ab – da könnte man uns ja gleich Zyankali servieren. Dass wir für diese italienische Delikatesse früher gestorben wären, gehört zu einem längst vergessenen Leben, das sich in solchen Augenblicken, nicht ohne Wehmut, leise in Erinnerung ruft.

Das Leitungswasser lassen wir von der Stiftung Warentest prüfen, und angebrochene Breigläschen entsorgen wir besser schon am zweiten Tag. Als mütterliche Sorgenpeter beobachten wir die körperliche und persönliche Entwicklung unseres Nachwuchses wachsam, wenn nicht kritisch und befürchten nicht selten gleich das Schlimmste. Beulen an Kinderköpfen sind potenzielle Schädel-Hirn-Traumata, Abweichungen von der vorgegebenen Flugbahn der Perzentile im gelben U-Heft weisen möglicherweise auf einen Sauerstoffmangel während der Geburt hin. Vierjährige, die hingebungsvoll unschuldige Fliegen sezieren, erschrecken gute Mütter zu Tode.

Unsere Nachkommen haben nie Sonnenbrand, sie kommen tatsächlich genauso bleich aus dem Urlaub wieder zurück, wie sie hingeflogen sind, denn sie werden nicht an den Strand gelassen, bevor nicht Schutzfaktor 50 eine halbe Stunde auf ihrer zarten Kinderhaut einwirken konnte. Als unerschrockene Leibwächter unserer Kinder haben wir in dieser gefährlichen Welt alle Hände voll zu tun. Nicht nur mit Mutter Sonne. In Ermangelung von Raubtieren und Giftschlangen in deutschen Breitengraden sind Zecken zu lebensbedrohlichen Bestien geworden. Luftballonfetzen, nährstoffarme Lebensmittel, Magersucht, Handys, gesättigte Fettsäuren, Karies, Wandfarben, Drogen – überall lauern Gefahren, die eine reibungslose Entwicklung unserer Sprösslinge gefährden könnten. Deshalb passen wir gut auf und mutieren zusehends zu leibhaftig gewordenen Überwachungsmaschinen. Vertrauen ist gut, Kontrolle ist besser. Big Mummy is watching you.

Ist auch nicht zu viel Apfelsaft in der Schorle? Hat der Papa das natriumarme Wasser dafür genommen, und hat er die Weintrauben vor dem Füttern gründlich abgewaschen und geschält? Ist der Autositz wirklich fest montiert, und liegt der gerade mal vier Monate alte Schatz bei den Großeltern auch nicht zu lange in der Babywippe?

So etwas bedeutet im Englischen Overprotecting und für uns Mütter Stress – physisch wie emotional – und reichlich Beziehungssprengstoff, denn die Väter werden gleich mit überwacht und schätzen das gar nicht.

Die perfekte Mutter sagt: Ich bin schuld

Die Überängstlichkeit entspringt der Überinformation. Dank gründlicher Recherche in einschlägiger Ratgeberliteratur mit multiplen Warnhinweisen sind wir eben immer auf dem Laufenden, was die Risiken in der Erziehung von Kindern angeht. Außerdem erweckt das Dauerbombardement mit guten Ratschlägen den Eindruck, Kinder seien ungeheuer zerbrechliche, hilflose und gefährdete Wesen, bei denen sich schon der kleinste Fehler zu einer ausgemachten Katastrophe entwickeln könnte. Die tägliche Zeitungslektüre und der Nachrichtenüberblick mit den neuesten Horrormeldungen aus aller Welt behindern überdies lebensnotwendige Verdrängungsprozesse und erinnern das mütterliche Bewusstsein stetig an potenzielle Gefahren, so unwahrscheinlich sie auch sein mögen.

Hinzu kommt, dass wir uns für das Wohl unseres Kindes allein verantwortlich fühlen. Hätten wir unserem furchtbar schüchternen Liebling nicht früher soziale Kontakte mit Gleichaltrigen ermöglichen sollen? Hätten wir, wie unsere Nachbarin, schon im dritten Lebensjahr mit den Lückkästen begonnen, würde unserem Sohn die Algebra jetzt viel leichter fallen. Hätten wir daran gedacht, ein Moskitonetz über das Babybett zu spannen, hätte Klein-Teresa jetzt nicht so viele rote Punkte im Gesicht. Hätte, hätte, hätte … Trägt man die alleinige Verantwortung, trägt man auch die ganze Last.

Väter, Verwandtschaft, Betreuungseinrichtungen oder Freunde mögen zwar hier und dort Entlastung bringen, doch wirklich Verantwortung abzugeben, das fällt uns schwer. Warum eigentlich? Denn wer Verantwortung delegiert, muss auch nicht mehr alles bestimmen und regeln. Und die Last der Verantwortung muss er dann auch nicht mehr alleine schultern – eine Last, die uns täglich eine Menge unserer Lebensenergie kostet.

Nie wieder artig?

Viel Energie kostet auch das Ringen um die richtigen pädagogischen Entscheidungen. Während sich unsere Mütter noch an der Nahtstelle von antiautoritärer oder autoritärer Erziehung versuchten, wühlen wir uns durch einen ganzen Dschungel von pädagogischen Konzepten. Wir haben die Qual der Wahl zwischen: »Starke Eltern, starke Kinder«, STEP, KESS, Triple P, Positive Parenting ...

Auf der Suche nach dem richtigen Weg nehmen wir sogar verwirrende Vielfalt in Kauf, Hauptsache wir machen es nicht wie die eigene Mutter, denn aus deren Fehlern haben wir unsere Schlüsse gezogen. Mütterliche Strenge und fehlende Empathie gehören definitiv der Vergangenheit an – unserer eigenen.

Der Sinn fürs Korrekte und Perfekte gedieh in unseren Kindertagen prächtig und zeigte sich in frisch gescheitelten, tadellosen Mädchenfrisuren und schneeweißen Jersey-Sonntagskleidern. Überkolorierte Farbfotos in unseren Fotoalben sind stumme Zeugen davon.

In Zeiten, in denen noch keiner etwas von kindlichen Grenzen gehört hatte, waren ergebene Küsschen für Oma Martha oder Opa Heinrich, die der säuerliche Duft des Alters umgab, durchaus nichts Ungewöhnliches. Aus den artigen Mädchen von damals – hübsch, adrett und höflich, ausgestattet mit weißen, bis zum Anschlag hochgezogenen Kniestrümpfen – sind inzwischen wir geworden.

Und wir ersparen unseren Kindern Sätze wie: »Sei ein liebes Kind und bring den Teller in die Küche.« Denn wir wollen das Beste für unser Kind, und Artigsein gehört unserer Erfahrung nach nicht dazu.

Wir sind nicht knickerig, nicht verklemmt und nicht unnachgiebig, sondern souverän und großzügig, einfühlsam, mitfühlend, unabhängig und locker. Und wir sind nicht pingelig. Spießertum verurteilen wir aufs Schärfste. Wir machen es auf jeden Fall besser als unsere Mütter!

Im rastlosen Bemühen, uns von dem Bild unserer eigenen Mütter abzugrenzen, tappen wir jedoch von einer Falle in die andere. Tief in uns herrschen die stillen, aber ganz und gar verinnerlichten mütterlichen Gebote, die uns ausmachen und denen wir nicht entrinnen können. Wir möchten unseren Kindern das gewähren, was uns selbst versagt geblieben ist, doch dabei können wir unmöglich authentisch bleiben. In Anbetracht dessen, dass man, ob man will oder nicht, weitergibt, was man selbst erfahren und verinnerlicht hat, kann dieses Unterfangen nur scheitern.

Was folgt, ist, dass unsere lieben Ahnen, obwohl sie zum Teil haarsträubende pädagogische Maßnahmen ergriffen, die einen heute noch schaudern lassen, doch einen klitzekleinen Vorteil hatten: Sie zweifelten weniger. Wir dagegen sind immer wieder hin- und hergerissen: Wir wollen unseren Kindern optimale Freiräume ermöglichen, damit sie sich in jeder Hinsicht voll entfalten können, aber wir möchten eben auch, dass sie sich in der Schule eingliedern und unterordnen können und nicht unangenehm auffallen. Unsere Kinder sollen sich schmutzig machen dürfen, aber tatsächlich hätten wir sie lieber sauber. Wir wollen unsere Kinder nicht zwingen, sind aber eigentlich der Meinung, sie könnten sich auch mal zusammenreißen. Wir wollen unangepasste, eigenständige Kinder, finden aber im Grunde, dass sie sich gut benehmen sollten. Unsere Kinder sollen sich immer durchsetzen können, aber auch umgänglich, liebenswürdig und hilfsbereit sein – so wie wir einmal waren.

Wir wollen gut sein, am besten perfekt. Hektisch damit beschäftigt, alle vermeintlich wichtigen Dinge für unsere Lieblinge allzeit und überall zu beherzigen und umzusetzen, verlieren wir außer der Verhältnismäßigkeit uns selbst und das aus dem Blick, was uns eigentlich am wichtigsten sein sollte: einen Weg zu wählen, auf dem auch wir uns wohlfühlen.

Von Mutter zu Mutter

Die perfekte Erziehung ist und bleibt Utopie. Zeit zu gehen.
Doch vorher noch ein Blick auf die Kinder.

Das »König-Kind«-Phänomen

Die Ratgeberkultur, die liberale Erziehungshaltung mit ihrem hohen Anspruch, der Kult ums Individuum und das verklärende Kinder- und überhöhte Mutterbild in den Medien verleiten die Mütter zum Überengagement. Was am Ende dabei herauskommt sind massenhaft kindliche Könige. »König Kind« hat in den Kinderzimmern der modernen Bildungsfamilien Einzug gehalten. Ein Kind in einer königlichen Rolle ist allerdings eine schwierige Angelegenheit, es stellt die Verhältnisse auf den Kopf. Es ist eine verkehrte Welt. Könige sind uns aus der Geschichte und aus den Märchen bekannt. Wer die Märchen kennt, weiß, dass Prinzen und Prinzessinnen zu Beginn einer Geschichte erst einen langen und oft schmerzensreichen Weg gehen müssen, bevor sie selbst zum König und zur Königin werden können. Sind alle Prüfungen bestanden, verfügt der König oder die Königin über Integrität, große Herzenswärme und Befehlsmacht, die er oder sie klug zu nutzen weiß. Ein gereifter und lebenserfahrener König ist eine Autorität, nicht nur reich, sondern auch weise.

Die Minikönige

Unsere Kinder hingegen werden schon als fertige Könige geboren. Das drückt sich in vielen Bildern aus: Den Besitz vieler kleiner Zeitgenossen kann man nur königlich nennen, wirft man einen Blick in die opulent ausgestatteten Kinderzimmer. Unsere kleinen Könige haben einen ausgesuchten Modestil und schlafen in romantischen Himmelbetten. Papp- und Plastikkrönchen dürfen bei keinem der ersten Kindergeburtstage fehlen. Auf den Logos der Firmen, die mit dem Wirtschaftszweig Kind ihr Geld verdienen, prangen verspielte Königskronen. Die Medien haben sich auf dieses Phänomen eingestellt, kein Kinderfernsehen ohne Kindkönig, und auch die Designer haben ein neues Betätigungsfeld gefunden, auf dem sie sich richtig austoben können. Kein Produkt, das es nicht speziell für den anspruchsvollen, kindlichen Kunden gibt. Manch gute Hotels warten schon mit Wellness und Maniküre für die Kleinen auf.

Beim sonntäglichen Spaziergang machen wir allerlei lustige Laufspiele, um auf diese Weise Klein-King bei Laune zu halten, mutet man ihm schon so etwas Langweiliges wie einen Parkbesuch zu. Wir begeben uns auf das kindliche Niveau und gehen in den Hallenspielpark, anstatt eine Wanderung zu unternehmen, und bereiten Fischstäbchen mit Pommes statt Lachs mit Wildreis.

Das Phänomen des kindlichen Königs ist einerseits Ausdruck für den Stellenwert von Kindern in einem kinderarmen Land, das besonders hohe Erwartungen an den einzelnen Sprössling stellt und ihm eine Position fern des Normalen zuweist.

Hinter diesem Hype verbirgt sich jedoch noch etwas anderes: der Wunsch, dem kostbaren Kind schmerzliche Entwicklungsaufgaben zu ersparen, ihm quasi den »Krönungsweg« abzukürzen. Gemäß unseres hehren Glückanspruchs würden wir unser Kind am liebsten gleich nach der Geburt auf den Thron hieven, um ihm alle leidvollen und schwierigen Erfahrungen des Lebens zu ersparen. Ein elterlicher Wunschgedanke, der nachvollziehbar und rührend zugleich ist. Leider ist er aber völlig unrealistisch. Zum Königsein gehört der lange Entwicklungsweg mit seinen Schwierigkeiten, Stolpersteinen und Hindernissen – da ist nichts zu machen. Königsein ist Ziel der Persönlichkeitsentwicklung und nicht Beginn.

Um es kurz zu machen: Indem wir die Abkürzung nehmen, verunglücken wir. Was passiert, wenn unreife Jüngelchen (gilt auch für Mädchen) vorzeitig auf dem Königsthron landen, zeigt Hans Christian Andersen sehr plastisch in seinem Märchen *Des Kaisers neue Kleider*. Dieser Kaiser ist ein König im schlechtesten Sinne; einer, der seine mächtige Rolle nicht ausfüllen kann. Er ist reich und verwöhnt, dabei aber schrecklich unzufrieden, eitel – ein unsympathischer Kerl. Er ist in alltäglichen Dingen völlig unselbstständig und daher von seiner Umwelt abhängig.

Wenn wir unseren Kindern alles ersparen oder abnehmen wollen, jede kleinste Entbehrung, jeden Schmerz und jede Prüfung, werden sie sehr bald diesem Kaiser entsprechen. Das wahre Leben mit Hindernissen, deren Überwindung für eine gute Entwicklung unvermeidlich ist, lernen unsere Kinder dann nie kennen. Zugleich bürden wir ihnen eine Verantwortung auf, der sie nicht gewachsen sind.

Königliche Nebenwirkungen

Mit fortschreitendem Alter unserer Kinder machen sich mehr und mehr die Nebenwirkungen einer König-Kind-Erziehung bemerkbar.

Sie ruft bei unseren Kindern nervtötende Angewohnheiten hervor. Man könnte auch sagen: Unsere Kinder sind oft schlicht und ergreifend schlecht erzogen: Sie grüßen nicht und hinterlassen überall ihren Abfall, sie wischen sich die Finger am T-Shirt ab, obwohl die Serviette griffbereit liegt, und nehmen sich beim Essen immer zuerst. Früher hätte man das ungezogen bezeichnet.

Die schmutzige Wäsche lassen sie dort liegen, wo sie sie ausziehen, erst nach ungezählten Ermahnungen wird endlich aufgeräumt, ein Drittel saubere Wäsche landet mit im Wäschekorb, weil die Hose, die Bluse und der Pullover so hässlich sind oder zwicken und die Früchte unserer Liebe »keinen Bock« haben, sie gefaltet zurück in den Schrank zu legen. Socken enden nach dem Getragenwerden immer links herum, der Schulranzen liegt samt Jacke und Straßenschuhen mitten im Eingangsbereich, Ellenbogen sind auf dem Tisch, und Zähne werden nur geputzt, wenn kontrolliert wird.

Die lieben Kinder rasen haarscharf mit ihrem Fahrrad an Passanten vorbei und entschuldigen sich nicht, wenn sie mal treffen. Gehen sie durch die Ladentür voran, lassen sie die Tür zurückschwingen, bevor der Nachfolgende eintreten konnte. Und von der Regel, dass die Jüngeren die Älteren zuerst grüßen, haben sie noch nie gehört. Es kommt einem Wunder gleich, wenn der Filius sich an den Frühstückstisch setzt und mit Blickkontakt laut vernehmlich »Guten Morgen« sagt.

Je mehr wir für unsere Kinder tun, desto unausstehlicher werden sie. Ist die Lieblingsjacke gerade in der Waschmaschine, provoziert das einen Riesenaufstand, da unser Jüngster unmöglich in dem fiesen blauen Anorak zur Schule gehen kann. Und wir zeigen uns auch noch verständnisvoll. Die Chance, dass unsere Kinder einmal erwachsene Ekel werden, ist nicht gerade klein.

Königsein ist schwer

In König-Kind-Familien trifft man immer wieder auf liebevoll gemeinte Beinamen, die ihre symbolische Bedeutung nicht verhehlen. Da gibt es Charlotte, die Herrscherin. Es gibt den ersten kleinen Vorsitzenden und den hauseigenen Gebieter. Das klingt niedlich, ist aber ungesund.

Das Kind hat königlichen Status – mit allen Konsequenzen. Könige stehen immer im Mittelpunkt, sind wegen ihrer exponierten Stellung jedoch einsam, bei allem Trubel, der um sie herum veranstaltet wird. Mütter-Sätze wie: »Meine Tochter ist mein Ein und Alles« oder »Alexander ist das Beste, was mir in meinem ganzen Leben passiert ist« zeugen von einer Bürde, die dem Kind auferlegt wird und unter der es nur ächzen kann. Der königliche Status des Kindes entpuppt sich als Ballast, weil sich diese Form der Überhöhung als diebischer Räuber einer freien, unbelasteten Kindheit entpuppt. »König Kind« muss viel zu viele und zu schwere Entscheidungen treffen und Rollen wie die des Sinnstifters übernehmen, die ihn überfordern und ihm eindeutig zu viel Macht geben. Auf der einen Seite werden sie überhöht, auf der anderen werden normale Zumutungen des Lebens vor ihnen ferngehalten.

Die Tücken des königlichen Schonraums zeigen sich in zahllosen Prinzessinnen auf der Erbse, die es noch drückt, wenn unzählige Matratzen zur Polsterung bereitliegen. Solche Kinder jammern und nörgeln viel, können Spannungen und Zurückweisung schlecht aushalten, sind überempfindlich und unselbstständig und auf Erwachsene mehr als nötig angewiesen.

Sobald kleine Monarchinnen auf andere Regentinnen in Miniaturformat stoßen, wird es kritisch. Bekanntermaßen kann es nur eine Herrscherin geben. So kommt es im Spielpalast mitunter zum erbitterten Kampf um den Thron.

In einem von mir veranstalteten Märchenworkshop zum Thema Froschkönig ergab sich die Situation, dass sieben der acht teilnehmenden Mädchen die jüngste und liebreizendste Prinzessin mimen wollten. Die Mädchen im Grundschulalter lehnten sämtliche Alternativrollen ab, für jede durfte es nur die Hauptrolle sein, die Rolle der allerschönsten Königstochter. Alles andere war indiskutabel und mit großer Kränkung verbunden. Die ganze Sache endete dramatisch, mit vielen Tränen und zwei Spielverweigerungen. Zum guten Schluss gab es fünf königliche, gleichberechtigte Schwestern und einen König. Alle anderen Rollen, einschließlich die des penetranten Froschs, wurden von Erwachsenen gespielt.

Ein kleiner König verlangt gewaltige Anstrengungen vonseiten der Eltern und erfordert eine extrem kindzentrierte Erziehung. Die Belange der Mutter bleiben dabei mit hundertprozentiger Sicherheit auf der Strecke. Die Diskrepanz zwischen dem Schutz kindlicher und dem Schutz mütterlicher Grenzen ist mancherorts haarsträubend. Der Grundsatz »Die kindliche Freiheit hört auf, wo meine anfängt« zählt nicht zum Repertoire einer »guten« Mutter, denn die Rechte, die Anliegen und Wünsche der Kinder haben allerhöchste Priorität.

Das Wohlergehen unseres Kind-Königs immer im Blick, vernachlässigen wir eigene Anliegen und Bedürfnisse und vergessen sogar manchmal, dass wir überhaupt welche haben. Mit dem Effekt, dass sich eine Menge Ärger anstaut und wir nicht wir selbst sind, weil wir ständig gegen die eigene Natur arbeiten. Dabei ruinieren wir unser mütterliches Selbstwertgefühl und verwehren uns das, was wir uns am meisten wünschen: ein starkes, glückliches Kind.

Sollten wir das nicht ändern?

Von Mutter zu Mutter

Im Märchen sind die Kinder die Prinzessinnen und Prinzen. Mutter und Vater sind Königin und König. Ergreifen wir wieder das königliche Zepter und lassen die Kinder spielen. Denn was gibt es Schöneres, als Prinzessin und Prinz zu sein?

Abschied von der Übermutter

»Sei eine gute Mutter, sei du selbst!« Das klingt einfach, fast banal. Und doch scheint für uns Bildungsmütter nichts schwieriger zu sein als das. Sind wir doch einem großen Missverständnis erlegen. Wir dachten, umso mehr wir uns anstrengen, umso mehr wir geben, umso mehr wir leisten, desto bessere Mütter sind wir. Dieser Gedanke liegt auch nahe, schließlich führt in zahlreichen Aufgabenbereichen unserer Gesellschaft mehr Leistung zu größerem Gewinn. In der Erziehung greift dieses Prinzip jedoch nicht. Einfach zu funktionieren und hinter zugeschriebenen und übernommenen Rollen zu verschwinden ist im Familienleben gänzlich unmöglich. Als Mutter kommen wir nicht an der eigenen Persönlichkeit vorbei. Denn als Mutter sind wir in erster Linie Mensch, endlich und unvollkommen. Wir verleugnen diesen natürlichen Umstand, wenn wir mit aller Macht versuchen, dem Ideal einer guten Mutter zu entsprechen. Mal hart gesprochen: Anstatt eine normale, echte Mutter zu sein, spielen wir Mutter. Dass das ein Spiel ist, bei dem wir nur verlieren können, merken wir spätestens dann, wenn wir am liebsten nicht mehr mitspielen wollen, weil uns die jüngst erkorene Rolle über den Kopf wächst, wir sie nicht ausfüllen können und sie uns tagtäglich vor Augen führt, dass wir dieser Rolle nicht gewachsen sind.

Die Rolle der übergüten Mutter auszukleiden ist eine so unbefriedigende Angelegenheit, weil wir in unserem Handeln fremdbestimmt sind. Wir haben mit ihr die Erziehungshoheit aus den Händen gegeben. Wir erziehen nicht, wie wir es für richtig halten. Wir bestimmen nicht, wie wir erziehen wollen, wir werden bestimmt. Das Ideal, das uns von allen Seiten anlacht, bestimmt, wie wir unsere Kinder erziehen. In der

Rolle der Übermutter können wir daher unmöglich ganz wir selbst sein. Die Überanpassung an ein Ideal geht zwangsläufig mit einem Verlust an Authentizität und Originalität einher, mit all dem Verlust an Lebensfreude, Spontaneität und Freiheit, der damit verbunden ist. Und ans erwünschte Ziel kommen wir damit auch nicht. Wenn uns an der Persönlichkeitsentwicklung unseres Kindes gelegen ist, kommen wir nicht umhin, unsere eigene Persönlichkeit stetig weiterzuentwickeln.

In welchem massiven Maße wir uns mit unserem mütterlichen Perfektionsstreben selbst beschneiden, lässt sich am besten in Bildern ausdrücken, denn Symbole geben zu verstehen, lassen uns fühlen, was wir mit Worten allein nicht erfassen können. Deshalb noch einmal zurück zu den Märchen.

Das Märchen *Aschenputtel* hat zu diesem Thema ein drastisches Bild parat und sendet damit eine klare Botschaft. In dieser altbekannten Geschichte gibt es eine sehr aufschlussreiche Szene für unser Problem: Die Stiefschwestern müssen beim Anprobieren von Aschenputtels Schuh feststellen, dass der Schuh nicht ihrer ist, und deshalb passt er auch nicht. Die Stiefmutter und die Stiefschwestern sind nicht bereit, sich mit dieser Tatsache abzufinden, und greifen zu drastischen Methoden: Auf Geheiß der Mutter verstümmeln die Stiefschwestern ihren eigenen Fuß, um ihn passend zu machen. Doch schon bald müssen sie erkennen, dass das schmerzliche Opfer sie nicht dorthin bringt, wohin sie wollen: an die Seite des Prinzen. Allein Aschenputtel wird dieses Glück zuteil, eine, die nicht nur in königlichen Ballsälen, sondern auch in der Asche zu Hause ist.

Streben wir nach einem fremden Mutterideal, ziehen auch wir uns einen Schuh an, der nicht passt. Mit dem Wunsch, eine andere, eine bessere zu sein, leben wir am eigenen Muttersein vorbei. Das ist ermüdend und ganz und gar nicht erfüllend. Und es führt zu einem schmerzlichen Verlust, denn auch wir schneiden uns damit etwas ab: die Möglichkeit, zu uns selbst zu kommen und uns zu entfalten, wofür im Märchen die Vermählung mit dem Prinzen steht.

Es bringt uns nicht ans Ziel unserer Träume, wenn wir uns verbiegen und zurechtstutzen, um dem Idealbild zu entsprechen. Das ist Aschenputtels Vermächtnis an uns.

Die gute Königin hat keine lange Lebensdauer

In unserer persönlichen Entwicklung bringt uns die Hatz nach dem perfekten Muttersein also nicht weiter. Trotzdem würde vielleicht so manche Mutter dieses große Opfer gerne bringen, solange es den Kindern zugute kommt. Doch auch hier wartet eine Enttäuschung auf sie, denn nicht einmal die Kinder haben etwas davon. Auch dazu haben die Märchen etwas zu sagen: Das Bild von einer idealen Mutter, das in unserem Kulturkreis vorherrscht, entspricht der guten Königin, wie sie in den typischen Kindermärchen der Grimmschen Sammlung auftaucht. Die gute Märchenkönigin ist eine wundervolle Gestalt; kein Wunder, dass jeder so sein möchte wie sie. Sie ist liebenswert, sanft, klug und schön. Sie ist fruchtbar, kann Leben spenden, kann nähren und wärmen. Sie ist die Quelle für Glück und inneren Reichtum, denn sie schenkt dem Kind wertvolles Urvertrauen.

Es ist so leicht, sich mit dieser makellosen Königin im Märchen zu identifizieren, die ihre Kinder liebt, umsorgt und beschützt. Sie steht für all das, was wir gerne unseren eigenen Kindern zukommen lassen möchten. Die gute Königin steht für das warme, schützende Nest. Eine gute Königin pickt für ihren siebenjährigen Prinzen die Zwiebeln von der Gemüsepizza. Eine gute Königin schneidet ihrer achtjährigen Tochter das Schnitzel. Sie sorgt dafür, dass es täglich einen Apfel und alle sechs Wochen eine neue Zahnbürste gibt. Eine Märchenkönigin möchte jegliches Elend dieser Welt von ihren Kindern fernhalten und ihnen nichts Schweres und Leidvolles zumuten.

Wir wollen, wie die gute Königin, immer lieb zu unseren Kindern sein, sie beschenken und beschützen. Und wir wollen immer Ja sagen. Und welch ein Zufall, genau das wollen unsere Kinder auch. Alle Kinder wünschen sich solche Mütter – Mütter, die immer liebevoll gebend und nie fordernd und einschränkend sind.

Man könnte meinen, wo so viel Einigkeit herrscht, sollte es kein Problem geben. Und doch will es nicht gelingen – Harmonie kann eben sehr trügerisch sein. Nicht umsonst liegt die gute Königin meist schon im ersten Absatz der Geschichte auf dem Sterbebett.

Märchen sind klug. Sie liefern eine Fülle an Lebensweisheiten und

Wahrheiten. Auch die, von denen wir lieber nichts wissen möchten. Eine davon ist die, dass zu gute Mütter früh sterben müssen. Märchen zeigen die emotionale Wirklichkeit, deshalb muss man sie immer rein symbolisch verstehen. Es geht natürlich nicht um reales Sterben, sondern darum, dass das Fürsorgliche, Behütende nur ein Teil des Ganzen ist. Der Rest folgt nach dem symbolischen Abgang der guten Königin und bekommt im Märchen seinen Auftritt als böse Stiefmutter, alte Hexe oder dämonische Feenfrau. Bei *Hänsel und Gretel* und *Schneewittchen* ist es die Stiefmutter, bei *Dornröschen* ist es die weise Frau und bei *Rapunzel* die Zauberin. Diese negativ besetzten Märchengestalten stehen für all das, was wir als Mutter lieber nicht sein möchten. Diese Frauenzimmer erscheinen herzlos, egoistisch, gierig, neidisch und grausam. Wer will schon so sein?

Nun können wir davon ausgehen, dass diese grässlichen Weibsbilder trotzdem einen Sinn haben. Das ist das Wesen von Märchen. Diese Geschichten funktionieren nur, weil Hexen und andere böse Frauen zum Einsatz kommen. Dank ihnen kommen die Märchenhelden erst in Bewegung. Das gute Ende wäre ohne sie undenkbar.

Vielleicht hätten die dunklen Damen der Märchen doch etwas mehr Aufmerksamkeit verdient. Lassen wir uns von deren Überzeichnung nicht abschrecken und schauen uns die Symbolik, die dahintersteckt, einmal genau an. Wie fühlen sie sich, wie geht es ihnen, was treibt sie um? Diese Frauengestalten haben im Gegensatz zur guten Königin starke Gefühle. In ihrem Auftreten mögen sie unsympathisch erscheinen, doch es ist nicht zu leugnen, dass sie über eine starke Persönlichkeit verfügen. Sie zeigen sich. Sie haben eigene Bedürfnisse. Und sie denken gar nicht daran, Ja zu sagen. Sie sagen Nein, Bye-bye und Ich.

Sie sagen die Worte, die für einen festen mütterlichen Standpunkt (Nein), die emotionale Geburtshilfe im Erziehungsprozess (Bye-bye) und den eigenen Raum der Mutter (Ich) stehen.

Alles, was im Märchen nach der guten Königin in langen Röcken seinen Auftritt hat, versinnbildlicht diese mütterliche Autorität, die starke Seite unserer Mutterpersönlichkeit, die fordert und loslässt. Nach ihr kommt all das, was die Grenzen der Mutter schützt und über deren eigene Bedürfnisse wacht. Ihre Mantras sind:

- Ich bin eine gute Mutter, und gute Mütter haben Grenzen!
- Ich bin eine gute Mutter, und gute Mütter sind nicht immer nah!
- Ich bin eine gute Mutter, und gute Mütter achten auch auf sich selbst!

Das sind starke Sätze, die ihre Wirkung tun. Diese Muttergestalten haben der guten Königin etwas Entscheidendes voraus: Sie sind weder selbstlos noch schwach. Ganz im Gegenteil, sie sind entschlossen und mächtig. Sie haben die Macht, die noch kindlichen Märchenhelden in ihrer Entwicklung voranzutreiben und sie zum großen Glück zu führen.

Macht ist etwas, das wir Mütter nicht gern für uns in Anspruch nehmen. Es nur in den Mund zu nehmen verursacht Beschwerden. Es fühlt sich unangenehm scharfkantig und hart an. Lieber nehmen wir es in kleinen Häppchen zu uns und sprechen von mütterlicher Autorität, Kraft und Führung. Diese Worte sind zwar auch mit Macht verbunden, klingen aber wesentlich sanfter. Doch auch deren Umsetzung ist nicht einfach.

Wer einen eigenen Standpunkt hat und danach handelt, kann nicht immer verständnisvoll, zugewandt und großzügig sein. Wer auf persönliche Ansprüche pocht, muss kindliche Bedürfnisse auch mal ignorieren. Wer die Richtung vorgibt, muss Macht ausüben, da Kinder nicht immer von allein folgen wollen. Wer Kinder fordert, mutet ihnen etwas zu. Wer loslässt, muss Risiken eingehen. Wer Grenzen setzt, muss Entscheidungen treffen, und die können richtig, aber auch falsch sein. Harter Tobak für gute Königinnen.

Es ist kein Zufall, dass viele Elternratgeber sich mit dem Thema »Grenzen setzen« beschäftigen und mittlerweile verstärkt Bücher zum Thema Disziplin erscheinen. Diese Bücher wollen uns auf die Sprünge helfen. Sie setzen genau an unserem wunden Punkt an.

Wir tun uns sichtbar schwer mit den weniger selbstlosen Teilen unseres Mutterseins. Mit großem Energieaufwand machen wir, wo wir nur können, einen großen Bogen um sie, verstecken sie möglichst unauffällig und entdecken sie nur bei den anderen. Denn sobald wir feststellen, dass wir sehr wohl im Besitz solcher Qualitäten sind, stimmen wir nicht mehr mit der Mutter überein, die wir eigentlich sein wollten.

Beim Versuch, dem verbreiteten Mutterideal zu entsprechen, verleugnen wir diesen wichtigen Teil unserer Persönlichkeit, den jede Frau hat, so unsichtbar er auch hinter gesellschaftlichen Konventionen, privaten Zwängen und trügerischen Bildern sein mag. In der Konsequenz bleiben wir auf der Stufe der guten Königin stehen und entwickeln uns nicht weiter. Unser eigenes Märchen bleibt unvollkommen und kann nicht zu Ende erzählt werden – wir bleiben hängen.

Wollen wir die Erziehungshoheit zurückgewinnen, wollen wir selbst bestimmen, wie wir unsere Kinder großziehen, wollen wir als Mutter und Mensch vorankommen und unser entspanntes Lächeln zurückgewinnen, müssen wir uns von der Übermutter in uns verabschieden. Wollen wir unsere Kinder in ihrer Entwicklung weiterbringen, ihnen zur Selbstständigkeit verhelfen und sie zu unabhängigen Persönlichkeiten erziehen, müssen wir unserem Ja das Nein zur Seite stellen. Denn nur so können unseren Kindern Flügel wachsen, die sie brauchen, um das heimelige Nest eines Tages verlassen zu können.

Das ist letztlich der Grund, warum Kinder keine Übermütter brauchen, die immer nur zugewandt, aufopfernd und freundlich sind. Was sie brauchen, sind echte Mütter. Und echte Mütter haben viele Eigenschaften; die der guten Königin sind nur ein Teil davon. Wollen wir wahrhaftige Mütter sein, müssen wir außer den weichen, runden auch den harten, kantigen Facetten unserer Persönlichkeit Ausdruck verleihen. Erst das macht uns vollkommen und glücklich.

Gute Mütter sagen Nein

Zugegeben, die gute Übermutter hinter sich zu lassen ist kein Kinderspiel. Wagen wir diesen Schritt, sind wir eben nicht mehr nur nett und liebevoll. Wir werden unseren Kindern Unangenehmes zumuten oder Angenehmes versagen müssen. Wir werden aktiv Konflikte austragen müssen. Wir werden nicht mehr unserem gewohnten Bild entsprechen.

Es wird daher hilfreich sein, sich noch eingehender mit der Bedeutung des mütterlichen Neins in der Erziehung zu beschäftigen. Auf diese Weise können wir ein stimmigeres Bild einer guten Mutter entwickeln, dem wir dann auch entsprechen können. Dazu ein Beispiel:

Unser Kind im besten Vorschulalter sitzt in seinem liebevoll eingerichteten Zimmer, das normalerweise einem Bilderbuch-Kinderzimmer entspricht. Der harmonische Eindruck ist derzeit allerdings heftig gestört, denn das Kinderzimmer sieht aus, als wäre ein Hurrikan hindurchgezogen. **Beispiel**

Uns graust es bei diesem Anblick, doch unsere Lust mit anzupacken ist gering. Nachdem wir bislang mit großer Selbstverständlichkeit hinter dem Dreikäsehoch hergeräumt, mit ihm zusammen sortiert und gesucht haben, um ihm außer der tatkräftigen Unterstützung auch eine liebevolle Begleitung zukommen zu lassen, haben wir die Nase nun gestrichen voll. Der Kleine ist jetzt groß genug und soll seinen Kram nun endlich alleine aufräumen – finden wir. Und wir stellen unserem Kind ein Ultimatum: Erst wenn hier wieder ein Minimum an Ordnung eingezogen ist (der Boden muss wieder begehbar sein), darf es sein Zimmer verlassen und sich mit seinen Freunden treffen.

Unerfreulicherweise ist dieses Kind, das wir doch einst unter dem Herzen trugen, nicht unserer Meinung. Es heult, schreit und wehrt sich mit Händen und Füßen. Es findet seine Mutter grässlich und gemein und fühlt sich äußerst schlecht behandelt. Und wirklich, wir fühlen uns tatsächlich grässlich und gemein und sind erfüllt von der Sorge, unseren Schatz zu schlecht zu behandeln. Doch der Widerwille ist größer und die mütterliche Geduld am Ende. Ganz abgesehen davon warten im Wohnzimmer das Sofa und ein gutes Buch auf uns. Unser Entschluss steht fest, wir kehren dem Kinderzimmer und seinem protestierenden Bewohner den Rücken zu.

Dieses Beispiel zeigt eine normale Situation aus dem Alltag mit Kindern. Doch in ihr spielt sich eine Menge ab. Es beginnt damit, dass sich bei uns Versorgungswiderstand regt. Wir spüren plötzlich, dass wir unserem Kind bei dieser Aufgabe nicht mehr helfen, ihm nichts mehr abnehmen wollen. Ein Zeichen für eine Entwicklungskrise. Solche Krisen sind Zeiten, in denen das alte Gleichgewicht verloren geht, während sich das neue noch nicht etabliert hat. Krisen bedeuten Verunsicherung und Neuorientierung zugleich. In der Erziehung stehen solche Entwicklungskrisen an, wenn die Kinder neue Fähigkeiten erworben haben, die sie befähigen, Aufgaben nun selbstständig zu übernehmen, aber nicht bereit sind, auf die alte Umsorgung der Mutter zu verzichten.

Intuitiv merken wir (ohne im Erziehungsratgeber nachgeschlagen zu haben, ab welchem Alter Kinder alleine aufräumen sollten), dass unser Kind der Aufgabe nun alleine gewachsen ist. Deshalb verlieren wir die innere Bereitschaft mitzuhelfen, wollen uns zurückziehen und ihm das Ordnungmachen nun alleine überlassen. Gleichzeitig werden eigene Bedürfnisse wach und fordern Raum. Die heftige Reaktion unseres Kindes lässt erahnen, dass es sich in diesem Moment von uns im Stich gelassen fühlt.

Nun fragen wir uns als gute Mutter: Ist das richtig, was wir da tun? Dürfen wir unseren Unwillen zum Ausdruck bringen und darauf Taten folgen lassen? Dürfen wir zu diesem Zweck Macht ausüben, um unsere Entscheidung durchzusetzen? Ist das nicht Erpressung? Dürfen wir ihm das mit fünf Jahren überhaupt schon zumuten? Ist das nicht eine Überforderung? Dürfen wir, während unser Kind missmutig aufräumt, dann auch noch unserem Vergnügen nachgehen? Sind wir nicht zu streng?

In der aktuellen Erziehungsdebatte der Elternmagazine erscheint in Leserzuschriften immer wieder der Appell von generell weiblichen Lesern, die Kinder zu fragen, was sie sich wünschen. Die Kinder wüssten, was gut für sie ist. Dieser Leserinnen-Traum von der wunscherfüllenden Fee klingt geradezu entzückend, ist aber nicht praktikabel. Wir dürfen unsere Kinder nicht darüber entscheiden lassen, was gut für sie ist. Das mag in Detailfragen (Volleyball oder Basketball?) oder sehr persönlichen Dingen (Wahl der Freunde, intime, körperliche Angelegenheiten) richtig und wichtig sein; geht es jedoch um fundamentale Erziehungsfragen, ist das ein großes Missverständnis von Freiheit. Außerdem: Könige räumen nie auf.

Wollen wir, dass unsere Kinder lernen aufzuräumen, kommen wir mit dem bedingungslosen Ja nicht weiter. Natürlich können wir unser

Kind immer unterstützen und in diesem Fall mit ihm überlegen, ob es die Aufräumarbeit besser jeden Abend oder lieber nur einmal die Woche erledigt oder ob große Kisten oder weniger Spielzeug ihm die Sache erleichtern. Doch alle vorbildlichen erzieherischen Interventionen können ein Nein nicht ersetzen. Lassen wir uns von dem großen Geschrei unserer geliebten Blagen nicht ablenken. Die Kinder brauchen klare Worte, und wir brauchen sie auch. Und genau diese leiten uns in oben beschriebener Konfliktsituation.

Indem wir von unserem Kind verlangen, eine Aufgabe selbstständig zu erledigen, die nun seine ist und die es ohne unsere Hilfe bewältigen kann, grenzen wir uns deutlich ab. Wir sagen Nein! Damit geben wir ihm eine Orientierung, die ihm zeigt, wie das Zusammenleben in der Familie, in der Welt funktioniert. Dieses »Bis hierhin und nicht weiter« verschafft ihm Übersicht und Klarheit, gibt ihm Struktur und Sicherheit. Das ungeliebte Nein gibt ihm Halt.

Darüber hinaus hat das Nein noch eine weitere Qualität: Es trennt zwischen Realität und Fantasie. Unser Kind lernt so, zwischen seinen fantasierten und seinen realen Möglichkeiten und Fähigkeiten zu unterscheiden. Es erfährt, dass sein Gegenüber reale Grenzen hat, die nicht überschritten werden dürfen, und dass seine kindliche Macht und Autonomie begrenzt sind. Dadurch lernt es, seine eigenen Grenzen wahrzunehmen und letztlich selbst Nein zu sagen.

Auch das »Bye-bye« zeigt sich in dieser Situation. Wir distanzieren uns innerlich ein Stück von unserem Kind und reduzieren unsere Versorgungsfunktion, lassen die allzu gute Mutter los und stellen unser Kind schon ein wenig auf seine eigenen Beine. Wir führen es in eine dem Alter angemessene Selbstständigkeit. Indem wir ihm zutrauen, mit diesem Problem fertig zu werden, stärken wir sein Selbstvertrauen (auch wenn es gerade nicht den Anschein hat), denn es kann die Erfahrung machen, dass es eine schwierig erscheinende Aufgabe eigenständig meistern kann.

Das mütterliche Ich taucht ebenfalls in unserem Beispiel auf. Es macht sich im Respektieren innerer Impulse und Wünsche bemerkbar. Indem wir unsere eigenen Regungen und Bedürfnisse ernst nehmen, sagen wir »Ich«. Das verhilft unserem Kind, zwischen Dir und Mir zu unterscheiden. Unsere klare Position lässt es Kind sein, weil sie das hierarchische Eltern-Kind-Gefüge offenbart und wahrt.

Mit dieser Haltung geben wir unserem Kind die deutliche Botschaft:

- Du bist der, der verzichten kann.
- Du bist der, der das aushalten kann.
- Du bist der, der das nicht braucht.

Auf kindlichem Niveau kann unser Kind schrittweise folgende Erfahrungen in sein Selbstbild integrieren:

- Ich bin nicht bedürftig.
- Ich bin stark.
- Ich bin unabhängig.

Genau das brauchen unsere Kinder.

Vertrauen wir auf unser Gefühl und handeln beherzt und selbstbestimmt wie in diesem Beispiel, ist der Wert unserer pädagogischen Aktion häufig nicht auf den ersten Blick ersichtlich. Hier zeigt sich schon eine Schwierigkeit des Neins: Dieses kleine Wort kann in unserer Umgebung auf Kritik und Unverständnis stoßen. Vervollständigen wir unser mütterliches Vokabular und integrieren dieses starke Wort in unsere mütterliche Grundhaltung, entsprechen wir eben nicht immer der landläufigen Idealvorstellung einer guten Mutter. Eine geduldige Mutter, die liebevoll scherzend mit ihrem Kind Aufräumspiele veranstaltet hätte oder die mit ihrer Forderung gewartet hätte, bis das Kind acht Jahre alt ist, wäre diesem Ideal viel näher gekommen. Unser Abschied von der Übermutter wird also nicht ganz leicht werden. Es gibt viel zu tun.

Warum es nicht ohne Nein geht

Das mütterliche Nein kann reichlich unbequem oder irritierend für andere sein, nicht nur für die Kinder. Das ist kein Wunder, denn damit sublimieren wir den abgrenzenden und aggressiven Teil unserer Persönlichkeit. Jede von uns trägt diesen Teil in sich, der nicht nachhaltig unterdrückt werden kann, denn er verlangt wie alles in uns nach realem oder symbolischem Ausdruck. Er ist unentbehrlich für ein gesundes und gelungenes Leben, denn diese emotionale Kraft schützt uns, treibt uns in unserer Entwicklung voran und ist Quelle aller Kreativität, Tatkraft und Lust.

Wollen wir als Mutter zu uns selbst zurückfinden, brauchen wir wieder ein Gefühl für diesen Teil unseres Selbst. Verleugnen wir ihn, führt das zwangsläufig dazu, dass sich die Energien einen anderen Weg suchen. Wendet sich dieser Anteil nach innen, gegen uns selbst, wird er destruktiv. Eine Depression ist dann nicht mehr weit. Kehrt er sich verdeckt nach außen, laufen wir blindlings Gefahr, unsere Kinder zu instrumentalisieren oder zu kränken.

Machen wir um das Nein einen großen Bogen, bleiben wir immer nachgiebig und allzeit entgegenkommend, betüddeln und überschütten unsere Kinder mit unserer Fürsorge und behindern sie in ihrer selbstständigen Entwicklung. Denn das Ja hat vornehmlich bindende Qualitäten. Aus diesem Grunde ist es auch für die erste Zeit unerlässlich, denn am Anfang eines Menschenlebens steht immer der Aufbau von Bindung. Dieser Bindungsprozess wird jedoch nach und nach von Prozessen abgelöst, die dann unser Loslassen fordern. Verpassen wir den Zeitpunkt, an dem die bindenden Eigenschaften allmählich den loslösenden weichen, binden wir die Kinder zu stark an uns, halten sie fest und klein. Das mögen Kinder gar nicht, denn bei aller Sehnsucht nach Geborgenheit und Verwöhnung wollen die Kleinen doch groß und unabhängig werden.

Im Alltag drückt sich die kindliche Angst vor mütterlicher Vereinnahmung in brüskierendem oder nimmersattem Verhalten der Kinder aus. Sind Kinder chronisch überversorgt, haben sie ständig etwas zu mäkeln. Sie möchten ein Eis, am besten vier Kugeln und mit viel Sahne. Wird dem Wunsch nachgekommen, wird nach der Hälfte des Eises beleidigt gejammert, dass es viel zu viel wäre. Sie wünschen sich ausdrücklich ihre Lieblingsspeise Pfannkuchen mit Apfelmus. Wird auch dieses Begehren erfüllt, schmeckt der Eierkuchen irgendwie »komisch« und wird kaum angerührt. Sie wünschen sich ein kostspieliges Auto mit Fernsteuerung, und es fliegt nach einem Vormittag in die Ecke. Sie hatten am Sonntagvormittag schon ein Schokocroissant, einen Lolli, vier Zahnpflege-Kaugummis, zwei Limonaden, sechs Fahrten auf dem Karussell, durften ihr Lieblingskleid trotz Regennässe anziehen, waren im Puppentheater, bekamen das dazu passende Souvenir, wurden den ganzen Hinweg Huckepack getragen und sind voll vorwurfsvoller Enttäuschung, weil sie die Zuckerwatte nicht bekommen haben und bis zum Auto laufen sollen.

Dieses für Kinder aus der Bildungsschicht nicht gerade untypische Verhalten bringt noch jede Mutter zur Verzweiflung und in Rage. »Jetzt tue ich schon alles für mein Kind und dann so was!« Was sich als ausgesprochen undankbar darstellt, entpuppt sich bei näherer Betrachtung als Gegenwehr. Die Kinder wehren sich auf diese Weise gegen die Überversorgung, weil sie sich in ihrer Eigenständigkeit bedroht fühlen. Aber natürlich ist die ganze Sache auch hoch ambivalent. Denn Kinder (und auch sehr viele Erwachsene) sehnen sich tatsächlich nach vollkommener Bedürfnisbefriedigung und wollen demzufolge auch alles haben, wonach sie sich sehnen. Sobald die Sehnsucht jedoch gestillt ist, merken sie, dass es ihnen ganz und gar nicht guttut.

Sagen wir immer Ja und vernachlässigen das loslösende und trennende Nein, werden wir mit dem unangenehmen Resultat konfrontiert, dass unsere Kinder zu machtvollen Abgrenzungsversuchen ausholen, die sich in schlechtem Benehmen äußern. Damit signalisieren die Kinder: »Das ist alles nicht genug, weil ich etwas ganz anderes brauche. Ich bin anders als du. Ich mache mein eigenes Ding. Ich gehöre dir nicht.«

Das ist das Argument dafür, warum wir unseren Kindern nicht alle Wünsche erfüllen, sie mit unserer Liebe nicht komplett umhüllen dürfen. Wir schränken sie in ihrer eigenständigen Persönlichkeitsentwicklung zu stark ein.

Füllen wir diesen mütterlichen Part nicht aus, versuchen die Kinder, den fehlenden Abstand herzustellen, indem sie sich für uns unattraktiv machen. Besonders krasse Formen können diese Abgrenzungsversuche in der Pubertät, der Zeit der größten Ablösung annehmen. Überbehütete, zu stark gebundene Jugendliche müssen sehr weit ausholen, um sich vom elterlichen Nest zu lösen. Mütter und Väter dagegen, die

– bei aller Fürsorge und Zugewandtheit – ihre persönlichen Grenzen wahrnehmen und schützen, ihr eigenes Leben vorantreiben und klare, wenn auch für den Jugendlichen unbequeme Standpunkte vertreten, sind für die Heranwachsenden Wesen aus einer anderen Welt, von denen man einfacher Abschied nehmen kann. Ein Nest, in dem zunehmend ein rauer Wind bläst, lässt man leichter hinter sich.

Fazit: Niemand braucht sie, die Übermutter. Unsere Kinder brauchen sie nicht und wir schon gar nicht.

Wollen wir als Mutter nicht an uns selbst vorbeileben, wollen wir die »passenden Schuhe« tragen, wollen wir in unserer eigenen Persönlichkeitsentwicklung vorankommen und gelassen und mit Freude erziehen, wollen wir unseren Kindern Halt und Orientierung geben, sie frei und geschützt aufwachsen sehen, müssen wir unserem ganzen Selbst einen angemessenen Raum im Erziehungsprozess verschaffen und unsere Grenzen wahren, die innere Trennung von den Kindern herbeiführen und auf eigene Bedürfnisse achten.

Von Mutter zu Mutter

Das Glück der Kinder ist immer ein unschlagbares Argument, um mütterliches Handeln zu erklären und zu rechtfertigen. Doch wir müssen uns auch um unser eigenes Glück kümmern.

Mütter-Mantras für ein gelassenes und selbstsicheres Muttersein

Um uns immer wieder daran zu erinnern, werden uns nachfolgende Mantras bis zur letzten Seite dieses Buches begleiten. Bekanntlich dienen Mantras der Entspannung, dem Freisetzen von Energien, der Konzentration auf das Wesentliche und der Selbstverwirklichung. Genau das, was wir als gestresste Mutter brauchen. Stimmen wir uns mit den drei Mütter-Mantras auf einen Abschied von der Übermutter und auf ein gelassenes und selbstsicheres Muttersein ein.

Übersicht

- Das *Nein-Mantra:* Ich bin eine gute Mutter, und gute Mütter haben Grenzen!
- Das *Bye-bye-Mantra:* Ich bin eine gute Mutter, und gute Mütter sind nicht immer nah!
- Das *Ich-Mantra:* Ich bin eine gute Mutter, und gute Mütter achten auch auf sich selbst!

Das sind die Mantras, mit denen wir zu uns selbst zurückfinden und die starke Seite unserer Mutterpersönlichkeit integrieren können. In ihnen drückt sich die feste mütterliche Haltung aus, in die wir hineinwachsen und mit der wir uns von unserem anstrengenden Perfektionsstreben verabschieden können. Wie sie in unserem alltäglichen Miteinander mit den Kindern Gestalt annehmen und für Entlastung und Entwicklung sorgen, darum geht es im weiteren Verlauf. Beginnen wir mit dem Nein-Mantra:

Nein-Mantra: Ich bin eine gute Mutter, und gute Mütter haben Grenzen!

Bei all den Jas, die unser Kind zum Großwerden braucht und bekommen muss – ohne ein Nein fehlt ihnen etwas.

Das Nein symbolisiert die fordernden und versagenden Anteile unserer Persönlichkeit, die die Kinder meist nicht als angenehm erleben, die für deren Entwicklung jedoch unverzichtbar sind.

Hinter dem Nein steht die Notwendigkeit, sich von überhöhten Ansprüchen der Umwelt abzugrenzen und sich auch von eigenen hochgeschraubten Ambitionen zu lösen. Nein bedeutet damit auch die Wiederentdeckung des Wesentlichen.

Das Nein hilft Kindern, den Mangel an realen äußeren Zumutungen und Herausforderungen in unserer hoch technologisierten Welt zu kompensieren. Denn die Forderungen nach Verzicht, Durchhalten, Zurücknahme eigener Interessen und Rücksicht auf andere sind große innere Aufgaben, an denen sie sich reiben und erproben können und die sie letztlich stärken.

Deshalb stärkt das Nein auch eine Beziehung, denn es gibt nichts, das mehr verbindet als ein gut gelöster Konflikt.

Das Nein macht das Gefühl von Freiheit erst möglich, weil es Grenzen festlegt und damit den Spielraum eröffnet, Freiräume zu eröffnen und zu weiten.

Das Nein ermöglicht Müttern, beherzt und konstruktiv mit ihrer Macht umzugehen, zum eigenen Wohle und dem des Kindes.

So wird es in den folgenden Kapiteln darum gehen, dem mütterlichen Nein seine Bedeutung und seinen berechtigten Platz im Erziehungsalltag zurückzugeben.

Basicmama statt Supermama

Die Supermama, die immer nur Ja sagt, hat sich als Fehlkonstruktion erwiesen. Ich plädiere daher für Basicmama statt Supermama. Basis statt Super. Das klingt auf Anhieb nicht gerade wie ein lohnender Tausch. Wenn etwas super ist, ist es besonders. Besonders gut, besonders viel, besonders schön, besonders einzigartig. Basic dagegen ist schlicht, normal, vielleicht sogar durchschnittlich. Doch Basic ist Basis, und die Basis hat es in sich: Sie ist Ausgangspunkt, Grundausstattung, das Wesentliche. Basis ist Bedingung für alles. Die Basis ist unverzichtbar.

Super ist dagegen nicht selten Firlefanz. Super ist Kaviar. Basic ist Brot. Ohne Kaviar können wir gut leben, ohne Brot nicht. Bezogen auf Klamotten leuchten die Qualitäten der Basis jedem weiblichen Wesen ein. Kaum eine Frau kommt ohne eine richtig gute Jeans und eine weiße Bluse aus. Müssten wir für eine geraume Weile auf einer einsamen Insel ausharren, wäre schnell klar, ob wir uns für die sensationellen Stilettos und das unvergleichliche Chanelkostüm entscheiden oder für die Basics, unsere Lieblingsjeans und die bequemen Boots. Super ist toll und hübsch anzusehen, aber überflüssig.

Das ist in der Erziehung von Kindern nicht anders. Kinder brauchen eine gute Basis. Auch als Mutter lebt es sich leichter auf der Basis.

Die Basis ist das Fundament und die sichere Rampe, von der die Kinder ins Leben starten und zu der sie jederzeit zurückkommen können. Hier erhalten sie Rückhalt und Schutz. Auf der Basisstation können sie sich ausruhen, Sicherheit und Vertrauen tanken, bis sie sich ihre eigene Basis geschaffen haben. Für uns Mütter heißt das, von Beginn an mit viel Fleiß daran zu arbeiten, überflüssig zu werden. Das ist hart, aber wahr. An unseren Zielen wird sich auch bei der Basiserziehung nichts ändern; wir sollten das Pferd nur von der anderen Seite aufzäumen. Da das Problem weder im Wunsch besteht, eine gute Mutter sein zu wollen, noch darin, seine Kinder zu stärken und zu glücklichen Persönlichkeiten zu erziehen, müssen wir nicht all unsere Wertvorstellungen über Bord werfen. Wir müssen uns allerdings von unserem bisherigen Mutterbild verabschieden. Dafür brauchen wir das Nein.

Wir müssen unsere Kinder auch gewiss nicht auf dem Trockenen sitzen lassen, ganz im Gegenteil. Es ist nicht erforderlich, auf Fernsehen, Computer, Handy oder Ähnliches zu verzichten und sich einem Leben voller Entsagung hinzugeben. Mütterliche Basisarbeit hat eine ganz andere Bedeutung. Sie bedeutet, sich auf das Wesentliche zu konzentrieren und mit eigenen Energien und denen der Kinder rücksichtsvoll umzugehen. Die Kunst besteht darin, was wirklich wichtig ist von dem zu trennen, was zweitrangig ist. Das Wesentliche lässt sich mit einem Satz umschreiben: »Ich bin da.« Das ist die Basis.

Für seine Kinder da zu sein kann auf vielfältigste Weise geschehen und ist nicht an die ständige körperliche Präsenz der Mutter gebunden. »Ich bin da« ist eine Frage der inneren Haltung.

Nichts prägt die Beziehung zu unseren Kindern so stark wie die innere Haltung. Sie entscheidet über das Gelingen von Erziehung und nicht darüber, ob wir unser Baby nun zehn Minuten lang baden oder dreißig, oder ob wir stillen oder mit der Flasche füttern. Nicht das Auslandsschuljahr in Kanada oder der Besuch der Privatgrundschule bringt die maßgeblichen Impulse für die Persönlichkeitsentwicklung unserer Kinder, sondern die Menschen, die ihnen nah und für sie da sind. Und da stehen an erster Stelle Mutter und Vater.

Und da dies ein Buch für Mütter ist, beschränken wir uns hier auf die Rolle der Mutter.

Die Basis ist die gute Beziehung

Erziehungssachen sind immer Beziehungssachen, und die lassen sich natürlich nicht mit ein paar Handgriffen zurechtrücken. Wollen wir unseren Kindern vornehmlich Basis sein, erfordert das eine Neuinterpretation von Erwartungen, Wünschen und Vorstellungen. Das braucht unsere volle Aufmerksamkeit. Für einen entschiedenen Haltungswechsel müssen wir uns von einigen althergebrachten Glaubenssätzen lösen und sollten bisher widerspruchslos hingenommene Vorstellungen hinterfragen. Nur wer seine innere Einstellung ändert, kann in seinem erzieherischen Handeln auch nachhaltig etwas bewirken. Gelingt das, werden sich auch die Beziehung und der Umgang untereinander ändern. Es ist wichtig, sich vor Augen zu führen, wie viel Bedeutung unsere eigene Person im Erziehungsgeschehen hat, denn sie stellt alle anderen Einflüsse in den Schatten.

Die Beziehung des Kindes zu seinen Eltern ist elementar. Erst durch das verlässliche Gegenüber, das ihnen antwortet und den Weg zeigt, werden unsere Kinder zu reifen Persönlichkeiten. Dabei geht es nicht nur um Identifikation, die Prägung des Kindes durch seine Eltern geht noch viel weiter. Sie geschieht durch Einverleibung, wie die Psychoanalytikerin Melanie Klein es beschrieben hat. Kinder nehmen sich an uns nicht nur ein Vorbild, sie nehmen etwas von uns in sich auf. Wir werden durch diesen Prozess Teil der psychischen Struktur unserer Kinder, die ein Leben lang Einfluss behält. Das ist eine Erkenntnis, bei der es einem ganz schön mulmig werden kann. Das Wissen darum kann aber auch entlastend sein, wenn wir uns klarmachen, dass wir im Grunde alles haben, was wir zum Erziehen brauchen: uns selbst. In erster Linie heißt das, wir sollten authentisch sein. In letzter Konsequenz bedeutet das, dass wir als Mutter so sein dürfen, wie wir sind.

Dass das kein Freibrief für vernachlässigendes oder destruktives Erziehungsverhalten sein soll, ist klar. Der Ruf nach Authentizität soll vielmehr Ermutigung sein, zu all seinen Seiten einschließlich normaler Unzulänglichkeiten zu stehen und darauf zu vertrauen, dass es gut geht, auch oder gerade, wenn wir nicht perfekt sind. Denn nur als authentische Mutter können wir unseren Kindern eine Basis bieten, die sie trägt und auf die sie vertrauen können. Auf dieser Basis lässt es sich gut leben.

Eine stabile Beziehung zwischen uns und unseren Kindern nimmt äußeren Anforderungen und Schwierigkeiten die Schärfe. Stress in Physik, Ausgrenzung durch Klassenkameraden, die kränkenden Auswirkungen von motorischen, kognitiven oder sozialen Schwierigkeiten lassen sich so aushalten und besser bewältigen. Materielles, aber auch kindliche Förderung und Freizeitaktivitäten, alles tritt hinter einer guten Beziehung zurück.

Am Bild eines Hauses lässt sich unser Wert anschaulich illustrieren: Die Beziehung zu Mutter und Vater ist das Fundament, die Grundfeste für die Persönlichkeitsentwicklung des Kindes, alles andere baut darauf auf. Das Haus ist das, was das Leben unserer Kinder noch ausmacht: Freunde, Spiel- und Klassenkameraden, Nachbarn, Verwandte und Bekannte als wichtige soziale Kontakte und damit unverzichtbare Ressourcen für eine gute kindliche Entwicklung. Das gute Mobiliar sind Bildungs- und Freizeitaktivitäten wie Schule, Ballett, Zirkusbesuche und Musikunterricht als Spender von Freude, Bildung, Werten und Erfolgserlebnissen.

Sämtliche Anstrengungen für unsere Kinder auf Eis zu legen ist demzufolge nicht die Alternative. Das Wesentliche, die Basis zu identifizieren, das rechte Maß zu finden und Erziehung angstfreier anzugehen, das ist entscheidend. Sich unabhängiger von äußeren Erfordernissen zu machen, das macht unsere Kinder unabhängiger.

Werde wie ich!

Die gute Beziehung zu den Eltern ist wichtigste Bedingung für eine vitale Persönlichkeitsentwicklung des Kindes, denn sie ist es, die unserem Kind Geborgenheit und emotionalen Rückhalt gibt. Deshalb müssen wir sie wie einen Schatz hüten. Dafür gibt es eine erste Regel: Wir müssen darauf achten, dass es uns selbst gut geht. Das liegt in unserer Verantwortung. Da Internalisierungsprozesse einen hohen Einfluss auf das seelische Gedeihen von Kindern haben, kommt der mütterlichen Befindlichkeit, dem eigenen Verhalten, der Beziehung zu uns selbst und unserer Umgebung ein großer Einfluss zu. Wollen wir zufriedene, selbstständige Kinder, die sich selbst schätzen und schützen und sich eigene Wünsche und Bedürfnisse erfüllen können, erleichtern wir ihnen den Weg dorthin, indem wir vorangehen und selbst ein eigenständiges Leben führen, in dem wir eigene Grenzen respektieren, mit unseren Kräften achtsam haushalten und für unseren inneren Seelenfrieden sorgen. Beachten wir all dies, können wir mit gutem Gewissen folgende Haltung gegenüber unseren Kindern einnehmen: »Werde, wie ich bin.«

Zugegeben, dieser schlichte Satz wird den wenigsten mühelos von den Lippen gehen. Zu sehr klingt er nach narzisstischer Eigenliebe und Hochmut. Doch im Grunde steckt genau das in diesem Satz, was Erziehung, vor allem in den ersten Lebensjahren des Kindes, ausmacht: Dass unsere Kinder elterliche Beziehungsmuster, Rollenzuschreibungen, Gefühle und Verhaltensweisen verinnerlichen, einen Teil von uns in ihr Selbst aufnehmen. Deshalb ist es so wichtig, dass wir auf das Eigene achten, denn das ist das, was wir unseren Kindern fürs Leben mitgeben.

Jede Mutter ist anders »da«

Die Selbstachtsamkeit gehört also unbedingt zum Erziehungsprozess dazu. Infolgedessen entscheidet unser innerer Kompass, wohin die Reise mit unserem Kind geht, auf welche Weise wir für unser Kind da sind. Das kann für jede Mutter etwas anderes heißen. Jede Mutter-Kind-Beziehung hat ihre eigene Wahrheit:

- Für die eine Mutter bedeutet es, Babyschwimmen, Säuglingsmassage und Rückbildungsgymnastik ausfallen zu lassen und sich stattdessen mit dem hauseigenen Sonnenschein die ersten Monate im stillen Kämmerlein zu vergraben, um sich in Ruhe kennenzulernen und zu entdecken.
- Eine andere Mutter beschließt kurz nach der Geburt, noch mit dem Säugling im Tragetuch, wieder arbeiten zu gehen, da ihr zu Hause die Decke auf den Kopf fällt.

- Eine Dritte verbringt den größten Teil des Tages mit anderen Müttern im Café, um sich unermüdlich über Vor- und Nachteile von Höschenwindeln, Gläschenkost und Fremdbetreuung auszutauschen, da ihr die Gemeinschaft Sicherheit und Geborgenheit gibt.

So unterschiedlich der Umgang mit dem eigenen Kind ist, wir liegen richtig, wenn wir uns mit unserem Kind vital und potent fühlen. Das steht in seiner Bedeutung sogar über selbstgemachtem Bio-Kartoffel-Möhren-Hühnchen-Brei oder einer engelsgleichen Geduld. Das eigene Wohl als Voraussetzung für eine gute Entwicklung unseres Kindes anzuerkennen gräbt mütterlichen Grabenkämpfen das Wasser ab. Das Beste ist eben nicht dieses oder jenes Erziehungsverhalten. Nicht was wir mit oder für unser Kind tun ist das Entscheidende, sondern wie wir uns mit unserem Kind fühlen.

Das Beste ist eine zufriedene und starke Mutter, die im inneren Gleichgewicht ist. Nur dann können wir für unsere Kinder ganz da sein, ihnen die Basis bieten, die sie brauchen. Und um dieses innere Gleichgewicht geht es im nächsten Kapitel.

Mummy first? Baby first?

Um im inneren Gleichgewicht zu bleiben, müssen wir der bejahenden Mutter in uns das passende Gegenstück zur Seite stellen: die verneinende und abgrenzende Seite unseres Selbst. Zu einer guten Mutter gehört das Ja genau so wie das Nein. Die bejahende Mutter umsorgt und behütet das Kind voller Hingabe, solange es noch vorwiegend Schutz und Geborgenheit braucht. Die verneinende Mutter fordert und fördert es, je mehr es wächst. Diese Formel schließt nicht aus, dass Muttersein manchmal mit einer gehörigen Portion Aufopferungsbereitschaft einhergeht.

Das absolute Ja gehört in die Phase der Symbiose

Die bejahende Mutter, die gute Königin, ist die Mutter der Symbiose. Der psychologische Begriff Symbiose beschreibt die besonders innige

Beziehung von Mutter und Kind in den ersten Lebensmonaten. In der Symbiose nimmt der winzige Säugling noch keine Grenzen wahr. Er fühlt sich eins mit der Mutter, erlebt sich seelisch und körperlich völlig mit ihr verschmolzen. Wir Mütter stehen dem kaum nach, sind wir in der symbiotischen Zweisamkeit doch ebenso im Ausnahmezustand, in physischer und emotionaler Hinsicht: Auch wir verschmelzen. Mütterlicher Urtrieb und hormonelle Flutwellen versetzen uns in die Lage, Ungeheuerliches für diese Einheit zu leisten. Um dem Baby die lebensnotwendige Zuwendung und Geborgenheit zu geben, laufen wir zur Höchstform auf. Mutter und Kind sind jetzt eine Einheit, ein Ganzes. Was jetzt passiert, ist Symbiose pur, und wie die sich anfühlt, hätte sich keine Frau vor ihrem ersten Kind je träumen lassen.

Es ist nicht weiter verwunderlich, dass die Symbiose für Erstväter sehr beängstigend sein kann. War es bisher exklusive Aufgabe der Männer, weibliche Verschmelzungswünsche zu erfüllen, sind die Herren nun erst einmal ohne Verwendung und befinden sich bis auf Weiteres auf dem Abstellgleis. Doch zumindest für die Töchterväter besteht Anlass zur Hoffnung. Spätestens in zwei Jahren werden die Väter von den Töchtern wie ein Geschenk des Himmels gefeiert, und wir Mütter schrumpfen auf den Status von trockenem Brot: lebensnotwendig, aber unspektakulär.

Wir nehmen die Symbiose sehr ernst. Und das ist auch gut so und soll ruhig so bleiben, denn der Säugling braucht das bedingungslose Ja, die sofortige Bedürfnisbefriedigung und den vollkommenen Schutz. Das ist zwangsläufig mit Stress, Zurückstellung eigener Interessen und Bedürfnisse verbunden. Auszuhalten ist das nur, weil die Natur einen Schutz für uns parat hält. Als Kompensation für so viel Aufopferung dient das gewaltige Gefühl von Kraft, das mit den ersten Mutterstunden verliehen wird. Ein Kind auszutragen, es auf die Welt zu bringen und es bestenfalls noch stillen zu können geht mit einem einmaligen Schub des Selbstwertgefühls einher, ohne den wir die ersten Monate physisch und psychisch nicht überstehen würden. Das alleinige Objekt der Sehnsucht für diesen kleinen Menschen zu sein gibt Müttern ein Glänzen, das man sonst nur von Schwerverliebten her kennt. Ein frisch gewaschenes duftendes Baby, das sein tägliches Pensum an Obst und Gemüse, Anreizen und Schlaf hatte, erfüllt alle Mütter mit tiefer und glücklicher Befriedigung. Trotz Schlafmangel, Ischiasschmerz und Zwangsdiät blühen wir als frischgebackene Mutter auf wie eine Rose im Winter.

Die letzte Ich-Festung halten

Doch irgendwann läuten auch dieser idyllischen Zweisamkeit die Abschiedsglocken. Und zwar dann, wenn wir uns tagsüber kaum noch auf den Beinen halten können und verwundert feststellen müssen, dass wir ohne Schlaf eben doch nicht leben können.

Gerade sehr kleine Kinder bringen uns immer wieder an unsere Grenzen. Das liegt in der Natur der Sache, daran wird sich nie etwas ändern. Hat man ein Schreikind, sollte man entweder Nerven aus Drahtseilen haben oder völlig unsensibel sein, sonst ist ein entspannter Umgang mit dem kleinen Radaubruder rundweg ausgeschlossen. Mein Tipp an dieser Stelle: Nehmen Sie den kürzesten Weg und gehen Sie schnurstracks in die Schreiambulanz!

Auch wenn es kein Schreikind ist: Ein Säugling verlangt die große Aufopferungsbereitschaft einer bejahenden, hingebungsvollen Mutter. Wir müssen uns die Sache jedoch nicht schwerer machen, als sie ist. Sogar im Umgang mit den Kleinsten gibt es rettende Schlupflöcher, die für Entlastung sorgen. Selbstaufgabe ist nicht einmal in der Symbiose erforderlich, davor schützt uns das mütterliche Nein. Es erlaubt uns, in besonderen Ausnahmefällen gegen den ersten Paragraphen des mütterlichen Gesetzbuches »Du darfst dein Kind nicht schreien lassen« zu verstoßen. Dann gilt es, letzte Ich-Grenzen zu schützen, um die eigene Stabilität, die Basis nicht zu gefährden. Wenn aus Mäuschen Drache, aus Schatz Stinktier und aus Engel Satansbraten wird und wir statt »Tumdideldumdum, tumdideldum, das Karussell fährt rum!« unentwegt »Tumdideldumdum, tumdideldum, das Karussell fällt um!« vor uns hin summen, ist es höchste Zeit, für uns selbst zu sorgen.

Das heißt, doch noch zu duschen, obwohl aus dem Kinderbettchen schon erste warnende Schreie ertönen, damit man sich nachher nicht klebrig und total gestresst fühlt. Das heißt auch, den lauthals protestierenden Sprössling abzusetzen, um sich rasch anzuziehen. Mummy first? Oder Baby first? Das auszuloten ist ohnehin eine der wichtigsten und schwierigsten mütterlichen Aufgaben. Doch besonders in der Symbiose geraten unser Beschützer- und unser Überlebensinstinkt in heftigen Widerstreit.

Babygeschrei zu nachtschlafender Zeit gehört zu den Extremsituationen, die den Konflikt zwischen Versorgen und Begrenzen deutlich machen und die zeigen, wie ein abgrenzendes Nein im besten Sinne zur Konfliktlösung beitragen kann.

Verständlicherweise sind Mütter von Säuglingen nachts völlig erschöpft. Schließlich haben sie den Blitzmittagsschlaf von Baby genutzt, um das Notwendigste zu waschen, endlich das Bad zu putzen und mal wieder ein Erwachsenengespräch am Telefon zu führen. So werden viele in einem Albtraum wach, wenn sie gegen drei Uhr früh mit ausdauerndem Gebrüll in Schach gehalten werden. Wenn Stillen, Schnuller, Wickeln und Bauchmassagen mit Kümmelöl nichts fruchten, keine helfende Hand zur Seite steht, ist es an der Zeit, sich über ein kleines Nein Gedanken zu machen:

Selber Schreien ist tabu und bringt erfahrungsgemäß nichts, außer einer sehr kurzfristig anhaltenden Aggressionsentlastung mit auf dem Fuße folgenden Schuldgefühlen. Tatsächlich fühlen wir uns emotional und physisch außerstande, endlose Runden durch die Wohnung zu ziehen und unser Kind dabei hin und her zu wiegen. Die überstürzte Flucht in die nächtliche Ambulanz des örtlichen Kinderkrankenhauses ist nicht immer eine Alternative.

Die verzweifelte Hilflosigkeit ist auch kein wirklich guter Ausweg. Unser Kind ist gesund.

Zeit für das Nein.

Pucken (eine spezielle Wickeltechnik) oder schlichtes Festhalten sind in dieser Notlage die mütterlichen Interventionen, die nicht nur dem Kind Halt geben. Nehmen wir unser Kind mit ins Bett und halten es liebevoll, aber entschieden fest im Arm oder verpacken es wie ein kleines Paket in der Babydecke, brüllt es womöglich noch eine ganze Weile weiter, doch es ist geborgen und geschützt, denn es ist ganz nah bei uns: »Ich bin da.« Das Kind spürt die körperliche Nähe und Begrenzung, und wir können in unserem warmen Bett liegen bleiben. Ein guter Kompromiss.

Die perfekte Mutter wäre womöglich mit dem Baby im Arm die halbe Nacht unterwegs, da sich das Kind zumindest zeitweise so beruhigen lässt. Wiederholt sich die nächtliche Aktion, sind mütterliche Totalerschöpfung und damit Aggressionen garantiert. Dieser Preis ist eindeutig zu hoch, denn die Mutter-Kind-Beziehung wird dadurch stark belastet. In diesem Fall wiegt der Schutz des mütterlichen Ruhebedürfnisses höher als die Regulierung und Reduktion kindlicher Spannungszustände durch Gehen und Schaukeln. Die letzte Ich-Festung gilt es immer zu halten, auch zum Besten des Kindes.

Das Verhältnis von Ja und Nein ist keine feste Größe

Erziehung ist immer ein sensibles Austarieren von mütterlichen und kindlichen Bedürfnissen und Grenzen. Immer aufs Neue müssen wir um ein gutes Gleichgewicht ringen. Je kleiner und hilfloser das Kind, desto häufiger. Wie wir letztlich entscheiden, dafür lassen sich nur schwerlich Regeln aufstellen, da sie von der Persönlichkeit und Konstitution des Kindes, dem Umfeld und der jeweiligen Situation und letztlich von unserer Befindlichkeit und unseren Möglichkeiten abhängen.

Bei alleinstehenden Müttern ist der Konflikt zwischen den gegensätzlichen Kräften besonders krass, da diese Mütter zum einem besonders »gute Mütter« sein wollen, um den abwesenden Vater zu ersetzen, zum anderen mehr als andere Mütter auf Abgrenzung und den Schutz eigener Interessen und Freiräume achten müssen, um das innere Gleichgewicht zu wahren. Ein anstrengendes Unterfangen. Mütter von kranken oder behinderten Kindern müssen fraglos mehr eigene Bedürfnisse zurückstellen als andere, da die Kinder in besonderer Weise auf Zuwendung angewiesen sind und möglicherweise nie unabhängig von den Eltern leben können. Mütter, die sich mit ihrem Mann die Erziehungsverantwortung und -arbeit gleichberechtigt teilen, sind weniger schnell gefordert.

Die Lebensumstände beeinflussen die Balance zwischen den kindlichen und mütterlichen Bedürfnissen stark. Doch allen gemeinsam ist: Das Wohl des Kindes und die Stabilität der Mutter dürfen keinen Schaden nehmen.

Mit zunehmendem Alter des Kindes, mit jedem neuen Entwicklungsschritt können wir mehr von ihm erwarten, mehr von ihm verlangen und unser urmütterliches, beschützendes Engagement zurückfahren. Dazu müssen wir allerdings erst ein paar alte Glaubenssätze bezüglich königkindlicher Schutzrechte ad acta legen und umdenken.

Von Mutter zu Mutter

Gerade bei den Kleinsten sollten Sie auf Ihr Herz hören. Fühlt sich das Nein falsch oder richtig an? Handeln Sie besonders bei den kleinen Zwergen nie gegen Ihr Gefühl.

Die Entthronung des kleinen Königs

Unsere Kinder entwickeln sich zu kindlichen Königen, wenn wir sie mit Fürsorge und Konsum überschütten und von den Widrigkeiten des alltäglichen Lebens fernhalten. Das passiert, weil unsere Leitsätze es uns schwermachen, Grenzen zu setzen und Ansprüche zu versagen. Erdulden, Ertragen, Aushalten und Bescheidenheit sind alles andere als positiv besetzt. Wenn wir unsere Kinder aber so erziehen wollen, dass sie ihr Leben irgendwann auch ohne uns meistern können, bleibt uns nichts anderes übrig, als ihnen auch das beizubringen.

Kinder brauchen das wahre Leben

Wir sind bemüht, das Umfeld unseres Kindes so zu gestalten, dass es möglichst wenig Entbehrungen oder Schwierigkeiten in Kauf nehmen muss. Dahinter steckt die Vorstellung, Kinder so am besten beschützen und fördern zu können – ein großer Irrtum, der sich im Umgang mit Märchenliteratur zeigt.

Kleine Kinder sind fasziniert von Märchen, denn diese erzählen nicht nur von menschlichen Sehnsüchten in Form von zauberhaften Prinzessinnen und prächtigen Goldschätzen, sondern auch von des Lebens Grausamkeiten und Nöten, die sich in der Gestalt von bösen Zauberern und furchterregenden Teufeln bemerkbar machen und bei Kindern prickelnde Angstlust und Spannung provozieren. Doch genau dieser Umstand lässt vielen die alten, überlieferten Erzählungen unzumutbar für die zarte Seele der Kinder erscheinen. Was wir uns selbst im Kino gönnen, enthalten wir den Kindern vor. Genauso steht es mit alten, brutal anmutenden Bilderbüchern wie dem *Struwwelpeter* und *Max und Moritz* – auch sie sind längst ins kindferne Exil verbannt. Die *Zehn kleinen Negerlein* gibt es inzwischen mit Bärchen und Mäuschen in einer politisch korrekten Version, bei der auf Hexen, die kleine Kinder entführen oder gar fressen, selbstredend verzichtet wird. Zum vermeintlichen Schutz der Kleinsten fallen viele Kindergeschichten und überlieferte Märchen der Zensur zum Opfer oder werden rigoros umgeschrieben. Textstellen mit archaischen Symbolen, wie herausgeschnittenen Herzen und aufgeschlitzten Wolfsbäuchen, werden eliminiert und durch behutsamere Bilder ersetzt. Das hat allerdings den Nachteil, dass die Geschichte nun nicht mehr viel mit dem wahren Leben zu tun hat. Das kastrierte Märchen verschleiert unangenehme Gefühle und malt die Welt rosarot. Wieder ein Übungsfeld weniger, auf dem Kinder schwierige Erfahrungen durchleben und den inneren Umgang mit Ängsten trainieren können, während sie sicher und geborgen auf Mamas Schoß sitzen.

Der Anspruch der Erwachsenenwelt auf größtmögliche Wunscherfüllung sieht Verzicht nicht vor. Auf den ersten Blick gibt es kein Argument, all den Verlockungen und Versuchungen einer Konsumgesellschaft zu widerstehen. Wie Hänsel und Gretel aus dem Märchen genießen wir arglos das Leben in den weichen Bettchen des Knusperhäuschens, ohne uns um die grässliche Hexe zu scheren.

In vielen Familien sind mehr als genug Wohlstand, Zeit und Verständnis vorhanden, um Kindern das Aufwachsen so angenehm wie möglich zu gestalten. Das ist großartig, und wir können uns glücklich schätzen, denn wir können unseren Kindern alles Lebensnotwendige bieten. Doch die reichen Möglichkeiten verführen uns dazu, die Kinder zu überfüttern, ihnen zu wenig zuzumuten und sie damit um schwierige Erfahrungen zu bringen, die für sie wichtig sind.

In vorangegangenen Generationen war das anders. Grenzen und Zumutungen waren zu jener Zeit durch die äußeren Gegebenheiten schon natürlich bedingt. Der Alltag der Kinder war mit vielen Härten verbunden, und beschwerliche Umstände stellten unsere Vorfahren erst gar nicht vor Entscheidungen, die für uns heute relevant zu sein scheinen. Dafür hatte die Großfamilie ganz andere Ressourcen, um so manches Ungemach abzuschwächen. Das Leben auf engstem Raum erforderte hohe Anpassungsleistungen von allen Familienmitgliedern, doch bot es zugleich auch einen schützenden Rahmen.

Inzwischen sind die Lebensbedingungen von Familien sehr verändert. Hohes Verkehrsaufkommen, Medienkonsum, wachsende Bildungsanforderungen und Suchtverhalten sind Gegebenheiten, die althergebrachte Rezepte heute weitgehend untauglich machen. Doch eine Rückbesinnung zeigt, dass Kinder viel mehr aushalten können, als wir denken. Wollen wir unseren kleinen König entthronen, damit er Werte und Stärken wie Eigenständigkeit, Selbstdisziplin, Durchhaltevermögen, Frustrationstoleranz und Verantwortungsbewusstsein erfahren und entwickeln kann, lohnt ein Blick zurück, denn manches lässt sich in unsere Zeit hinüberretten.

- »Das schafft unser Bert schon.«
- »Das können wir riskieren, es wird schon gut gehen.«
- »Damit wird Emilie alleine fertig.«
- »Die kriegen wir schon irgendwie groß.«
- »Man muss nicht immer gewinnen.«

Das sind Sätze, die in unseren Ohren anachronistisch klingen, weil wir unsere Kinder in dieser Welt nicht irgendwie großkriegen wollen, weil wir Risiken lieber meiden, weil wir unsere Kinder mit Problemen nicht alleine lassen wollen und weil wir ihnen Angst und Einsamkeit gerne ersparen möchten.

All das ist ja auch nachvollziehbar. Dennoch sollten wir genau solche Sätze wieder einführen, um unseren Kindern die Auseinandersetzung mit dem wahren Leben zu ermöglichen. Die Besonderheit dabei: Wir müssen sie mit hohem Bewusstsein aussprechen. Grenzen und Herausforderungen waren früher reale Tatsache und keine persönliche Zumutung, inzwischen sind sie Interventionsmaßnahme moderner Pädagogik.

Das verlangt von uns mehr Energieaufwand, denn wir müssen die Abgrenzung aus uns selbst schöpfen. Im Gegensatz zu vorangegangenen Generationen müssen wir jetzt ganz bewusst handeln und Nein sagen.

Wurde früher von einem Grundschüler verlangt, morgens im Dunklen alleine zur Schule zu gehen, hatte das den schlichten Grund, dass viele kleinere Geschwister zu Hause versorgt werden mussten. Der Gedanke, den Ältesten auf dem Schulweg zu begleiten, kam gar nicht auf. Fordern wir das von unseren Kindern heute, hat es das Ziel, sie in ihrer Selbstständigkeit zu stärken. Die Mutter von einst, die ein, zwei, drei, vier oder fünf Kinder zu ernähren hatte, konnte auf die Möhrenaversion des Vierten keine Rücksicht nehmen. Es kam allein darauf an, dass die Kinder satt wurden, und nicht, ob es ihnen gut schmeckte. In unseren Kühlschränken steht heute eine ganze Batterie von Lebensmitteln speziell für Kinder. Verlangen wir von unserem Kind, sich mit dem zu begnügen, was auf dem Tisch steht, tun wir das nicht aus der Not heraus, sondern damit es lernt, Grenzen auszuhalten. Lebten unsere Vorfahren abgeschnitten von der übrigen Welt auf einem Bauernhof, gab es außer der Geburt eines neuen Kälbchens kaum eine Attraktion speziell für die Kinder. Sie waren auf sich allein gestellt und mussten, neben ihren alltäglichen Pflichten in Haus und Hof, aktiv und erfinderisch sein, um zu ihrem Spiel zu kommen. Wir haben Fernseher, Computer und randvolle Kinderzimmer, um unsere Kinder zu beschäftigen. Lassen wir sie trotzdem unbeobachtet auf der Straße spielen, erfordert das eine willentliche Entscheidung für das freie und unbeaufsichtigte Spiel, bei dem die Kinder lernen, auf sich selbst aufzupassen, Spielkameraden unabhängig vom Einfluss der Eltern zu finden und sich mit Kindern aus anderen sozialen Schichten auseinanderzusetzen. Der große Unterschied zu damals ist: Aus praktischen Gründen müssen wir das alles nicht. Aber wir sollten genau das trotzdem tun, um unseren Kindern die Königsbürde zu ersparen.

Orientierung mit den Maximen der Basiserziehung

Den Wert unseres Neins für das Kind anzuerkennen ist die erste Maßnahme, um unseren kleinen König zu entthronen. Bleibt die große Frage, wann genau wir davon Gebrauch machen. Die »Maximen der Basierziehung« können bei der Beantwortung dieser Frage hilfreich sein.

Übersicht

- Ich bin eine gute Mutter und lasse mein Kind tun, was es selbst kann.
- Ich bin eine gute Mutter und verwehre meinem Kind, was es nicht braucht.
- Ich bin eine gute Mutter und lasse mein Kind aushalten, was zumutbar ist.

Klingen diese Sätze hartherzig in Ihren Ohren? Hört sich das nach knallharten Prinzipien an? Wer Sorge hat, es hier mit rigiden pädagogischen Dogmen zu tun zu kriegen, den kann ich beruhigen. Diese Grundsätze sind nicht in Stein gemeißelte Gebote, sondern sollen dazu dienen, uns in Momenten großer Ratlosigkeit Orientierung zu geben.

Der Wert dieser Maximen liegt darin, dass sie den massiven Einflüssen, die das Handeln in der Erziehung heute erschweren, als Gegenpol dienen. Sie sind als Prinzipien zu verstehen, die in unsere Haltung mit einfließen und schwierige Situationen meistern helfen – insbesondere dann, wenn Verunsicherung und Leistungsdruck vorherrschen. Sie sind uns Wegweiser in Augenblicken, in denen wir uns besorgt fragen, ob dieses oder jenes für unser Kind machbar, tragbar oder erforderlich ist:

- Ist es für das schüchterne Kind zumutbar, wildfremde Besucher höflich zu begrüßen?
- Kann man der Viertklässlerin zutrauen, den kleinen Bruder vom Kindergarten abzuholen?
- Ist ein Handy für den Neunjährigen wirklich nötig?

Diese Fragen verlangen von uns, zwischen Fürsorge und Begrenzung abzuwägen. Die oben genannten Maximen erinnern uns daran, dass die fordernde und versagende Seite unserer Persönlichkeit von Bedeutung ist. Sie rufen uns ins Gedächtnis, dass nicht die totale Bemutterung der Königsweg ist, sondern die gute Mischung aus Hegen und Fordern. Freunden wir uns mit ihnen an, können sie unser Selbstverständnis als Mutter verändern. Wir können nach und nach verinnerlichen, dass wir als gute Mutter sehr wohl unbequeme und kühne Entscheidungen fällen dürfen. Integrieren wir das Nein in unsere Persönlichkeit, ist es gewiss nicht zum Schaden der Kinder.

Verwehren wir unserem zwölfjährigen Sohn die angesagten Turnschuhe, die jeder in der Klasse hat, ist das eine Grenze, die schmerzt, aber zumutbar ist. Der Junge erfährt dadurch, dass wir seine Angst vor den spöttischen Bemerkungen der Klassenkameraden nicht teilen, dass wir ihn für stark genug halten, damit fertig zu werden. Unser Zutrauen stärkt ihn, gibt ihm Halt und Sicherheit. Der Verzicht macht ihn letztlich unabhängiger von Statussymbolen und Gruppenzwang. Nicht zuletzt verschaffen wir unseren Kindern durch Entsagung so mancher Wünsche mehr Lebensqualität und Freude. Denn die vollkommene Bedürfnisbefriedigung geht unweigerlich auf Kosten des Glücks. Sechs »Miss Sixty«-Jeans im Schrank sind langweilig, weil zu selbstverständlich, und entlocken der Jugendlichen nur ein müdes Lächeln. Das Ergattern einer lang entbehrten Kultjeans hingegen schafft Ekstase und sichert uns für drei Tage einen strahlenden, hilfsbereiten Teenager. Erst hinter der Grenze eröffnet sich das Schlaraffenland. Jeden Tag Eis auf den Tisch zu bringen ist eine mütterliche Verpflichtung, der in Kinderaugen tunlichst nachgekommen werden muss. Lecker, aber normal. Eiscreme als Ausnahme ist hingegen ein Fest.

Erwachsene in die Erwachsenenwelt, Kinder in die Kinderwelt

Wir bestimmen, wo es langgeht. Wollen wir eine gute Mutter sein, müssen wir auch führen. Das, was wir für richtig erachten, was wir bereit sind zu leisten, wozu wir in der Lage sind, bestimmt unser erzieherisches Handeln. Nicht unser Kind bestimmt – wir setzen die Maßstäbe in der Erziehung. Wir stecken die Grenzen nach unseren Möglichkeiten. Wir hüten das Eigene und schützen damit unsere Kinder. Wir sichern unsere Grenze, und dadurch erfahren die Kinder auch ihre eigenen.

Grenzen wir uns gegenüber den Kindern ab, lernen sie über den Prozess der Identifikation ganz unmittelbar, dass man Nein sagen und seine Ich-Grenzen schützen darf. Das ist der beste Schutz, den wir unseren Kindern mitgeben können. Das beantwortet die Frage, ob es in Ordnung ist, eigene Ansprüche über die der Kinder zu stellen, weil wir lieber wandern, als den Spielpark aufzusuchen, unsere Töchter und Söhne lieber mit in die Sauna oder in die Oper schleppen, als ihnen ins Spaßbad zu folgen.

Bestehen wir auf persönliche Bedürfniserfüllung, erfordert das von den Kindern ein gewisses Maß an Anpassung an die Erwachsenenwelt. Das erzeugt kindlichen Frust, denn es provoziert Unlust und tatsächlich auch den Verlust von unbekümmertem Spiel. Doch die Kinder kriegen etwas dafür, was dies allemal aufwiegt: Sie können wirklich Kind sein. Sie sind nicht mehr der königliche Bestimmer, nach dem sich die Erwachsenenwelt richtet. Damit hat die Familienhierarchie wieder ihre Ordnung und die Kinder ihren sicheren Platz. Sie lernen, sich an die Regeln der Erwachsenenwelt zu halten, und bekommen wertvolle Einblicke in das Leben der Großen, auch wenn sie nur teilnehmende Beobachter sind.

Sichern wir unsere Grenze, setzen wir die Kinder vor die Tür. Es mag kaltblütig klingen, doch wir ermöglichen ihnen damit Freiräume für kindgerechte Entwicklung und kindgerechtes Spiel. Die großen Abenteuer und Entdeckungen gibt es nur außerhalb des elterlichen Nests zu machen. Die sollten wir ihnen nicht vorenthalten. Ermöglichen wir den Kindern doch das kindgerechte Eigene – auch unabhängig von uns –, indem wir ihnen so viel unorganisierte Kindheit schenken wie möglich. Unser Job ist es, die Bedingungen dafür zu schaffen, dass unsere Kinder maximale Selbstständigkeit erlangen, um kindliche Freiheit in vollen Zügen auskosten zu können. Dazu braucht es Herausforderungen, die dem kindlichen Entwicklungsniveau angemessen sind.

Wenn wir dafür sorgen, dass unser Kind möglichst früh gut schwimmen lernt, kann schon ein Dritt- oder Viertklässler alleine mit Freunden ins Freibad losziehen. Geben wir ihm die Möglichkeit, sich losgelöst von uns zu vergnügen und beizeiten beim Kumpel, in der Ferienfreizeit oder bei befreundeten Familien auswärts zu übernachten. Lehren wir sie mit »Messer, Schere, Licht«, dem Fahrrad, dem Großstadtdschungel umsichtig und verantwortungsvoll umzugehen, dann können wir sie unbeaufsichtigt werkeln, entdecken und erkunden lassen.

Werfen wir unsere Kinder auf sich selbst zurück, indem wir sie eigenständige Lösungen finden lassen. Auch das gehört zur Kinderwelt: Bringen wir ihnen nicht das vergessene Pausenbrot in die Schule, dann können sie selbst entscheiden, ob sie in der Pause hungern, sich vom Taschengeld einen Schokoriegel kaufen oder beim Kumpel Mandarinen schnorren. Geben wir die Verantwortung für die regelmäßige Teilnahme am Fußballtraining an den Zehnjährigen ab, dann muss er selbst entscheiden und sich gegebenenfalls den Auswirkungen (Kritik vom Trainer und der Mannschaft) stellen und beim nächsten Spiel auf der Ersatzbank sitzen.

Übertragen wir unseren Kindern in einem angemessenen Rahmen Eigenverantwortung, ist das manchmal sehr schwer. Für die Kinder ist es oft schön, aber nicht selten auch lästig. Laufen wir nicht ständig unseren Kindern hinterher, sind sie mehr auf sich selbst gestellt, müssen unangenehme Gefühle aushalten lernen und eigene Kräfte mobilisieren. Aus freien Stücken tun unsere Kinder das häufig nicht. Schnell fühlen wir uns in diesen Momenten wie gedankenlose oder herzlose Rabenmütter. Finden wir den Mut, die Kinder auf ihre eigenen Beine zu stellen, kann das noch dazu Kritiker auf den Plan rufen, die uns genau das unterstellen: Herzlosigkeit oder Gleichgültigkeit gegenüber den Belangen unseres Kindes. Das verunsichert und verschärft unseren inneren Konflikt. Rüsten wir uns also, dass die Erziehung zur Selbstständigkeit von der Umwelt manchmal nicht wertgeschätzt wird. Halten wir uns und anderen daher vor Augen, dass unser Nein gleich mehrere Vorzüge hat und einige unserer Probleme löst.

Finden wir zu unserem Nein und fordern unser Kind, erfährt es am eigenen Leib, dass es selbst etwas für seinen Körper, sein Wohlbefinden und seine Entwicklung tun kann. Es erlebt, dass es mit seinem Verhalten etwas bewirken kann – im konstruktiven wie im destruktiven Sinne. Daraus entwickelt es Selbststeuerungsmechanismen und ein gutes Selbstwertgefühl, denn es kann Erfolgserlebnisse für sich verbuchen. Selbst Frustrationserlebnisse machen Sinn. Werden Probleme eigenständig überwunden, sorgt das für eine ordentliche Ich-Stärkung. Sogar das Scheitern im Kleinen, wie eine verpatzte Englischarbeit, eine Nichteinladung beim Kindergeburtstag oder das Nichtersetzen des verlorenen Handys, wirkt sich stärkend aus, wenn wir zur Seite stehen und unseren Kindern die Botschaft geben: Wir trauen dir zu, dass du mit dieser Kränkung, dieser Ausgrenzung oder diesem Verlust fertig wirst. Und wir geben dir den Rückhalt, damit klarzukommen.

Der Effekt auf unser eigenes Leben kann sich außerdem sehen lassen. Ziehen wir einen Strich zwischen der Erwachsenen- und der Kinderwelt, erobern wir uns verlorene Freiräume zurück, nicht nur äußere. Ist unser Kind für seinen Bereich selbst zuständig, können wir uns auch innerlich zurückziehen und einen Teil der Kontrolle abgeben – das entlastet.

Obendrein entzieht kindliche Selbstverantwortung leidigen Familienkonflikten die Energie. Der zähe Kampf ums morgendliche Frühstück fällt weg, wenn die Siebenjährige selbst bestimmt, ob sie etwas isst oder nicht. Die Energie dieses Kampfes verlagert sich auf das innere Erlebnis, in diesem Fall Bärenhunger um neun. Der äußere Konflikt verlagert sich auf den inneren oder auf das größere Umfeld. Das ist ausgesprochen hilfreich in Auseinandersetzungen, in denen wir völlig mit unseren Kindern verkeilt sind.

Summa summarum viele gute Gründe, warum wir als gute Mutter nicht alles für unser Kind regeln und ausbügeln müssen.

Die Schule gehört den Kindern

Wie stark wir unsere Kinder fordern können, ist natürlich altersabhängig. Dafür zu sorgen, warm genug angezogen zu sein, können wir von unserer Vierjährigen noch nicht erwarten, von unserer Sechsjährigen schon. Schon die Dreijährige kann bestimmen, ob sie ihr Gemüse isst oder nicht, um gegebenenfalls mit dem Verlust des Nachtisches klarzukommen. Und müssen wir einen Zweitklässler, der morgens immer trödelt, wirklich zur Schule fahren, um ihm die Peinlichkeit des Zuspätkommens zu ersparen? Nein, das hält er aus, das ist zumutbar.

Genauso zumutbar ist es, Kindern von Anfang an die Verantwortung für Schulisches zu übertragen. Hausaufgaben weitgehend selbstständig zu erledigen gehört zur Grundausstattung einer freien Kindheit.

Ohne Frage, nach dem Prinzip der Weltentrennung zu handeln verlangt von uns besonders im Bildungsbereich fast übermenschliche Vertrauenskräfte. Schließlich geht es um die Zukunft unseres Kindes. Sie ein Stück weit in Kinderhände zu legen erscheint da als riskantes Manöver. An dieser Stelle einen Teil Kontrolle niederzulegen ist alles andere als leicht. Und doch ist es der beste Weg.

Beleuchten wir einmal die Kehrseite. Mit einem Überengagement entlassen wir unsere Kinder nur aus der Verantwortung für ihr Leben. Sie verinnerlichen damit, dass sie Leistungen vor allem für andere erbringen müssen. Die Motivation kommt nicht aus ihnen selbst, sondern durch den Druck von außen. Wollen wir, dass unsere Kinder ihr Leben lang mit Begeisterung lernen, müssen und dürfen wir ihnen auch ein Stück dessen überlassen. Auf diese Weise lernen schon jüngere Kinder ihre Grenzen zu spüren, merken, wo sie es mal schleifen lassen können, wo sie mehr Einsatz bringen müssen und wann sie Hilfe brauchen.

Immer vorausgesetzt, wir haben ein gesundes Kind, können wir getrost davon ausgehen, dass es gerne lernt und gerne erfolgreich sein möchte. Unsere Aufgabe ist es lediglich, Hilfsfunktionen zu übernehmen und unseren Kindern beizustehen. Da sein und eine Basis bieten, mehr müssen wir als gute Mutter nicht tun. Wir müssen nicht alles abfedern. Es ist das Leben unseres Kindes und es ist gut, wenn es spürt, dass es sich dafür selbst engagieren muss. Ziehen wir eine Linie zwischen uns und unserem Kind: »Hier ist meine Welt und dort deine. Zu deiner Welt gehört deine Schullaufbahn. Zu meiner, dich darin zu unterstützen.« Das klärt die Fronten. Die Verantwortung für das Lernen liegt beim Kind. Wir sind da, um ihm bei dieser Aufgabe zur Seite zu stehen.

Prüfen wir gründlich, wie hoch dieser Einsatz wirklich sein muss. Das eine Kind braucht mehr Hilfe, dem anderen genügt wenig. Ein Kind mit Lernschwierigkeiten braucht fraglos mehr Rückhalt, genauso wie ein Kind mit sozialen oder emotionalen Nöten. Wie hoch das Niveau unseres Engagements letztlich auch sein wird, solange wir das Ziel einer kindgerechten Selbstständigkeit im Auge behalten, liegen wir richtig. Es kommt wieder einmal auf die Haltung an.

Vertrauen wir darauf, dass unsere Kinder lernen wollen. Das schließt mit ein, dass wir Leistungshochs und -tiefs entgegensehen werden. Das Risiko, dass unser Nachwuchs mal schlechtere Noten kassiert, wird sich so nicht ganz vermeiden lassen. Besser, es passiert in der zweiten als in der zwölften Klasse. Gehen wir dieses Risiko ein und schaffen schon in den ersten Klassen den Grundstock für selbstständiges Arbeiten, können wir die Früchte ernten, wenn unser Kind in der zwölften Klasse ist und unser Einfluss auf Erbsengröße geschrumpft ist. Die Chance, dass bei den Kindern der Entwicklungsmotor anspringt, sobald wir uns angemessen aus dem Verantwortungsbereich Lernen zurückziehen, ist groß. Dann ist nicht mehr auszuschließen, dass wir es mit einem eifrigen Kind zu tun bekommen, das sich am zweiten Tag nach den Ferien aufs Fahrrad schwingt, um karierte Blätter mit weißem Rand für den Matheunterricht zu besorgen.

Von Mutter zu Mutter

Gute Mütter sind nicht immer lieb und nett. Dies zu verinnerlichen ist der größte und schwierigste Schritt in dieser ganzen Angelegenheit. Doch haben wir den erst einmal getan, entwickeln sich die weiteren Schritte fast von ganz alleine.

Gemein, spießig und streng sein: Mütterliche Macht gutheißen

Es hat sich bis hierhin schon gezeigt: Das Nein in der Erziehung ist nicht einfach. Noch dazu genießt es kein gutes Ansehen. Viele Wertvorstellungen sprechen auf den ersten Blick dagegen und machen den Einsatz des mütterlichen Neins äußerst schwierig. Dazu gehört die allgemeine Auffassung, Kinder zu schützen bedeute zwangsläufig, schmerzhafte Gefühle von ihnen fernzuhalten, aber auch die Erkenntnis, dass Kinder Freiräume für eine gesunde Entwicklung und ein Mitspracherecht brauchen und in ihrer Persönlichkeit nicht beschnitten werden dürfen. Was sich gut anhört und auch gut ist, legt uns beim Erziehen aber immer wieder Steine in den Weg. Insbesondere dann, wenn es um mütterliche Machtausübung geht, die hat unter diesen Bedingungen einen schweren Stand.

Ach, die guten Vorsätze!

Unsere Kinder sollen in einem toleranten und liberalen Klima aufwachsen, zu nichts gezwungen und in ihrem Freiheitsdrang nicht beschnitten werden. Sie sollen sich frei in ihrer Persönlichkeit entfalten können, ohne unnötige Zwänge und Reglements, aber auch ohne die Fehler der Laisser-faire-Erziehung zu wiederholen. Respekt gegenüber den Bedürfnissen der Kinder hat oberste Priorität. Dazu gehört, dass dem Toben im Wohnzimmer trotz hochwertiger Designermöbel nichts im Wege steht. Es ist schließlich allgemein bekannt, dass Jungen einen außerordentlich großen Bewegungsbedarf haben. Mädchen dürfen schon früh an die mütterliche Schminktasche, schließlich identifizieren sie sich mit ihrer schönen Mama und wollen es ihr gleichtun. Zermatschte Lippenstifte werden da schon mal in Kauf genommen. Unsere Kinder sollen weder zu »Bitte« »Danke« genötigt noch zum höflichen »Guten Tag« gegenüber älteren Herrschaften gedrängt werden. Vorbei die Zeiten, in denen der Nachwuchs im Beisein von Erwachsenen nur sprechen durfte, wenn er gefragt wurde. Heute scheint es schon zu viel verlangt, von den Sprösslingen zu erwarten, das schlabberige Lieblings-T-Shirt für einen Restaurantbesuch zu opfern – zu unangenehm klingen in uns noch alte Erinnerungen an sonntägliche Blusen und kratzige Strumpfhosen nach.

Für freiheitlich denkende Mütter bekommt Machtausübung in der Erziehung schnell den bitteren Beigeschmack von Zwang und Willkür. Vielen ist es ein Gräuel, wird es doch irgendwie mit schwarzer Pädagogik, Kälte und Härte in Verbindung gebracht. Es ist eines der hohen Güter unserer Gesellschaft, dass über Kinder nicht mehr geherrscht und über ihre Köpfe und Seelen hinweg nicht mehr willkürlich bestimmt wird. Zugleich ist es eine Illusion zu glauben, Kinder ließen sich ausschließlich mit liebevollem Verständnis und ohne elterliche Autorität erziehen. Doch mit genau diesem Wunschbild starten nicht wenige von uns in das Abenteuer Muttersein. Der Plan sieht wie folgt aus:

Übersicht
- Schreien – wollen wir nicht.
- Belehren – wollen wir nicht.
- Unfair sein – wollen wir nicht.
- Macht ausüben – wollen wir nicht.
- Achtsam sein – wollen wir.
- Humorvoll sein – wollen wir.
- Gütig sein – wollen wir.
- Verständnis haben – wollen wir.

So weit, so gut.

Um unsere Erziehungsziele zu erreichen, steht uns eine ganze Bandbreite von erzieherischen Handlungsmöglichkeiten zur Verfügung. Unsere Kinder lernen am guten Vorbild. Durch Einsicht und liebevolle Konsequenz werden sie zum gewünschten Verhalten geführt, kindliche Mitbestimmung vorausgesetzt. Eine der eleganten Methoden ist es, von eigenen Empfindungen zu sprechen, dem Kind zu erklären, dass Worte und Taten sehr verletzen können. Das wirkt manchmal und gibt Kindern einen Einblick in die Gefühle anderer und stärkt damit ihr Einfühlungsvermögen. Das ist gut für die speziellen Fälle, bei denen man als Mutter wirklich sehr betroffen ist. Es hat aber den Nachteil, dass sich solche Botschaften irgendwann abnutzen und dann nicht mehr echt rüberkommen. Sohnemann zum siebenundvierzigsten Mal über die eigene Kränkung aufzuklären wirkt fehl am Platze.

Wir können mit unseren Kindern verhandeln, sie locken, sie ablenken, vertrösten, wir können manches aussitzen und ab und zu einfach loslassen. All diese pädagogischen Maßnahmen haben ihren Platz im Erziehungsgeschehen. Doch sie allein reichen nicht aus, denn so gut der Plan auch ist, die Desillusionierung durch den grauen Alltag tritt schneller ein, als uns Müttern lieb ist. Im hitzigen Gefecht mit unseren Kindern schmelzen die guten Vorsätze wie Eis in der Sonne.

Wenn's drauf ankommt, bestimme ich!
Der Vorsatz, nie streng sein zu wollen, gehört dazu. Es beginnt damit, dass wir unsere Kinder keinesfalls einfach so bestrafen wollen, wenn sie mal Mist gebaut haben. Stattdessen müssen logische Konsequenzen her. Die schlüssige Reaktion, als Folge von kindlichem Fehlverhalten, zählt zu den ungeheuer effektiven pädagogischen Methoden, und ich bin ihr größter Fan. Es gibt dabei nur einen Haken: Wenn wir es ernst nehmen mit der logischen und sinnvollen Konsequenz, kommen wir an Strenge nicht vorbei.

In der Theorie hört sich das leicht an: Die Konsequenz muss unmittelbar mit der Situation, in der der Konflikt aufgetreten ist, zu tun haben und für das Kind nachvollziehbar sein, damit die mütterliche Reaktion nicht als unfaire Bestrafung oder gar als Machtmissbrauch erlebt wird. Sie muss in einem ruhigen, freundlichen Ton rüberkommen, in der auch die elterliche Festigkeit nicht zu überhören ist.

Die schönste Form der logischen Konsequenz ist die Wiedergutmachung. Macht ein Kind etwas kaputt, muss es den Gegenstand reparieren oder ersetzen. Ist es damit überfordert, bekommt es dabei Hilfe von den Erwachsenen. Das ist noch einfach.

Doch wie sieht Wiedergutmachung im nicht gegenständlichen Bereich aus? Hausarrest und Fernsehverbot haben nichts mit Wiedergutmachung gemein und sind verpönt, denn sie könnten von den Kindern als brutale Sanktion erlebt werden. Stattdessen zermartern wir uns das Hirn und suchen händeringend nach gerechten Alternativen.

Wenn Kinder ein unerlaubtes TV-Programm gucken, lautet ein Expertenrat, den Fernseher für zwei Minuten auszustellen. Super Idee. Doch die setzt leider die unmittelbare Nähe zu den vor der Mattscheibe sitzenden Kindern voraus, damit garantiert ist, dass die Frau Mama sprungbereit das Bildschirm-Treiben ihrer Kleinen kontrollieren kann. Doch wer hat schon die Muße, sich geschlagene zwei Minuten neben den ausgeschalteten Fernseher zu stellen, und es 13 Mal zu wiederholen? Solche Mätzchen sind von einer Mutter definitiv zu viel verlangt. Anderswo kann man nachlesen, was bei schlechten Essmanieren, ganz im Sinne der Gerechtigkeit, zu tun ist. Kippelt das Kind mit dem Stuhl, leckt das Messer oder den Teller ab und schmatzt dazu noch herzhaft, wird das Abendessen nicht gestrichen, sondern es wird eine Auszeit von eins bis zwei Minuten, je nach Alter des Kindes, anberaumt. Dazu wird der Stuhl des Kindes um einen Meter von der Tafel abgerückt. Nach Ablauf der Frist darf das Kind beim gemeinsamen Schmausen wieder teilnehmen. Wiederholt sich das schlechte Benehmen, wiederholt sich die Konsequenz so lange bis ordentliches Essen gelernt ist.

Eine gute Methode, sollte man meinen. Bei meiner Familie funktioniert sie nicht. Das liegt zum einen daran, dass mir gemeinsame Mahlzeiten, die nicht im Minutentakt unterbrochen werden, sehr am Herzen liegen. Ganz abgesehen davon macht es keinen Spaß, sich unentwegt auf einen Uhrzeiger anstatt auf die kulinarischen Genüsse auf dem Teller zu konzentrieren. Und wehe, man hat die Zeit vergessen und die Essensauszeit um 38 Sekunden überzogen! Und das geht bei Spaghetti Bolognese schneller, als man denkt. In solch ermüdenden Situationen zeigt sich, wie zäh und nervig liberale Erziehung sein kann. Von effektiven, aber grausamen Methoden wie dem Einsatz von Zeitungsrollen oder Stricknadeln, die dafür sorgen, dass die Ellenbogen für eine sachgerechte Benutzung von Messer und Gabel am Körper geklemmt bleiben, sind wir gottlob abgerückt. Das bewahrt uns vor einem Rückfall ins tiefste Mittelalter. Doch stattdessen winden wir uns wie Aale, um den verhassten Machteinsatz so gering wie möglich zu halten – mit der Folge, dass wir Handstand machen, um unsere Kinder zum gewünschten Verhalten zu bringen, oder sich ein Vakuum bildet, weil wir schlicht sprachlos und hilflos verharren.

Unsere Scheu, Autorität zu zeigen, macht entschlossenes Handeln schwer, deshalb helfen uns fachliche Empfehlungen nicht immer weiter. Da sie am Symptom ansetzen, nicht an der Ursache, halten sie einer Realitätsprüfung oft nicht stand. Wollen wir das Übel bei der Wurzel packen, müssen wir uns mit unserer Rolle als mütterliche Autorität auseinandersetzen, müssen lernen, unsere mütterliche Macht gutzuheißen. Damit verändern wir unsere innere Haltung, aus der heraus wir individuelle Erziehungsstrategien entwickeln können.

Gewinnen wir an Zutrauen in unsere eigenen Kräfte, fällt es uns leichter, der spontanen Reaktion den Vorzug zu geben, auch wenn das Bauchgefühl zu mehr Strenge rät, mit dem Frust der kindlichen Benachteiligten zu rechnen ist und das gutmütterliche Weltbild ins Wanken gerät. Wir sitzen nicht umsonst am längeren Hebel.

Auf das unerlaubte Fernsehprogramm bezogen, würde das heißen: Der Fernseher bleibt für heute aus, wenn gemogelt wird, bei Wiederholungstätern für den Rest der Woche. Teller und Nachtisch weg, wenn nach zwei Ermahnungen immer noch unverbesserlich mit dem Essen gematscht wird. Sturmklingeln, weil der Haustürschlüssel zum x-ten Mal vergessen wurde? Den Hitzkopf da draußen für eine spürbare Weile abkühlen lassen. Das kann man Strafe nennen, ist aber eine wunderbar logische Konsequenz mit wunderbaren Spätfolgen. Denn in so einem Fall winkt ein Zugewinn an kindlicher Selbstdisziplin und innerem Halt. Ein Kind, das um die ärgerlichen Folgen seiner kleinen und großen Sünden weiß, lernt, sich zu benehmen. Positiv ausgedrückt: Es lernt, sich an Grenzen zu halten und die der anderen zu respektieren.

Die Krux dabei: Wer kühn entschlossen Grenzen setzt, kann nicht davon ausgehen, dafür den Beifall der Kinder zu ernten. Wir dürfen nicht erwarten, dafür geliebt zu werden, dass wir von unseren Kindern so lästige Dinge wie Tischmanieren oder einen freundlichen Umgangston erwarten. Es ist Sinn der Sache, dass wir ihnen in solchen Momenten unsympathisch erscheinen, denn es erleichtert ihnen die Loslösung von uns. Selbstständig wird man nicht immer freiwillig.

Sorge haben, dass unsere Kinder uns weniger lieben, wenn wir von unserem Nein Gebrauch machen, brauchen wir zum Glück nicht. Die Liebe unserer Kinder ist uns sicher, das ist ein Naturgesetz. Wir können ihren Respekt verlieren und ihr Vertrauen, aber nicht ihre Liebe. Und gerade für den Respekt und das Vertrauen ist es wichtig, dass wir ihnen Regeln vorgeben, an denen sie sich im wahrsten Sinne des Wortes (fest-)halten können.

Überdies schützen wir unsere Kinder auf diese Weise vor Schuldgefühlen. Kinder, die etwas anstellen oder sich nicht an Absprachen halten, plagt das schlechte Gewissen, da sie sehr wohl um die Regelüberschreitung, die eigene Schuld wissen. Bleibt dieses Verhalten ungesühnt, bleiben die Kinder auf ihren Gewissensbissen sitzen, denn ihre kleinen Antennen haben ein genaues Gespür für das Gleichgewicht in Beziehungen. Erhalten sie dagegen eine angemessene Reaktion für ihr grenzüberschreitendes Verhalten, ist die Balance wiederhergestellt, und die kindliche Welt ist wieder in Ordnung.

Diese Form der mütterlichen Machtausübung hat also ganz und gar nichts mit Machtmissbrauch zu tun. Wir verraten damit auch nicht unsere Ideale, denn wir bleiben dabei gute Mütter. Und das merken wir dann auch an unseren Kindern: Sind die Fronten fürs Erste wieder geklärt, können wir mit umgänglichen und fröhlichen Kindern rechnen, denn im Grunde möchten unsere Kinder uns gefallen und sehnen sich genauso wie wir nach einer störungsfreien und schönen Beziehung mit uns. Respektlos und störrisch werden sie nur, wenn ihnen das Ja oder Nein fehlt. Die Kinder gehen dann auf die Suche nach einer Grenze, die ihnen Halt gibt. Wagen wir es, sie mit unserem Nein klar zu begrenzen, ist dieses Verhalten nicht mehr nötig. Dann können wir auf unsere Kinder zählen und zunehmend Freiräume erweitern. Sie werden sich im Großen und Ganzen an Absprachen halten (auch unsere Kinder müssen nicht perfekt sein) und sich in Situationen, in denen es erforderlich ist, ausreichend diszipliniert und höflich verhalten. Sprich: Wir bekommen Kinder, vor deren Besuch sich niemand fürchten muss.

Auf wundersame Weise kommen wir selber so unserem Ideal wieder näher. Mit solchen Prachtkindern fällt es uns gar nicht mehr schwer, freundlich, gütig und verständnisvoll zu sein. Dank des Neins fühlen wir uns wieder wie richtig gute Mütter. Und mit Humor zu erziehen ist jetzt ein Klacks!

Wir werden also nicht darum herumkommen, in den Augen unserer Kinder hin und wieder als grausame Despoten zu erscheinen. Wir sollten auf folgende Protestkundgebungen unserer geliebten Grünschnäbel gefasst sein:

- »Du bist nicht mehr mein Freund!« und »Böse Mami!« von Zwei- bis Vierjährigen.
- »Du willst mich zwingen!« und »Das ist Erpressung!« ab sechs Jahren.
- »Ich rufe jetzt den Kinderschutzbund an!« ab zehn Jahren.
- Gut, dass es das Elterntelefon gibt.

Ich bin nicht immer gerecht, aber ich bin da!

In guten, demokratischen Elternhäusern, in denen Mütter auch sehr auf Gerechtigkeit achten, heißt es nicht selten: »Im Zweifel für den Angeklagten.« Diese Besonderheit wissen pfiffige Kinder für sich zu nutzen, denn wir neigen dazu, uns dem Gerechtigkeitsstandard der Kinder unterzuordnen, und damit haben uns die Stöpsel in ihrer kleinen Hand.

Gerechtigkeit bedeutet nämlich für Kinder, dass Geschenke, Süßigkeiten und – ganz wichtig – Zuwendung gleichmäßig verteilt werden müssen. Und gleichmäßig heißt genau gleich! Wenn der eine einen Lolli bekommt, kriegt der andere auch einen. Gibt es nur einen Colalutscher, haben wir als gute Mutter sogleich ein Problem, da Colalutscher definitiv mehr wert sind als Orangenlutscher. Geht Papa mit Leonie ins Kino, erwartet Tim dafür selbstverständlich eine Gegenleistung und möchte in den Zoo.

Für Kinder sind gerechte Mütter ein gefundenes Fressen. Selbst wenn die Mitbringsel für beide Söhne exakt die gleichen Autos in der exakt gleichen Farbe sind, fährt das rote Auto von Daniel garantiert langsamer als das rote Auto von Benedikt – und das ist ungerääääääächt!

Das Thema Gerechtigkeit kann so zur reinsten Folter werden.

Aus dieser Klemme kommt nur raus, wer sich traut, auch ungerecht zu sein, denn Gerechtigkeit im Sinne der Gleichbehandlung ist eine Sackgasse. Spielzeug lässt sich noch grammweise abwiegen und gleich verteilen, Zuwendung und Liebe nicht. Und darum geht es den Kindern letztlich. Hinter dem Einklagen von Gerechtigkeit steht die Frage nach dem Geliebtwerden: »Hast du mich noch lieb?« oder »Wen hast du lieber?«

Intuitiv spüren wir diese verdeckte Frage unseres Kindes. Und natürlich wollen wir positiv darauf antworten. Wir wollen unseren Kindern doch gerne geben, was sie sich wünschen, damit sie sich auch immer geliebt fühlen. Das ist es doch, was eine gute Mutter ausmacht.

Hier ist es wieder das Ja, das nach vorne prescht! Doch es gibt auch Situationen, in denen das Ja unangebracht ist – dann, wenn wir gegen unser Gefühl handeln, wir dem Wunsch eigentlich nicht nachkommen wollen und es trotzdem tun. Geben wir dem kindlichen Begehr aus Sorge statt, unser Kind könnte sich sonst benachteiligt und damit weniger geliebt fühlen, geht der Schuss nach hinten los, denn es geht eben nicht um objektive Gleichbehandlung, sondern um subjektives Erleben. So kann ein Kind, dessen Klage nach Gerechtigkeit immer stattgegeben wird, sich trotzdem zurückgesetzt fühlen.

Kippen wir um und versprechen das langsamere Auto umzutauschen, oder lavieren wir herum und appellieren an die kindliche Vernunft und erklären lang und breit Vor- und Nachteile von schnellen und langsamen Rennautos, gehen wir nicht nur der Auseinandersetzung, sondern unserem Kind aus dem Wege. Mit dem Effekt, dass sich unsere Kinder allein gelassen fühlen. Der miteinander ausgetragene Konflikt bedeutet eben nicht nur Streit, sondern auch Begegnung. Meiden wir ihn aufs Peinlichste, passiert genau das Gegenteil von dem, was sie mit dem Einklagen von Gerechtigkeit erreichen wollten. Und unsere Kinder bekommen das genaue Gegenteil von dem, was wir ihnen eigentlich geben wollten.

Dieser Blick auf das Thema Gerechtigkeit kann uns helfen, eine feste Haltung in stressigen Konfliktsituationen einzunehmen. Er gestattet uns, von unseren Kindern zu verlangen, den Schmerz der subjektiven Benachteiligung auch mal auszuhalten. Wir verwandeln uns deshalb nicht – wie befürchtet – in gemeine und ungerechte Rabenmütter, sondern geben den Kindern die Botschaft: Ich kippe nicht um, aber ich gehe auch nicht weg. Meine Liebe zu dir ist stark, sie hält den Konflikt mit dir aus: »Ich bin da.«

Folgen wir unserem Unwillen, diesem oder jenem Wunsch nachzukommen, bleiben wir standhaft, erfährt unser Kind, dass Konflikte keine Katastrophen sind und nicht den Untergang der Welt bedeuten. Wir geben ihm damit die Erkenntnis auf den Weg, dass Streitigkeiten ausgehalten und gelöst werden können, und dass sie uns und unsere Beziehungen stärker und schöner machen. Unser Kind fühlt sich geliebt, bekommt Rückhalt und entwickelt die Fähigkeit, Zurücksetzung und Ungerechtigkeiten – die das Leben zwangsläufig für jeden bereithält – besser auszuhalten. Denn das, worauf es ankommt, die Basis, ist da und trägt das Kind. Das ist alles schön und gut, aber was, wenn wir doch umkippen, doch mal wieder nachgiebig waren? Kein Grund zur Beunruhigung. Wir bekommen sehr bald schon eine zweite, eine dritte Chance. Ungelöste Konflikte haben die penetrante Eigenschaft, sich immer wieder zu zeigen, um endlich überwunden zu werden. So werden uns die kleinen Strolche alle ungelösten Konflikte in schönen, regelmäßigen Abständen, jahrein, jahraus auf dem Silbertablett servieren. Und beim nächsten Mal sind wir besser gewappnet!

Deine Freiheit hört auf, wo meine anfängt!

Wie kommt es, dass die umgänglichsten und freundlichsten Mütter die größten Despoten zum Kinde haben? Außer der Angst, ungerecht oder zu streng zu sein, sind Freiheits- und Verständnisliebe nicht ganz unschuldig daran.

»Wie sagt man?«, »Bitte, benimm dich!«, «Sag guten Tag zu dem Onkel« sind Sätze von gestern, die unangenehm nachhallen und es uns schwermachen, auf eigene Impulse zu vertrauen. Was wir selbst als Kinder als unangenehm empfunden haben, möchten wir als Eltern in der Kindererziehung tunlichst vermeiden. Soll man dieser einen unaufgeräumten Socke, diesem Bonbonpapierchen wirklich nachsetzen? Ist es nicht furchtbar spießig, wegen solcher Kleinigkeiten gleich loszukeifen? Können Kinder ungezwungen groß werden, wenn wir dem eigenen Bedürfnis, das Badezimmer hinter uns abzuschließen, nachgeben? Zeugt das von Verklemmtheit und verbaut unserem Kind die natürliche Entwicklung seiner Sexualität?

Unser Bemühen um größtmögliches Verständnis und größtmögliche kindliche Freiheit treibt die buntesten Blüten: Im Wissen um die Bedeutung kreativer, kindlicher Leistungen werden alle Erzeugnisse unserer Nachkommenschaft angemessen gewürdigt und liebevoll verwahrt. Wehe dem, dem so wunderbare Dinge wie hungrige Wandschränke und Keller in seinem Heim fehlen. Wächst dank produktorientierter Kindergärten, ergiebigen Kunstunterrichts und familiärer Unterstützung der Fundus an sperrigen Schiffen aus Milchtüten, drolligen Fröschen aus Korken und verhuschten Taschentuch-Gespenstern auf ein beunruhigendes Maß an, bleibt uns nichts anderes übrig, als geduldig Bild für Bild, Werk für Werk mit unserem kleinen Nachwuchskünstler durchzugehen. Das Kind bestimmt, welches Exemplar weggeworfen werden darf und welches nicht. Das ist nun wirklich untadelig, schließlich sind auf diese Weise die kindlichen Urheberrechte gewahrt! Doch was macht man, wenn der Sprössling fast alle der Exponate für würdig befindet, aufbewahrt zu werden bis zum Sanktnimmerleinstag? Darf man die Bilder heimlich wegschmeißen, oder verletzt man damit die Persönlichkeitsrechte des Kindes?

Die Ausgebufften unter uns entsorgen den kreativen Output in nicht transparenten Müllbeuteln, während die kleinen Künstler selig schlummern. Sonst kann es uns passieren, dass wir im entscheidenden Moment neben der Altpapiertonne von einem strengen kleinen Gesicht erwischt werden. Wie soll man das dann erklären?

Es ist ein großer Freiheitskampf für unsere Kinder, den wir da ausfechten, und dabei vollführen wir die tollsten Verrenkungen. Auch wenn wir es nie so weit kommen lassen würden, zeigt die grotesk überzeichnete Geschichte eines kleinen Tyrannen des Kabarettisten Franz Hohler uns doch, wie leicht uns die Kinder an der Nase herumführen: Dieses Kind aß nur, wenn der Brei von einem Löffel gefüttert wurde, der an einen langen Bambusstock befestigt war, der wiederum von dem Vater durchs Fenster hereingesteckt wurde. Der Vater stand für diese Prozedur auf einer Leiter, denn die Wohnung war im ersten Stock. Dazu musste der Vater einen Hut und einen Regenschirm tragen, der wiederum mit einem Drahtgestell an den Schultern des Vaters befestigt war. Die Mutter musste im Nachthemd auf dem Schrank lie-

gen, und ein Dienstmädchen hatte bei jedem geschluckten Löffel Brei eine Rassel zu schütteln ...
Als kinderlose Studentin schüttelte ich noch ungläubig grinsend den Kopf angesichts solch wunderlicher und törichter Eltern. Als frischgebackene gute Mutter wurde ich schnell eines Besseren belehrt.

Im treuen Glauben an den Wert von grenzenlosem Verständnis und im blinden Streiten für die kindlichen Rechte verstricken wir uns zunehmend, bis das Verhältnis nicht mehr stimmt. Kindliche Freiheit und Rechte sind kostbar und unerlässlich, doch nicht mit erwachsener Freiheit und Rechten gleichzusetzen. Kinder leben im Augenblick und haben weder die für Erwachsene typischen Schwierigkeiten mit dem Loslassen noch haben sie ein Grundbedürfnis nach totaler Freiheit. Interessant wird es erst dann für die Kinder, wenn sie spüren, wie viel Macht ihnen damit von den Eltern gegeben wird.

Die Kinder bekommen so viel Macht, weil wir unsere nicht nutzen. Hinter der Überbetonung von kindlicher Freiheit steckt wieder die große mütterliche Scheu, Macht auszuüben. Eine echte Autorität für unsere Kinder zu sein meiden wir wie der Teufel das Weihwasser. Die Gründe dafür sind schon angeklungen: Das hohe Bewusstsein über den eigenen Einfluss auf die Persönlichkeitsentwicklung der Kinder und das völlig überhöhte Mutterbild in und außerhalb unserer Köpfe machen beherztes Handeln nahezu unmöglich. Schwer bepackt mit all dem Wissen und voller Ideale stehen wir unter einem enormen Leistungsdruck, mit dem unweigerlich große Versagensängste verbunden sind.

Aus Angst, etwas Entscheidendes falsch zu machen, negieren wir die erzieherische Verantwortlichkeit und weisen sie innerlich zurück. Im Klartext: Wir nehmen die Verantwortung, die wir als Mutter haben, nicht an. Damit provozieren wir das, wovor wir uns am meisten fürchten: Wir erleiden als Mutter Schiffbruch. Denn in der großen Freiheit verlieren sich unsere Kinder.

Um unsere Mutterrolle gänzlich ausfüllen zu können, müssen wir die große Abhängigkeit des Kindes anerkennen, unsere Einflussmöglichkeiten erkennen und nutzen und dürfen unseren erwachsenen Anspruch auf Freiheit nicht auf den kindlichen übertragen. Die kindliche

Freiheit ist eine ganz andere. Die erwachsene Freiheit kommt später. Um unsere Töchter und Söhne auf diese Freiheit vorzubereiten, müssen wir uns trauen, sie erst einmal zu begrenzen. Der Verlauf dieser Grenze ist denkbar schlicht: Die Freiheit des Kindes hört auf, wo die mütterliche Freiheit beginnt.

Wo es für uns eng wird, können nur wir selbst spüren, denn bei jedem Menschen sieht das anders aus. Die eine Mutter hat schon sehr bald die Nase voll von Unmengen an Kritzelbildern und Fimo-Tieren, nimmt dieses Unbehagen ernst und entsorgt ebendiese großzügig und gar nicht heimlich. Die andere Mutter schickt den Zehnjährigen mit einem Hinweis auf ihre Privatsphäre aus dem Bad, weil sie sich dann wohler fühlt. Und bekommt postwendend Rückmeldung, weil der Junge sie eine Woche später darum bittet, unter der Dusche ungestört zu sein, weil er seine »Privatatmosphäre« respektiert wissen will. Die nächste besteht darauf, dass der Vierjährige sich nachmittags für eine Stunde leise in seinem Zimmer beschäftigt (auch wenn er gar nicht müde ist), damit sie selbst mal zum Luftholen kommt.

Spüren wir eigenen Grenzen nach und nehmen sie ernst, entwickeln wir automatisch einen festen inneren Standpunkt, mit dem wir unseren Kindern getrost sagen können: Ich kenne den Weg. Ich bestimme, wo es langgeht. Ich gehe vor. Du folgst.

Auf diesem Weg können wir uns natürlich auch einmal verlaufen. Als Menschen mit Stärken und Schwächen stolpern wir manchmal mehr durchs Leben, als dass wir schweben. Und unseren Kindern wird es später genauso ergehen. That's life! Wer handelt, macht Fehler. Doch das ist es nicht, was Kindern schadet. Bieten wir uns mit unserer ganzen Person an, sind wir authentisch und ehrlich. Wir beschädigen die Beziehung damit nicht, sondern stärken sie. Zeigen wir uns offen mit Ecken und Kanten, werden wir berechenbar. Das schafft Vertrauen und Klarheit, hat damit einen unschätzbaren Wert für unsere Kinder und wiegt pädagogische Fehltritte auf. Ganz abgesehen davon haben wir immer die Möglichkeit, uns bei unseren Kindern zu entschuldigen und unsererseits etwas wieder gutzumachen. Außerdem lernen Kinder dabei, dass Fehler menschlich sind – auch ihre eigenen.

Da es kein schmerzfreies Leben ohne Probleme und Unzulänglichkeiten gibt, können wir die Sache voller Selbstvertrauen angehen. Wir sind dabei zwar nicht unfehlbar, doch sind wir immer noch das Allerbeste für unser Kind.

Das Nein ist nicht objektiv

Die persönlichen Grenzen und den eigenen Standpunkt deutlich zu machen stärkt die mütterliche Souveränität. Und da bei jedem Menschen der Grenzverlauf anders liegt, ist das Grenzensetzen eine hoch individuelle Angelegenheit und selten objektiv eindeutig. Hierzu ein kleines Beispiel.

Eine Vierzehnjährige verschwindet mit einem leisen Flöten, kurzem Top und superknappen Hüftjeans, aus denen der Tanga hervorlugt, durch die Haustür. Die Mutter schießt hinterher, pfeift die Pubertierende laut zurück und gibt ihr den unmissverständlichen Auftrag, ein T-Shirt anzuziehen, das den Hosenbund um mindestens eine Handbreit bedeckt.

Mit dieser energischen Vorgehensweise beschneidet die Mutter ihre Tochter in ihrer freien Kleidungswahl und bestimmt sogar ein Stück weit über deren Körper. Bei allem Verständnis für die keimende Fraulichkeit und den Stolz ihres heranwachsenden Mädchens – der Mutter ist der Schutz ihrer Tochter an dieser Stelle wichtiger. Hier ist die Grenze der Mutter. Ihr persönlicher Standpunkt gibt die Richtung vor. Dafür ist sie bereit einzutreten. Als Herrin im Hause der Erziehung hat sie unabhängig von freiheitlichen Glaubenssätzen dieser oder jener Art ihre persönliche Entscheidung getroffen: Nach ihrer Einschätzung ist es noch viel zu früh für Outfits dieser Art.

Über freizügige Kleidung und die freiheitlichen Rechte einer Jugendlichen kann man bekanntlich streiten. Dafür gibt es viele Pros und Contras. Der Königsweg ist und bleibt, außer den kindlichen auch die eigenen Grenzen und Bedürfnisse wahrzunehmen und dann nach bestem Wissen und Gewissen zu entscheiden. Damit ist der Erziehungssache gedient. Die handelnde Mutter ist für die Tochter ein klares und sichtbares Gegenüber, mit der sie sich auseinandersetzen und an der sie sich orientieren kann. Was will man mehr?

Wie sich die Tochter daraufhin verhält, steht übrigens auf einem anderen Blatt. Die Grenze macht auch dann Sinn, wenn die Tochter dem mütterlichem Auftrag nicht nachkommt. Denn elterliche Grenzlinien sind eben auch dazu da, von den Jugendlichen überschritten zu werden. Womit wir wieder bei den schönen Konsequenzen angelangt wären...

Von Mutter zu Mutter

Der »Glanz im Auge der Mutter«, der liebevolle Blick auf unsere Kinder nimmt dem Nein seine Schärfe. Kindern fällt es leichter, Grenzen zu akzeptieren, wenn es für sie deutlich wird, dass es uns um die Sache geht, uns das Verhalten missfällt – und nicht die Persönlichkeit des Kindes.

Das eigene Maß finden

Der mütterliche Wunsch, sein Kind behütet aufwachsen zu sehen, ist bei allen Schwierigkeiten, die seine Umsetzung mit sich bringt, erst mal ein großes Glück. Immerhin können wir uns diesen Wunsch leisten und sind in der Lage, dafür echten Einsatz zu bringen. Zu diesem Einsatz gehört unter anderem auch die Installation von Familienritualen. Rituale sind vorzügliche Erziehungsinstrumente, die kaum Zweifel wecken. Sie sind leicht zu handhaben, wirken vertrauensfördernd und angstbindend. Rituale schützen uns davor, wichtige Dinge zu vergessen, sie ersparen mühselige Entscheidungen, geben Orientierung und machen das Zusammenleben leichter. Haben wir diese Instrumente einmal installiert, müssen wir nicht mehr über bestimmte Handlungsabläufe nachdenken, und der samstägliche Wochenmarktbesuch zum Beispiel muss nicht immer aufs Neue diskutiert werden.

Gewisse Rituale aus der eigenen Kindheit sind mancher Mutter dennoch in nicht so guter Erinnerung geblieben. Das Mittagessen um Punkt halb eins oder der sonntägliche Kirchenbesuch haben im Nachhinein etwas Enges und Beklemmendes. Solche Erinnerungen stammen meist aus Zeiten, in denen wir der jungen Kindheit schon entwachsen waren. Ältere Kinder hadern mit guten Bräuchen, weil sie wichtigen eigenen Terminen in die Quere kommen, weil sie Grenzen sind, die sie sprengen wollen. Kleine Kinder hingegen lieben das Aufgehobensein in einem wiederkehrenden Muster, finden Rituale klasse und erfinden liebend gerne selbst welche. Die Puppe muss immer links rum im Puppenbettchen schlafen, erst müssen die Schuhe, dann die Jacke angezogen werden, und die Zahnbürste muss beim Vorlesen stets mit dabei sein.

Rituale sind eine feine Sache und sollten in keiner Familie fehlen. Da kann es noch so ein mieser Tag gewesen sein, das Ritual steht helfend bereit. Spätestens abends, weiß man, wird man beim gemeinsamen Singen wieder zueinanderfinden. Das Lümmeln auf den flauschigen Kissen zum Tagesausklang und das vertraute Winken am Treppenabsatz kehren in schöner Regelmäßigkeit wieder und geben vertrauliche Komplizenschaft.

Gerade in Übergangssituationen sind Rituale unschlagbar. Der Abschied im Kindergarten wird mit drei Küsschen in der Reihenfolge: Wange, Wange, Nase gemeistert, und die Kleine geht immer noch mit bis zur Tür – ganz egal, was altmodische Erzieherinnen davon halten. Die Trennung am Abend wird mit der Geschichte von der Ente und dem Kuckkuck gefeiert und ist immer ein freudig erwartetes Fest der Zusammengehörigkeit.

Wir sind nicht die Sklaven unserer Rituale

Im Gegensatz zu vielen anderen Erziehungsinstrumenten sind Rituale leicht durchzuführen und bieten noch dazu verhältnismäßig wenig Konfliktstoff – möchte man meinen. Doch tatsächlich machen wir uns sogar beim lieben, guten Ritual Stress: Vor dem Einschlafen muss eine vierseitige Geschichte vorgelesen werden, komme, was wolle. Lassen wir nur einmal das gemeinsame Frühstück ausfallen, weil wir einen wichtigen Termin haben, sind wir den halben Vormittag mit Selbstvorwürfen unterwegs. Genauso verhält es sich, haben wir am frühen Morgen aus lauter Schusseligkeit versäumt, am Fenster zu stehen, um den Dreikäsehoch ordnungsgemäß zu verabschieden.

Im Wissen um den hohen Wert von guten Gewohnheiten und um bloß nichts falsch zu machen, befolgen wir die Regeln peinlich genau, nicht selten streng. Im schlimmsten Fall degradieren wir uns selbst zum eisernen Knecht der Gewohnheit: Der Vierjährige darf an Silvester nicht das Feuerwerk sehen, weil er nun mal jeden Tag um 20 Uhr frisch gewaschen und besungen ins Bett kommt. Der Brunch bei

Freunden muss vorzeitig beendet werden, weil der Kleine immer um eins Mittagsschlaf macht.

Diese Beispiele sind Extremfälle und stellen sicher die Ausnahme dar, doch sie zeigen, wie groß die Verunsicherung ist. Wenn sonst schon so vieles unklar und widersprüchlich ist, bietet sich das Ritual als verlässlicher Haltepunkt geradezu an. Das Ritual wird nicht für die Kinder, sondern vor allem für uns Mütter zum Fels in der Brandung. Da wir den festen Halt innerlich nicht finden können, suchen wir ihn außen. Wir halten uns buchstäblich an den Ritualen fest.

In Krisen oder Belastungssituationen kann das durchaus angebracht sein und kurzfristig Entlastung bieten. Das Ritual kann dann ein rettender Anker des Familienschiffes auf stürmischer See sein.

Da das unbedingte Festhalten an Ritualen jedoch nur eine Krücke darstellt, ist diese Methode als Dauerlösung nicht geeignet. Sie gibt den Kindern zwar noch Halt, doch den eines zu engen Korsetts. So büßen Rituale an wohltuender Wirkung ein – auch für uns Mütter, denn langfristig gesehen ist diese Handhabung von Ritualen sehr unbefriedigend, da wir auf diese Weise in unserem Handeln fremdbestimmt sind. Nicht wir geben die Richtung – den Zeitpunkt, wann wir nach Hause gehen – vor, sondern die von uns eingeführten Regeln. Die von uns selbst gestalteten Rituale werden sozusagen zum Selbstläufer und übernehmen das Kommando.

Um die Hoheit über die Rituale zurückzuerlangen, brauchen wir eine Rückwendung nach innen. Die Richtung ist nämlich eine andere: Das Ritual dient uns, nicht wir dienen dem Ritual. Bei all ihrem pädagogischen Nutzwert dürfen wir nicht vergessen, dass die Messlatte für unser erzieherisches Handeln allein von uns angelegt wird. Rituale sind für uns Instrumente, nicht eine Doktrin, die wir befolgen müssen. Die Empfehlungen, Rituale zuverlässig einzuhalten, sind wie alle Grundsätze, die von Fachleuten aufgestellt werden, immer nur Leitfaden. Und ein Leitfaden gleicht eher einem Kompass als einem Gesetz.

Nehmen wir das Ritual daher wieder in die Hand und setzen es so ein, wie es für uns möglich und lebbar ist. Sind wir am Abend sehr erschöpft, gibt es dann mal nur eine kurze Geschichte oder gar nur das Gute-Nacht-Lied. Und sollten wir das Silvesterfeuerwerk mit unseren Kindern gerne erleben wollen, können wir uns leichthin über alle Rituale, die wir jemals ins Leben gerufen haben, hinwegsetzen. Das wird nicht nur den Kindern Spaß machen.

Mutterkompatible Rituale geben Halt

Kurios kann es werden, wenn die Kinder spitzkriegen, dass die Mama Rituale für sehr wichtig hält. In so einem Fall können sich Rituale enorm in die Länge ziehen.

Bekanntermaßen sind kleinste Kinder die reinsten Seismographen für jede noch so kleine Schwäche ihrer Mütter. Ganz genau merken sie, an welcher Stelle die einfühlsame Mama ein Wackelkandidat ist. Und wenn wir nicht sehr aufpassen, gehören die Abendstunden bald nicht mehr uns. Wie sicher schon zwischen den Zeilen zu lesen war, bin auch ich eine Liebhaberin von Ritualen, und natürlich hat meine kleine Tochter das früh herausgefunden. Das begann zunächst schleichend: Anfangs brauchte sie zum Schlafen nur ihre Flasche. Die musste bald immer auf dem Tisch neben dem Bettchen stehen. Dann musste die Puppe mit ins Bett. Das fand ich schön, mit ihr würde sie sich nicht allein und verlassen fühlen. Dann durfte die Puppe nur in dem blauen Matrosenanzug ins Bett. Zu diesem Anzug gehörte noch eine blaue Matrosenmütze. Die musste immer noch auf den Puppenkopf, sonst konnte Sternauge beim besten Willen nicht einschlafen. Dummerweise passte die Mütze nicht richtig und verrutschte ständig, so dass ich alle drei Minuten gerufen wurde, um diesen Umstand zu korrigieren. Dann war es für meine Zweijährige notwendig, dass ich das Kissen immer glatt strich, bevor sie ihren Kopf darauf betten konnte, was ich natürlich gut nachvollziehen konnte, denn ich liege auch nicht gerne auf verknautschten Kopfkissen. Selbstverständlich wollte sie zum Schlafen zugedeckt werden. Ebenso kein Problem für mich, wenn sie nur nicht immer sofort wieder aufgestanden und damit abgedeckt gewesen wäre, sobald ich den Raum verließ. Klar, dass sie wollte, dass ich sogleich zurückkomme, um sie anständig zuzudecken. Wer nun denkt, meine Tochter wäre jetzt sicher mit ihrem Latein am Ende gewesen, um ihre Mutter vom Verlassen des Zimmers abzuhalten, irrt.

Als Nächstes boxte sie verärgert den weichen Arm ihrer Puppe weg, der sie drückte, und verlangte von mir, dafür zu sorgen, dass der Arm eingeklemmt würde, damit er sie nicht mehr belästigen konnte. Dann befahl sie, dass die Knöpfe ihres Bettbezuges geschlossen wurden – die sie just aufgeknöpft hatte. Die Puppe musste nun auch zugedeckt werden, die Jalousien durften nicht völlig heruntergelassen werden ...

Spätestens jetzt kann die ehrliche Sorge aufkommen, das Kind könnte schon im zarten Alter von zwei eine zwanghafte Störung entwickeln.

Dieses Beispiel illustriert, wie sich etwas Gutes und Beruhigendes in etwas sehr Anstrengendes verwandelt, wenn das rechte Maß fehlt. Im Wissen darum, dass Rituale Schutz und Nestwärme geben, sind wir großzügiger als nötig und lassen unsere Grenzen dehnen wie Gummibänder. Das, was eigentlich Halt geben sollte, sorgt nunmehr für Verunsicherung auf beiden Seiten. Wir wissen nicht, wie weit wir das Ritualspiel mitmachen sollen, und die Kinder finden keine Ruhe.

Auch hier kommen wir nicht umhin, unsere Grenzen zu respektieren und die mütterlichen Muskeln spielen zu lassen, sollten wir nicht einen Heidenspaß daran haben, den gesamten Abend im Niemandsland zwischen Wohnzimmer, Treppe und Kinderzimmer umherzuirren. Wie viel Erfindungsgeist und Ritualausweitung wir unseren Kindern zugestehen, hängt ganz allein von uns ab.

Es ist im Grunde ganz einfach: Erinnern wir uns zuerst an den Basis-Grundsatz »Kinder aushalten lassen, was zumutbar ist«. Dann hören wir, was der Bauch sagt, und passen das Stoppsignal, das Nein ab. Das kommt schneller, als wir denken, und gibt mit Sicherheit trotzdem noch genügend Raum für ein schönes, maßgeschneidertes Ritual.

Ich schloss damals mit meiner Tochter einen unausgesprochenen Kompromiss. Bevor ich das Zimmer verließ, deckte ich sie einmal zu, strich einmal ihr Kopfkissen glatt, setzte der Puppe einmal die Mütze auf. Mit dem störrischen Puppenarm musste sie dagegen fortan selber klarkommen, die Jalousien blieben, wo sie waren, und einige Nächte lang schlief sie mit einer aufgeknöpften Bettdecke. Die rigorose Kürzung des Abendrituals auf ein mutterverträgliches Maß fand bei ihr erwartungsgemäß wenig Anklang, und es folgten eine Handvoll sehr anstrengende Dämmerstunden. Aber auch das ging vorbei und zahlte sich aus. Denn das furchtlose Nein wird fürstlich belohnt.

Erstens: Wir können endlich den Sonntags-Krimi von Anfang bis zum Ende sehen. Wir haben einen effektiven Zeitzuwachs von mindestens vier Stunden die Woche. Wir entwickeln uns nicht zu gestressten Nervenbündeln, die ihre Kinder am liebsten auf den Mond schießen möchten.

Zweitens: Unsere lieben Kleinen erfahren durch die Begrenzung inneren Halt. Dank mütterlichem Macheinsatz lernen sie, sich schon einmal ein kleines bisschen selbst zu halten. Und zwar dem Alter angemessen, denn allerspätestens jetzt läuten wir einen Prozess ein, den Kinder während der Erziehung unbedingt durchlaufen müssen: Dass sie Schritt für Schritt lernen, sich selbst zu halten. Das wird ihnen und uns große Dienste leisten, wenn wir ihnen keinen oder nur noch wenig Halt geben können, weil wir unsere Sprösslinge nicht mehr oder nur noch sehr begrenzt erreichen können. Nämlich dann, wenn aus unseren Kindern Jugendliche werden.

Von Mutter zu Mutter

»Ich bin eine gute Mutter und gebe jetzt im Augenblick meinem Kind den inneren Halt, den es zum Leben braucht!« ist das passende Mantra, wenn Sie nach einem entschiedenen Nein erschöpft auf dem Treppenabsatz sitzen und Ihnen beim Protest Ihres Kindes fast das Herz bricht.

Win-Win für Mutter und Kind: Geben und Nehmen

Die besten Geschäfte sind immer Win-Win-Situationen. Das ist in Familien nicht anders als im Wirtschaftsleben. Eine zutiefst unzufriedene Mutter kann nicht mit fröhlichen Kindern rechnen; nur wenn Gleichgewicht in den Beziehungen herrscht, wenn es allen in der Familie gut geht, geht die Rechnung mit dem geglückten Erziehen auf. Auch dafür brauchen wir das mütterliche Nein.

Muttersein = Geben?

Meist haben wir ein untrügliches Gespür für das Gleichgewicht im Geben und Nehmen. Von einer Freundin, die uns ständig als seelischen Mülleimer benutzt, werden wir uns über kurz oder lang distanzieren. Einem Nachbarn, der sich jeden zweiten Tag die Bohrmaschine ausleiht, werden wir irgendwann nicht mehr die Tür aufmachen, sollte er nicht im Gegenzug während unseres Sommerurlaubs die Kaninchen versorgen.

Bei den Kindern ist es schwieriger, denn das Bild der perfekten Mutter erweist sich an dieser Stelle als sehr hinderlich. Wer nimmt, ist nicht aufopferungsvoll. Wer nimmt, will haben. Wer nimmt, geht Konflikte ein. Das passt nicht zu der Supermama, die immer nur gibt.

In Geben und Selbstausbeutung sind wir Mütter unheimlich stark. Hausfrau und Mutter zu sein bedeutet Sisyphusarbeit und spärliche Anerkennung. Niemand würdigt diese Arbeit, nicht die Gesellschaft, nicht der Partner und, was am traurigsten ist, nicht einmal wir selbst.

Auch das Berufsleben besticht nicht zwangsläufig durch Lob und Ruhm, aber man kann zumindest mit gesellschaftlich anerkannter Leistung, Bezahlung und einer Minirente zum Ausgleich rechnen. Dass Hausarbeit und Kindererziehung nicht gerade durch die Ernte von Lobeshymnen bestechen, liegt an einer unheilvollen Gemeinsamkeit: Sie sind wie unsichtbare Geschwister, die man nur sieht, wenn sie nicht ordentlich erscheinen. Eine glänzende Wohnung und ein zufriedenes, gut erzogenes Kind werden als selbstverständlich angesehen, die unzähligen Stunden und das unermüdliche Engagement, die dahinterstecken, gar nicht wahrgenommen. Ein Zuhause mit Spinnennetzen in den Ecken, Kalkflecken im Bad und einem überquellenden Mülleimer erweckt Anstoß und Kritik, genau wie ein Kind, das sich auffällig benimmt und stört. Mit anderen Worten: Wir Hausfrauen und Mütter arbeiten täglich schwer daran, dass man nichts sieht. Das ist alles andere als spaßig und lässt sich nur aushalten, wenn uns ein Minimum an Anteilnahme, Mitarbeit und Wertschätzung von den anderen Familienmitgliedern entgegengebracht wird.

Ansonsten haben die Lieben daheim bald auch nichts mehr zu lachen. In Zeiten kargen Beifalls konnte es sehr ungemütlich für meine Sippschaft werden. Dabei zusehen zu müssen, wie das augenblickliche Lebenswerk unaufhörlich einen schnellen und stillen Untergang erleidet, ist schließlich eine verdrießliche Angelegenheit. Während die Familie jedes Mal hastig das von mir schwer erarbeitete Abendessen hinunterschlang, ohne einen Sinn für die raffinierte Würzung und die herrlich farbliche Zusammenstellung von grünem Spinat mit Frischkäse, leuchtend roter, frisch zubereiteter Tomatensauce und auf den Punkt gegarten Spaghetti zu haben, giftete es regelmäßig von meinem Stuhl: »Na, schmeckt's? Das ist doch lecker, oder?« Schnell hatten alle Familienmitglieder gelernt, dass sie in solchen Momenten eifrig mit dem Kopf nicken und ein paar lobende Worte hervorpressen mussten, wenn sie den Tag überleben wollten.

So ist das, wenn man sein gesamtes Selbstbewusstsein aus selbst gemachten Ravioli und 100 Quadratmetern polierter Wohnfläche schöpfen muss. Immer bleibt das Gefühl, dass es nicht belohnt wird. Daraus ziehen wir gerne den fatalen Trugschluss, dass es nicht reicht, was wir tun. Dass wir es einfach nur noch besser machen müssen. Einer unserer Lieblingssätze heißt: »Das schaffe ich auch noch.« Dieser kleine Satz führt dazu, dass wir als gute Arbeitspferde trotz Bandscheibenvorfalls bei 30 Grad im Schatten mit putzmunterem Schoßkind im Arm sechs Kästen natriumarmes Wasser kaufen und monströse Natursteinplatten im Garten verlegen.

In der stillen Hoffnung, am Ende doch noch Wertschätzung zu erfahren, bemühen wir uns, bei allem Frust den Job als Mutter und Hausfrau besser und immer besser zu machen. Das Waschbecken muss nicht nur sauber sein, sondern glänzen. Die Kinder sollen nicht nur satt werden, sondern es soll ihnen auch immer schmecken. Das Resultat dieser Bemühungen ist, dass die Mailänder Salami vom italienischen Feinkostladen fürs Töchterlein, der Tiroler Speck für den Gemahl, der junge Gouda (aber nur ganz junger) für Sohnemann schneller zur alltäglichen Selbstverständlichkeit werden, als wir gucken können. Mit jedem Extra steigen die Erwartungen und Ansprüche der Familie. Die Dankbarkeit dagegen hält sich in Grenzen. Wenn wir nicht von anverwandten Blutegeln bis auf unsere alten Tage ausgesaugt werden möchten, sollten wir etwas ändern und es mal mit dem Nein probieren.

Dazu ein kleines Szenenspiel: Rollenspiele für Kinder genießen ein hohes Ansehen. Kinder, die Rollenspiele machen, sind fantasievoll, unabhängig und kreativ – was will man mehr. Und wer auf dem Spielplatz Begriffe wie Verwandlung, unglaubliche Ideen, selbst ausgedachte, originelle Kostüme und stundenlanges Absorbiertsein in magischen Welten fallen lässt, blickt garantiert in die langen Gesichter der Mütter, deren Kinder nur Fußball und Auto spielen. Man muss ja nicht gleich dazu sagen, dass sich der Kleine schon seit Wochen vehement weigert, die Verkäuferrolle im geliebten Kaufmannsladenspiel zu übernehmen, und dass das allmählich nervt. Anfangs war das gemeinsame Einkaufsspiel noch schön und unbelastet, und man versorgte als gute Mutter sein Kind mit allem Lebensnotwendigen: Mini-Milch, Mini-Tomaten und Mini-Brot. Im Wissen darum, dass es Kindern guttut, zumindest im Spiel der Tonangebende zu sein, hat man auch ausgesprochen viel Geduld und Langmut. Irgendwann wird es sogar für die anspruchsloseste Mutter zu eintönig, nur zu geben. Aber nein, der Kleine will einkaufen, nicht verkaufen. In seiner Not versucht man dem Kind den Rollentausch irgendwie schmackhaft zu machen: »Wenn man die ganzen Regale voll hat, dann ist man sooo reich und hat genug, um auch mal den anderen etwas abzugeben!« Fehlanzeige. Der Kleine will nur einkaufen. Die beschriebene Kaufmannsladensituation ist eine Metapher für die Situation zwischen guten Müttern und ihren Kindern. Wir sind ganz aufs Geben programmiert. So definieren wir uns als Mutter und oft auch als Mensch. Fordern, Nehmen und sich Verweigern gehören eher nicht zu unseren Spezialitäten. Das Bedürfnis des Kindes hat Priorität, auch gegenüber eigenen Belangen. Früher oder später wird diese rigide Aufteilung für uns sehr unerfreulich, und es regt sich Handlungsbedarf. Doch aus unserem Unbehagen ziehen wir nicht die folgerichtige Konsequenz, tatkräftig die Situation zu unseren Gunsten zu verändern. Nein, wir versuchen stattdessen, unser Kind umzustimmen und zu beeinflussen. Wir setzen zur Problemlösung beim Kind an und nicht bei uns selbst.

Das kann nur in die Hose gehen, denn wir liefern uns damit dem Willen des Kindes aus und geben ihm die Macht und Verantwortung, unseren Konflikt zu lösen und damit uns zu erlösen. Das ist zu viel von ihm verlangt und bringt uns nicht weiter. Kinder sind mit dieser Erwachsenenaufgabe überfordert, weil sie in der falschen Rolle sind. In der Folge sträuben sie sich, ganz zu Recht. Antworten die Kinder nicht positiv auf unsere suggestiv vorgetragenen Wünsche – was zu erwarten ist –, schwört das notwendigerweise nur mehr Verärgerung und Frust bei uns Müttern herauf, denn nun fühlen wir uns erst recht hilflos und handlungsunfähig.

Aus dieser Klemme kommen wir nur heraus, wenn wir das Ruder wieder in die Hand nehmen und unsere Grenzen schützen. Dazu müssen wir die »böse Mama« aus dem Sack lassen. Im Falle des kleinen Szenenspiels würde das bedeuten, den ganzen Laden hinzuschmeißen: «Nein! Ich habe keine Lust mehr, den Verkäufer zu spielen, und wenn du auch keine Lust aufs Verkaufen hast, dann hören wir auf oder spielen etwas anderes!«

Kinder leben noch sehr nach dem Lustprinzip. Das ist schön, das soll ja auch so sein. Die Kehrseite ist, dass sie nicht immer gerne und freiwillig geben. Vor allem nicht auf äußeres Verlangen. Wenn wir darauf hoffen, dass unsere Kinder uns aus freien Stücken im Haushalt helfen oder unsere Kochkünste wertschätzen, können wir warten, bis wir schwarz werden. Doch das sollte kein Problem sein. Wozu hat man als Mutter einen ganzen Sack voll mütterlicher Machtmittel? Kinder sind sehr abhängig von uns. Nicht nur emotional. Das ist unsere Chance! Fortwährend wollen sie Dinge, Vergnügungen oder Freiheiten von uns. Gewähren wir ihnen dies ohne große Einschränkungen oder Gegenleistungen, sieht es duster aus für kindliche Gaben an die Mutter. Da bleibt uns nur noch der Muttertag, viel mehr ist nicht drin.

Win-Win sieht anders aus. Nur wenn wir klare Grenzen setzen, schaffen wir uns selbst die Möglichkeit, Großzügigkeit walten zu lassen und dafür Anerkennung oder Dankbarkeit zu erfahren. Ohne Limit verschwindet jegliche mütterliche Leistung in einem großen schwarzen Loch. Wenn wir nicht zu den Müttern gehören, denen die Liebe ihrer Kinder Dank genug ist, müssen wir für uns selbst sorgen. Am Anfang der Selbstfürsorge steht die Reglementierung des Kindes. Nur ein Kind, das noch Wünsche offen hat, ist motiviert, etwas dafür zu tun.

Da wir keine bösen Rabenmütter sind, räumen wir unseren Kindern einen generösen Freibetrag ein. Als Kind haben sie ein Anrecht auf ein bestimmtes Kontingent an In-Klamotten, Fernsehzeit, Süßigkeiten und Freizeitvergnügungen. Wollen sie mehr, müssen sie etwas dafür tun. Im Geschäftsjargon gesprochen: Unser Kind bekommt einen großzügigen Sockelbetrag zuerkannt, doch was darüber hinausgeht, muss vom Kind erst erwirtschaftet werden. Eine faire Handelsbeziehung.

Ein Neunjähriger hat dreieinhalb Stunden Computerzeit pro Woche, über die er Buch führen muss. Er kann frei wählen, wie er sich diese Zeit einteilt. Die vorherige Lösung, die Spielzeit auf eine halbe Stunde pro Tag zu begrenzen, hat sich als sehr frustrierend für ihn herausgestellt, da er just in dem Moment abschalten musste, als es spannend wurde. In diesem Punkt wurde ihm entgegenge-

Beispiel

kommen. Nun gibt es immer wieder Situationen, in denen die zuerkannte wöchentliche Spielzeit nicht ausreicht, weil gerade ein brandneues Spiel entdeckt wurde, das der Junge lernen und ausprobieren will, oder das nächste Level unbedingt erreicht werden will.

Eine gute Gelegenheit für eine Win-Win-Situation: Für mehr Spielzeit muss der leidenschaftliche Spieler etwas tun. Er kann sich zum Beispiel mit Babysitten Computerzeit dazuverdienen. Für eine Stunde Babysitting bekommt er zusätzlich 30 Minuten Spielzeit. Alle profitieren von diesem Deal. Der Computerfreak, weil er mehr Zeit für sein heißgeliebtes Spiel bekommt. Die Mutter, weil sie einen kostenlosen Aufpasser für den kleinen Bruder hat, der mit Feuereifer dabei ist (Babysitten ohne Gegenleistung ist unter Geschwistern oft weit weniger beliebt). Und der kleine Bruder hat auch etwas davon, weil sich der große Bruder gnädig herablässt und eifrig mit ihm spielt. Zum guten Schluss intensiviert dieser Deal also noch die Geschwisterbeziehung.

Vorbildlich ist die Situation gelöst, wenn wir die Kinder eigene Ideen mit einbringen lassen. Wenn der Junior das Ausräumen des Geschirrspülers total doof findet, kann er sich stattdessen um das Aufhängen der Wäsche kümmern. Wenn die Fünfzehnjährige Kochen ganz übel findet, kann sie einen Gegenvorschlag machen, der bei Gleichwertigkeit gerne angenommen wird. Dann ist die Motivation noch größer und damit auch die Wahrscheinlichkeit, dass die Jobs ohne Murren durchgehalten werden.

Als gute Mütter kommen wir uns schnell wie Erpresser vor, wenn wir die Erfüllung eines kindlichen Wunsches mit einer Gegenleistung verknüpfen – als würden wir unsere Macht und Überlegenheit den Kindern gegenüber aufs Schändlichste ausnutzen. Hier regt sich wieder die negative Bewertung von mütterlicher Autorität und die Vorstellung, von Kindern müsse jeglicher Druck ferngehalten werden. Deshalb an dieser Stelle noch einmal zu Erinnerung: In einem guten Rahmen dienen klare Forderungen nicht der Unterdrückung des Kindes, sondern seiner Stärkung. Win-Win läutet keine neue Knechtschaft des Kindes ein, sondern stellt normale, für alle erträgliche Verhältnisse her.

Durch Win-Win erfahren Kinder, dass sie etwas zur Erfüllung ihrer Wünsche, zu ihrer Bedürfnisbefriedigung und zum Familienverbund beitragen können, dass sie ihr Leben ein Stück weit selbst in die Hand nehmen, etwas bewirken können und für die Familie wichtig sind. Das schafft auf beiden Seiten Respekt und Wertschätzung. Es stärkt ihr Selbstwertgefühl und vermittelt die Erfahrung, dass es sich lohnt, für seine Träume einzutreten und dafür eigene Kräfte zu mobilisieren. Bekommen unsere Kinder dagegen alles zu Füßen gelegt, kann sich dieses Glücksgefühl nicht einstellen. Nicht Geschenke und vollkommene Bedürfnisbefriedigung machen unsere Kinder nachhaltig stark und stolz, sondern eigene Leistungen und Produkte.

Win-Win funktioniert übrigens in jedem Alter:

- »Du willst Schlittschuhlaufen gehen? Prima, ich fahre dich, nachdem du dein Zimmer pikobello aufgeräumt hast.«
- »Du wünscht dir einen MP3-Player? Der ist sehr teuer. Wenn du von nun an dein Taschengeld eisern sparst, werden wir es mit vereinten Kräften bis zu deinem zwölften Geburtstag hinbekommen.«

Win-Win: Wir unterstützen dich, wenn du deinen Teil zur Wunscherfüllung beiträgst.

Die Dreijährige will unbedingt vor dem Kindergarten mit dem neuen Puppenhaus spielen, die Mutter möchte sie aber zeitig hinbringen, da der Hausputz ansteht. Also kann der Fratz noch eine dreiviertel Stunde im Kinderzimmer spielen. Die Mutter putzt in der Zwischenzeit das Bad.

Win-Win: Ich komme dir entgegen, indem du noch eine Weile zu Hause bleiben darfst. Dein Beitrag zur Konfliktlösung ist, dass du dich alleine beschäftigst.

Win-Win klappt auch bei Besucherkindern: Ohne Win-Win stürmen kindliche Besucher in ihren kostspieligen Turnschuhen (ihre königlichen Insignien) direkt in die Küche, unabhängig davon, ob es draußen schneit oder sie gerade ein Fußballmatch auf dem durchweichten Rasen absolviert haben. Durch weibliche Gestalten wie Mütter sehen sie meist hindurch. Altmodische Grußworte wie »Guten Tag« sind ohnehin nicht drin, wenn man Glück hat, sagt einer »Hallo«, wenn man Pech hat, steht einem ein wildfremdes Kind im eigenen Wohnzimmer gegenüber, von dem man nicht weiß, woher es kommt. Das schmeißt sich dann mit Schwung aufs Sofa und fragt, wo denn die Fernbedienung sei. Sagt einer der Kerle einmal laut und vernehmlich mit einem liebenswürdigen Lächeln »Vielen Dank!«, nachdem man ihm einen warmen Kakao kredenzt hat, sollte man sich dieses Erlebnis am besten notieren.

Mit Win-Win braucht man auf solche Highlights nicht mehr sehnsüchtig zu warten, denn der Geben-Nehmen-Modus gilt nicht nur für die eigenen Kinder. Auch Spielkameraden werden weiterhin freundlich aufgenommen und mit heißer Schokolade, Bananen und Heftpflastern versorgt. Sie dürfen den Rasen immer noch mit ihren Stollen malträtieren, das stille Örtchen benutzen und beim Kuchenbacken mitmachen. Im Gegenzug helfen sie mit, den Esstisch abzuräumen, bringen die Tageszeitung herein und halten sich an die Hausordnung:

- Das Wohnzimmer ist für Kinder mit Apfelschorle, Butterkeksen und Indianergebrüll tabu.
- Der Fernseher bleibt aus.
- Die Toilette wird so hinterlassen, wie sie vorgefunden wurde.
- Die königlichen Sneakers müssen leider draußen bleiben.
- Antiquierte, aber freundliche Grußworte werden regelmäßig untereinander ausgetauscht.

Sie werden die erstaunliche Entdeckung machen, dass die Kinder weiterhin gerne kommen.

Von Mutter zu Mutter

Kindern fällt es leichter, häusliche Aufgaben anzugehen, wenn die anderen Familienmitglieder ihrerseits auch arbeiten. So könnte der Samstagvormittag dazu genutzt werden, dass die Kinder den Hasenstall säubern, den Restmüll entsorgen und ihre Zimmer aufräumen, während die Mutter den Keller ausmistet und der Vater die Bügelwäsche erledigt.

Erziehungsballast abwerfen

Wie wir das »Nein« in unser Leben mit den Kindern integrieren können, hat sich bis hierhin gezeigt. Jetzt ist es an der Zeit, sich dem mütterlichen »Bye-bye« zuzuwenden.

Kinder großzuziehen ist von Anfang an mit vielen Abschieden, inneren wie äußeren, kleinen und großen, verbunden. Das Bye-bye-Mantra unterstützt uns darin, sie auf den verschiedensten Ebenen zu vollziehen und durchzuhalten.

Mit unserem Bye-bye nabeln wir unsere Kinder altersgemäß ab, um ihnen Freiräume für eigenständige Entwicklung und Erlebnisse zu eröffnen und selbst unbeschwerter zu erziehen.

Das Bye-bye entlastet uns, denn wir delegieren jetzt Aufgaben dorthin, wo sie hingehören, und geben Verantwortung und Kontrolle ab. Es hilft uns, die Grenzen des Machbaren zu akzeptieren.

Wir verabschieden uns auch von althergebrachten, rigiden Glaubenssätzen und lösen uns von einem überhöhten Mutterbild.

Und nicht zuletzt schaffen wir mit dem loslösenden Bye-bye eine gute Nähe zu unseren Kindern, denn die braucht eine angemessene Distanz.

Bye-bye-Mantra: Ich bin eine gute Mutter und gute Mütter sind nicht immer nah!

Als engagierte Mutter tragen wir eine große Last. Was liegt da näher, als sich von einem Teil dessen einfach zu trennen und einige der Lasten einfach abzugeben? Nichts einfacher als das, sollte man meinen. Schließlich gibt es außer der Basis, die wir Mütter bieten, noch eine

Menge anderer Leute, die für unsere Kinder da sein können. Die Heinzelmännchen, Ressort Erziehung, sozusagen. Die gibt es tatsächlich. In einem Umfeld, aus dem größere Geschwister, Verwandte und aufgeschlossene Nachbarn weitgehend verschwunden sind, kann fachkundige Unterstützung von Kinderärzten, Tagesmüttern, Kindertagesstätten und Schulen eine Menge kompensieren. Sie können uns Arbeit, Druck und sogar einen Teil der Verantwortung abnehmen.

Einrichtungen und Experten rund um das Kind sind nicht nur notwendige Dienstleister, sie sind heute auch Ersatz für das schwindende soziale Umfeld. Sie von Beginn an an unserer Seite zu haben ist daher schlüssig und sinnvoll.

Diese helfenden Hände stehen vielerorts bereit, es kommt also größtenteils auf uns an, sie in Anspruch zu nehmen. Um diese Hilfe jedoch voll und ganz annehmen zu können, müssen wir unter Umständen wieder an unserem Selbstbild arbeiten. Die weitverbreitete Vorstellung, als gute Mutter für das Wohlergehen des eigenen Kindes alles abdecken zu müssen, spricht nämlich eindeutig dagegen. Mütter, die Kinder, Haushalt und womöglich noch den Beruf nicht lässig schultern, entsprechen nicht dem Idealbild, das wir uns gern von einer modernen Familienmanagerin machen. Ihm haben wir allerdings auch zu verdanken, dass wir die Bedeutung unserer Mutterrolle völlig überfrachten.

Nicht perfekt, aber auch nicht allein

Wollen wir uns eines Teils der Erziehungslast entledigen, müssen wir auch hier wieder der Übermutter in uns zum Abschied winken. Erst dann können wir unsere Möglichkeiten und Grenzen wahrnehmen und auch anerkennen. Das bedeutet nichts anderes, als dass wir mit unserer individuellen Eigenart – ob nun ruhelos oder kapriziös, zögerlich oder sprunghaft – unseren Töchtern und Söhnen nicht alles auf ihren Weg werden mitgeben können. Wir können nicht alles richtig machen, und was von uns gut gemeint ist, muss für unsere Kinder nicht immer das Beste sein. In letzter Konsequenz heißt das, dass wir nicht die ideale Mutter sind, die wir gerne wären.

Das ist unser wunder Punkt, den wir spüren, wenn wir zugeben müssen, dass wir in der einen oder anderen Erziehungsentscheidung tatsächlich hilfsbedürftig und auf andere angewiesen sind. Aber darin liegt eine große Chance: Geben wir einige unserer Aufgaben wirklich aus den Händen, können wir die wohltuende und heilsame Erfahrung machen, dass unsere Kinder sich gut entwickeln, auch wenn wir selbst nicht 100 Prozent geben. Was wir von uns aus geben können und wollen, reicht, weil noch andere da sind, die für unsere Kinder in die Bresche springen. Auch hier reicht die Basis aus, die wir den Kindern bieten – nicht mehr und nicht weniger.

Es ist ein gutes Gefühl zu erfahren, dass wir nicht mutterseelenallein sind mit unserem Anliegen, unseren Kindern das Beste zu ermöglichen. Erziehung ist ein Gemeinschaftsprojekt, bei dem wir zwar die Führungsrolle einnehmen, doch nicht jede Nebenrolle ausfüllen und nicht alles selbst machen müssen.

Fragen wir uns also: Müssen wir überall unsere Finger mit im Spiel haben? Nein, müssen wir nicht. Sollten wir nicht zu den Frauen gehören, die in Mutti-ist-doch-die-Allerbeste-Manier ihre Kinder sogar allein zu Hause unterrichten, und zu diesem Zwecke das eigene Selbst für geraume Zeit einfrieren, brauchen wir andere Menschen, die uns bei unserem Erziehungsjob unterstützen.

Terrain abstecken und gehen

Sollten Sie tatsächlich Verwandte haben, die nicht am anderen Ende Deutschlands oder in einem fernen Erdteil leben, bietet sich hier eine echte Option auf Kinderbetreuung. Für eine reibungslose Übergabe sind allerdings nicht selten zunächst einige Hürden zu nehmen, denn gerade Großeltern legen es immer wieder darauf an, sich auf unliebsame Weise einzumischen oder gar das Ruder zu übernehmen. Das kann unser Entlastungsprogramm erheblich stören. Die Gebote der Eltern werden von Opa und Oma gerne unterlaufen, und plötzlich stellen wir fest, dass unsere Kleinen sich den großelterlichen Gegebenheiten angepasst haben. So kann der Säugling, der unserer Auffassung nach die ersten sechs Monate nur gestillt werden soll, deren Meinung nach ruhig mal an der Grillwurst knabbern. »Das haben wir bei euch auch gemacht, und es hat euch nicht geschadet!« Und schon packt uns Mütter das kalte Grausen. In anderen Familien gefällt es Opa und Oma gar nicht, dass ihr Enkelchen beim Abendbrot träumt, anstatt mit Appetit das Wurstbrot zu vertilgen. Wieder andere fließen über vor großmütterlicher Liebe und rennen zum Schokoladenlager im Küchenschrank, sobald der Enkel nur einen Mucks macht. Oft sind es Kleinigkeiten, an denen sich die unterschiedliche Herangehensweise der Generationen festmacht. Und häufig sind sie ein Indiz für einen verdeckten Konflikt. Wollen wir, dass die lieben Verwandten uns ein wenig unter die Arme greifen, und dabei nicht auf ein sicheres Gefühl verzichten, sollten wir diesen Konflikt lösen.

Da ist zum einen das Problem, dass jede Generation ihre ganz eigenen Vorstellungen anerkannt sehen möchte. Die Älteren möchten ihren persönlichen Erziehungsstil nicht in Frage gestellt wissen, wir Jüngeren möchten, dass mit unseren Kindern in unserem Sinne umgegangen wird. Je weiter die Ansichten auseinanderliegen, desto größer die Reibungsfläche. Doch es steckt noch mehr dahinter. Pflegen die Großeltern ihren individuellen Stil im Umgang mit den Kindern, möchten sie auch eine eigenständige Beziehung zu ihren Enkelkindern aufbauen und diese behaupten. Ähnlich verhält es sich bei uns Müttern. Auch uns geht es um Autonomie, insbesondere gegenüber den eigenen Eltern. Unsere Kinder bringen uns unser Verhältnis zu Mutter und Vater wieder näher. Das kann eine gute Erfahrung sein, doch Kritik an unserem Muttersein von dieser Seite rührt auch an alten Wunden. So sind wir höllisch darauf bedacht, die ganze Abgrenzungsarbeit nicht zunichte zu machen, die es gekostet hat, sich einst von ihnen zu lösen. So manche Frau zahlt liebend gern die Tagesmutter, um den gewonnenen Abstand zur eigenen Mutter nicht aufzugeben.

Beiden Parteien geht es im Grunde um dasselbe: die Wahrung der eigenen Souveränität. Und genau an diesem Punkt bietet sich auch die Lösung des Konflikts an: jedem seine eigenen Kompetenzen und sein eigenes Feld zuzugestehen. Je klarer und offener darüber gesprochen werden kann, desto geringer die Gefahr, dass es zum Konflikt kommt. Es geht nur miteinander. Wollen wir uns das Geld für die Tagesmutter sparen und die Kinder in die Obhut der Großeltern geben, sollten wir das jeweilige Terrain abstecken: Wir sind und bleiben der Boss in der Erziehung unserer Kinder. Doch die Großeltern bekommen ihren Platz, auf dem sie sich mit ihren Enkeln nach Herzenslust austoben können. Wenn sie ihre Zeit und Liebe investieren und uns in Sachen Betreuung unter die Arme greifen, sollen sie auch einen eigenen Gestaltungsfreiraum bekommen.

Sollte der Großvater bei der nächsten Gelegenheit mit der Grillwurst winken, ist es an der Zeit, die Dinge zu klären. Hohe Diplomatie plus Aufrichtigkeit ist dabei eine unschlagbare Mischung. Klären wir die Verhältnisse.

- *Schritt eins:* Unser Bedürfnis eingestehen: »Ich möchte diesen Messejob gerne machen. Das ist eine günstige Gelegenheit, um wieder den Fuß in die Tür zu kriegen!«
- *Schritt zwei:* Den Wunsch an die Großeltern formulieren: »Ich brauche dafür eure Unterstützung. Könnt ihr Tom in dieser Zeit nehmen?
- *Schritt drei:* Unsere Bedingungen benennen: »Also, lieber Opa: Voll stillen heißt voll stillen, da gibt es keine Ausnahme und keine Diskussion.« Die abgepumpte Milch wird mit dem Enkel gleich mitgeliefert.
- *Schritt vier:* Die Grenzen klarmachen: »Ich kann Tom nur mit einem guten Gefühl bei euch lassen, wenn ihr meine Bedingungen akzeptiert.«
- *Schritt fünf:* Die Leistung der Großeltern würdigen: »Für Tom und mich wäre es am schönsten, wenn ihr euch um ihn kümmert. Denn ich weiß, dass er bei euch die Zuwendung bekommt, die er braucht. Und für mich wäre es eine Riesenentlastung, auch finanziell.«
- *Schritt sechs* (jetzt sind die Großeltern dran): Akzeptanz der mütterlichen Bedingungen: »Okay, Tom kriegt nur Muttermilch, versprochen.«
- *Schritt sieben* (wieder Großeltern): Großelterliche Bedingungen formulieren: »Die Schlafenszeiten regeln wir eigenverantwortlich. Und bitte hole Tom pünktlich ab. Wir haben heute Abend noch etwas vor.«

Übersicht

Dieses Gespräch zwischen den Generationen ist natürlich idealisiert und vereinfacht. Es soll die Haltung verdeutlichen, mit der wir in eine Auseinandersetzung gehen können, um unser Ziel zu erreichen und ohne fürchten zu müssen, dass fette Würste jegliche Allergieprävention für unseren Säugling zunichte machen. Offenheit schafft Vertrauen. Mit der Würdigung der großelterlichen Leistung gewähren wir den Großeltern eine eigenständige Beziehung zu ihrem Enkelkind, die wir auch wertschätzen. Wir dagegen haben den Rücken frei, um unseren Geschäften nachzugehen. Der Gewinn für beide Seiten ist groß. Da ist es zu verschmerzen, wenn das Nesthäkchen im Haus der Großeltern mal in der Babywippe liegt.

Und auch wenn es fast vergessen ist: War das nicht herrlich damals, als wir bei Großmutter den ganzen Tag Groschenromane gelesen und dabei ein Kilo Kekse verdrückt haben, oder den ganzen Nachmittag vor der Glotze gesessen haben, bis wir im Kopf ganz benebelt waren? Kinder lieben Lebensräume, in denen andere Regeln herrschen als zu Hause.

Neulich kam meine Tochter frech grinsend mit einem geliehenen T-Shirt aus dem Kindergarten, auf dem stand: »Wenn Mama und Papa Nein sagen, frage ich Oma und Opa!« Na toll, dachte ich, die Guten sind immer die anderen ...

Da tröstete es mich zu wissen, dass Abstecher in andere Länder nur von der schützenden Burg aus Spaß machen. Bei aller Verwöhnung und Nachgiebigkeit von Großeltern oder anderen Bezugspersonen: Mutter und Vater bilden das Schwergewicht in den kindlichen Beziehungen – mit all dem Licht und Schatten, die dazugehören. Wir sind für unsere Kinder einmalig und durch nichts ersetzbar, deshalb können wir in aller Seelenruhe andere an der Fürsorge unserer Kinder teilhaben lassen.

Passend, nicht perfekt

Wenn noch andere als die lieben Verwandten an der Entwicklung unserer Kinder mitwirken, ist das begrüßenswert. Und im Grunde unseres Herzens spüren wir Mütter das. Instinktiv merken wir, dass kompetente Helfer für uns und unsere Kinder wichtig sind. Und im Kampf um den vermeintlich besten Kinderarzt oder die beste Schule der Stadt brechen noch bei jeder guten Mutter brachiale Beschützerinstinkte aus. Wollen wir dem Standard einer idealen Mutter genügen, muss es schon das Beste vom Besten für unser Kind sein. Diese Regel gilt eben auch für Kinderärzte und Co.

Die weitverbreitete Vorstellung, das Glück und damit auch die Gesundheit des eigenen Kindes in der Hand zu haben, solange man nur alle Ressourcen nach Kräften ausschöpft, setzt uns zusätzlich unter Druck. Wir wollen nicht versäumen, wirklich alles Menschenmögliche für unser Kind getan zu haben. Und da wir nicht die Einzigen sind, die so empfinden, es aber nur ein begrenztes Angebot an »besten« Kinderärzten und »tollsten« Kindergärten gibt, ist die Konkurrenz unter uns Müttern groß, denn jede möchte einen Platz im »ersten Haus der Stadt« für ihr Kind, weil jede eine gute Mutter sein will, notfalls sogar eine bessere als die anderen. So entsteht eine Sogwirkung, die dem Gefühl am ersten Tag des Sommerschlussverkaufs nicht unähnlich ist. Wir bekommen Angst, die andere könnte schneller sein, die andere könnte uns das stark reduzierte Traumteil direkt vor der Nase wegschnappen.

Es vergrößert den Konkurrenzdruck noch, dass wir uns bei der Suche in erster Linie von äußeren Merkmalen leiten lassen. Für unser Kind muss es die schönste, angesehenste und fachkundigste Institution sein. Die, die jeder will. Damit setzen wir uns gleichwohl ein Ziel, an dem wir nur scheitern können. Mit der atemlosen Jagd nach dem perfekten Spezialisten für unser Kind stellen wir uns letztlich selbst ein Bein, denn aus der geplanten Entlastung wird purer Stress.

Damit die Wahl der richtigen Begleiter für uns und unser Kind nicht in schweißtreibende Strapazen und Rivalität mündet, sollten wir »das Beste« in Frage stellen und Prioritäten setzen. Das fantasierte Traumteil ist nicht nur beim Schlussverkauf häufig vor allem eines: ein Trugbild.

Niemand verlangt von uns, alle Umsicht und Fürsorglichkeit fahren zu lassen und uns mit unserem Kind gottergeben dem Schicksal zu überlassen. Was wir für unsere Kinder auch weiterhin tun können, ist die Spreu vom Weizen zu trennen. Finden wir heraus, was uns und unserem Kind angemessen ist. Das, was die anderen haben, ist nicht unbedingt das, was wir brauchen. Die Schule des Sohnes unserer

Freundin ist nicht zwangsläufig die richtige für unser Kind. Unterschiede sind nicht nur erlaubt, sondern erwünscht. Nicht jeder Deckel passt auf jeden Topf, aber für jeden Topf gibt es den passenden Deckel.

Es ist nicht unsere erste Mutterpflicht, sämtliche Chancen für unser Kind auszuquetschen, bis uns die Puste ausgeht. Wir sind keine schlechteren Mutter, wenn wir den Mut finden, uns mit der zweit- oder drittbesten Lösung zu arrangieren, denn es bewahrt uns und unsere Kinder vor massivem Leistungs- und Konkurrenzdruck und beschert uns das um einiges leichtere Lebensgefühl, auch ohne das Optimum auskommen und gut leben zu können.

Die Idee ist, das Passende zu finden. Klären wir zuerst, was uns persönlich wirklich wichtig ist, denn backen können wir uns niemanden.

Herauszufinden, was für uns vorrangig ist, richtet den Fokus auf das Wesentliche und eröffnet zugleich neue Möglichkeiten. Wenn wir dazu stehen, dass uns örtliche Nähe wichtiger ist als ausgefeilte pädagogische Programme, weil uns das eine Menge Fahrerei erspart, können wir unter Umständen überrascht werden: Die Kindertagesstätte um die Ecke bietet zwar nur Kantinenfutter und einen Spielplatz zwischen Hauswänden aus Beton. Aber es gibt dort eine resolute und engagierte Leitung, die das alles locker aufwiegt. Und die von männlicher Hand geführte Einrichtung stellt sich im Lauf der Zeit als überaus sinnvoll für unseren zu Hause von weiblichen Geschöpfen sehr umhegten Rabaukenjungen heraus.

Letztlich entscheidend ist unser Bauch. Vertrauen wir bei der Wahl einer Betreuungs- oder Bildungseinrichtung auf unser Gefühl, nicht auf die ansprechende Architektur. Es ist nicht alles Gold, was glänzt. In dem schäbigsten Kindergarten können die engagiertesten Erzieherinnen arbeiten, und in dem schönsten die dogmatischsten. Klammert sich unser extrovertierter Dreijähriger während der ersten Stippvisite bei der Tagesmutter an unser Bein oder zieht es ihn gleich zu den Spielsachen? Fühlen wir uns willkommen oder taxiert und in die Rolle des Bittstellers gedrängt? Solche Signale geben uns wertvolle Hinweise darauf, ob wir an der richtigen oder falschen Stelle gelandet sind.

Jedem seine Verantwortung

Ob wir die rechten Helfer schließlich gefunden haben, merken wir daran, ob wir gut loslassen können. Vertrauen ist die Voraussetzung fürs Loslassen. Die Institution, die uns am vertrauensvollsten erscheint, ermöglicht uns am ehesten, die Kontrolle abzugeben. Das ist der wirkliche Sinn der Sache. Wir delegieren Aufgaben dorthin, wo sie am besten erfüllt werden, und freuen uns über die Entlastung. Auf das Urteil der gleichgesinnten Kinderärztin können wir uns verlassen. Verordnet sie Antibiotika, wissen wir, dass es sein muss. Mit der vertrauenswürdigen Gynäkologin können wir uns auf Augenhöhe über ärztliche Maßnahmen auseinandersetzen. Rät sie von einer natürlichen Geburt ab, erspart sie uns viel Fachlektüre und Zweifel. Wenn es an der Zeit ist, können wir uns mit der Hebamme an unserer Seite ausschließlich ums Atmen kümmern. In der Geburtsklinik, in der wir uns wohlfühlen, können wir die Verantwortung für das kleine Leben noch für einige Tage beruhigt in die Hände des geschulten Personals geben – auch wenn die schon mal Tee verabreichen, damit unser Kind nicht dehydriert. Rooming-In ist kein Muss, sondern ein Kann. Während der neue Erdenbürger, der von nun an zu uns gehört, selig im Neonlicht des Säuglingszimmers schlummert, können wir uns dank des billigsten Babysitters der Welt richtig ausschlafen. Dort können wir noch ein bisschen Kraft schöpfen für die unzähligen durchwachten Nächte, die noch kommen.

Erkennen wir an, dass wir als Mutter nicht alles stemmen können und müssen, wird unser Bedürfnis, uns in alles einzumischen, automatisch kleiner. Ob die Kinder bei Sonnenschein mit Gummistiefeln draußen sind oder die Decken in der Kuschelecke alle sechs Wochen gewaschen werden, ist jetzt kein Anlass mehr für ein Krisengespräch mit der Kindergartenleitung. Unsere Schätze sind jetzt deren Schützlinge, und wir können uns unbesorgt verdrücken. Lassen wir die Heinzelmännchen ruhig ihren Job machen. Als Mutter, die weiß, dass es um ihre Allmacht nicht zum Besten steht, kann man den Betreuern viel leichter die Wertschätzung, Unterstützung und Anerkennung entgegenbringen, die Pädagogen genauso brauchen wie wir Mütter.

Welch große Rolle das Vertrauen in Sachen Delegation spielt, zeigt sich spätestens dann, wenn die Schule losgeht, denn mit unserem Vertrauen in das Wirken der anderen hapert es besonders im sensiblen und umstrittenen Bildungsbereich, deshalb ist der mütterliche Einsatz hier besonders hoch. Nicht ohne Grund. Groß ist die Angst, unser Kind könnte einmal vom saftigen Kuchen des Wohlstands ein zu kleines Stück abbekommen, weil es nicht den richtigen Schulabschluss hat. Abc-Schützen tragen inzwischen an ihrem ersten Schultag T-Shirts mit dem Aufdruck: Abi 2020.

Die Sorgen und Wünsche sind legitim. Nichtsdestotrotz ist es von Belang, sich bewusst zu machen, dass wir durch prophylaktische Nachhilfe und ein übertriebenes Engagement im Bereich des Lernens versuchen, die Aufgaben der Schule zu erledigen. Es ist doch Sache der Lehrer, die Schüler zu bilden. Die Schule hat den Bildungsauftrag, nicht wir Eltern. Letztlich stützen wir auf diese Weise ein System, dem wir nicht trauen.

So schwer das sein mag: Wenn wir in diesem Punkt echte Entlastung erfahren wollen, sollten wir das nicht aus den Augen verlieren. Vielleicht können wir dann – hier und da – die Verhältnisse wieder zurechtrücken, indem wir an den geeigneten Stellen dafür sorgen, dass wir nicht geben, was wir eigentlich nehmen sollten.

Die sorgfältige Auswahl der passenden Schule ist sicher der erste Schritt in die richtige Richtung. Wer sein fantasievolles, verträumtes Kind mit aller Macht auf eine Schule gibt, die sich in der Eigendarstellung damit brüstet, Eliten hervorzubringen, kann eine stressarme Schulzeit für alle Beteiligten abschreiben.

Die Wahl der Schule ist wichtig, aber die perfekte Schule gibt es nicht. Selbst teure Privatschulen liegen mit ihrer Bildungsstrategie nicht immer richtig und sind nicht nur mit Lehrern bestückt, die immer mit unserem Einverständnis rechnen können. Es wird in jeder Schule Grenzen geben.

Auch hier ist unsere innere Einstellung entscheidend. Und auch die gilt es manchmal zu verändern. Wir haben ja durchaus Möglichkeiten, Einfluss zu nehmen – wir sollten aber auch genau prüfen, ob wir uns mit gewissen Verhältnissen nicht abfinden können. Seien wir wählerisch, welche schulischen Aufgaben wir übernehmen wollen. Warum nicht in der einen oder anderen Sache entscheiden: Mit mir nicht! Warum nicht den Lehrern gleich zu Beginn eines Schuljahrs deutlich machen, dass wir nicht gewillt sind, fünf oder gar zehn Prozent unseres Einkommens für Nachhilfe auszugeben? Mit gutem Willen auf beiden Seiten kann ein Dialog zwischen uns und dem Lehrer zustande kommen, in dem wir gemeinsam Lernstrategien überlegen und erörtern und Zuständigkeiten klären können.

Die eigene Abgrenzung in diesem Bereich macht uns Schwierigkeiten, weil wir befürchten, das Kind könnte durch die Maschen des Systems fallen, wenn wir nicht alles auffangen. Trotzdem, halten wir inne, bevor wir in heller Panik losstürzen, und wägen wir ab, ob diese Sorge wirklich begründet ist. Schauen wir uns die Situation einmal genauer an. Wäre es zum Schaden unseres Kindes, wenn wir einen gelasseneren und vertrauensvolleren Umgang mit der Schule pflegten? Können wir ihm zutrauen, mit diesem »blöden« Lehrer oder dem lückenhaften Lernstoff in Französisch fertig zu werden? Werden ihn die ausgefallenen Lateinstunden und das fehlende warme Mittagessen wirklich von seinem Werdegang abhalten? Wäre es beim augenblicklichen Stand seiner Leistungen nicht sinnvoll, ihn bei einer Realschule oder einer Gesamtschule anzumelden?

Auch wenn wir für unser Kind das Abitur anstreben, setzt das nicht automatisch voraus, den konservativen Weg zu beschreiten. Wir leben glücklicherweise in einem Land, in dem es den zweiten Bildungsweg und noch andere Möglichkeiten für Studierwillige ohne Abitur gibt. So manches Kind entdeckt oder entwickelt erst später seine Interessen und Stärken. Ist es (auch) dank unseres gelassenen Umgangs aufgeweckt, zuversichtlich und selbstbewusst, wird es Alternativen finden, um seine Träume zu verwirklichen. Ich kann da getrost als gutes Beispiel gelten. Obwohl ich das Gymnasium nicht besucht habe, habe ich wichtige Ziele in meinem Leben erreichen können. Der gerade Weg ist nicht für jeden der richtige. Umwege bereichern den Erfahrungsschatz.

Ein entspannter Umgang mit dem Thema Schule ist nicht immer einfach; wenn wir es aber schaffen, uns in schulischen Belangen auch mal zurückzunehmen, erleichtern wir auch unsere Kinder um eine schwere Last. Sie spüren genau, unter welchem Druck wir stehen und wie groß unsere Angst ist, wenn wir einen Großteil der Bildungsverantwortung nicht der Schule lassen können. Ziehen wir uns ein Stück zurück, erlösen wir die Kinder zumindest von unserer Seite von Leistungsdruck und spenden ihnen unser Zutrauen, dass ihre Schullaufbahn gelingen wird, auch ohne Hochdruck. Bei aller Bedeutung von Bildung, am Emotionalen kommen wir nicht vorbei.

Zweifelsohne gibt es Anlässe, die unser offensives Engagement erfordern und rechtfertigen, doch wir sollten uns nicht für jedes Problem der Schule vor den Karren spannen lassen und überlegen, wofür wir streiten. Die Bereitschaft, Zuständigkeiten und Verantwortlichkeiten bei der Schule zu belassen, impliziert nicht, alle Bemühungen für unsere Kinder aufzugeben. Das Ziel ist ein anderes: Wir wollen frei und unabhängig handeln. Ein klarer und wacher Blick auf die schulischen Belange und Erfordernisse, eine realistische Einschätzung der Möglichkeiten und Fähigkeiten unseres Kindes, aber auch eine deutliche Abgrenzung zwischen schulischen und elterlichen Aufgaben hilft uns dabei. Und nicht zuletzt: Vertrauen in uns selbst und in unsere Kinder.

Von Mutter zu Mutter

Nicht äußere Bedingungen sind letztlich entscheidend für das Wohl unserer Kinder, sondern innere. Kinder brauchen weder Fachkoryphäen noch ausgepolsterte, prachtvoll ausgestattete Räume, um zu gedeihen. Sie brauchen vor allem unsere emotionale Wärme und Zuversicht, unseren Rückhalt. Dann wird unser Kind seinen Weg gehen, auch unter nicht optimalen Bedingungen.

Welche Förderung braucht mein Kind wirklich?

Das große Thema Bildung beschäftigt uns nachhaltig, denn aus Sorge um das Wohl und die Zukunft unserer Kinder in einer immer unübersichtlicheren, globalen, hoch technologisierten Welt, in der Grenzen sich zunehmend auflösen, müssen wir uns schon lange vor der Einschulung unseres Kindes mit diesem Thema auseinandersetzen.

Die private Bildungslandschaft wächst und gedeiht und lässt hinsichtlich kindlicher Frühförderung, zumindest in urbanen Gefilden, kaum Wünsche offen. Rührige und engagierte Experten locken mit immer neuen Programmen, Kursen, Workshops und Unterrichtsaktivitäten, die viel Gutes verheißen und uns immer wieder aufs Neue verführen, unsere Lieblinge irgendwo anzumelden, um ihnen die bestmögliche Entwicklung zu garantieren: Malkurse, frühkindliche Mathematikstunden, Ballett, Judo, Schauspielworkshops, Teamsport... Alles förderlich für das Wohl unseres Kindes – nix wie hin!

Schnell entsteht der Eindruck, das Gros des vielversprechenden Angebots nutzen zu müssen. Je früher, desto besser. Allen Bildungsangeboten ist die suggestive Botschaft gemein, dass wir als gewissenhafter Mensch nur dann unserer mütterlichen Pflicht und Schuldigkeit nachkommen, wenn wir unseren Nachkommen all diese Entfaltungsmöglichkeiten eröffnen. Sonst schwebt das Damoklesschwert des Verlierers über unserem Kind. Das macht sehr viel Druck:

Verzichten wir auf englischsprachige Lernsingspiele im Kindergartenalter, könnte das die beunruhigende Folge haben, dass die Kleinen im Englischunterricht den Vorsprung der anderen wettmachen müssen. Die Aufnahme an einer begehrten Europaschule können wir gleich vergessen. Gehen wir mit unseren Kindern nicht in den ganzheitlichen »Klanggarten«, der vorsorglich bekundet, keine Leistungserwartung an die Jüngsten zu stellen, klingt tief drinnen eine warnende Stimme, dass wir unser Kind unter Umständen um die Möglichkeit bringen, einen Kontakt zu seiner Musikalität aufzubauen. Und wir wissen doch, wie wichtig es für Kinder ist, ein Instrument spielen zu können.

Leistung allein führt nicht zum Glück, sondern zu Stress

Die Bildung der Kinder ist uns heilig. Ein schier unwiderstehlicher Sog geht von Lern- und Förderangeboten aus. Folglich vergessen wir zu hinterfragen, ob wir mit ergiebigster Förderung und besten Lernmaßnahmen unser Traumziel »Glückliches Kind« tatsächlich erreichen können. Dabei lässt sich diese Frage mit einem klaren Nein beantworten. Dieses Nein kann uns helfen, uns von dem Riesenerwartungs- und Leistungsdruck in Bezug auf Förderung abzusetzen und einen eigenen Standpunkt einzunehmen.

Gute Bildung ist unentbehrlich, zweifelsohne. Sie verschafft unseren Kindern Entfaltung ihrer Begabungen, sie befördert Wissen, Verständnis und Toleranz. Werte, die ihnen nicht nur in der globalisierten Berufswelt von großem Nutzen sein werden. Materieller Wohlstand, äußere und innere Erfolgserlebnisse werden damit definitiv wahrscheinlicher. Doch für Glück und Zufriedenheit braucht es noch etwas anderes.

Neugier, Kreativität und Entspannung braucht Raum, gerade innerlichen. Jedes Kind ist ausgestattet mit einer Fülle schöpferischer Gaben, die keinerlei äußerer Anleitung bedürfen, die sich nur im ungestörten, freien Spiel voll entfalten. Beim scheinbar sinnlosen Kramen, selbstvergessenen »in die Luft gucken« und einfachem Experimentieren entwickeln Kinder so wichtige Dinge wie intrinsische Motivation und Forschergeist. Den Flow nicht zu vergessen!

Lassen wir uns verleiten, den äußeren Ansprüchen stets nachzugeben, aus Angst, unsere Kinder könnten den Anschluss in der Leistungsgesellschaft verpassen, geben wir nicht nur den vollen Terminkalender, sondern auch alles, was damit verbunden ist, an unsere Kinder weiter: Den Druck, die Überforderung, das egozentrische Rivalitätsdenken und die Angst vorm Scheitern. Zweckgebundene Aktivitäten beinhalten immer eine Zielorientierung, sind daher erfolgsorientiert und mit dem Gefühl verbunden, etwas leisten zu müssen. Erreicht man das Ziel nicht, ist man gescheitert. Fördern unter Erfolgsdruck verkleinert demnach den Schutzraum der Kindheit. Den Schutzraum, in dem Kinder ohne Konkurrenzdruck, ohne allzu große Rivalität sich als Person mit anderen zusammen erleben können, in dem sie ein Wir-Gefühl aufbauen und lustvolles, gemeinschaftliches Spiel aus sich heraus erleben können.

Und bedenken wir auch: Beugen wir uns dem Druck, sind wir zweifellos fremdbestimmt in unseren Entscheidungen, nicht selbstbestimmt. Souveränität sieht anders aus.

Ein eigenes Verständnis finden

Wollen wir ein eigenes Verständnis von guter Förderung entwickeln, wird das von unseren persönlichen Grenzen und denen unseres Kindes abhängen.

Warten wir nicht, bis wir mit heraushängender Zunge vom PEKiP für die Kleine im Westen der Stadt zum Tennis für den Großen im Osten stürzen. Wollen wir wirklich das Geld für den Friseur sparen, um den Privattrainer unseres Sohnes bezahlen zu können oder mit ungeduldig wippenden Füßen und Bauchschmerzen im Ballettsaal ausharren?

Warten wir nicht, bis unsere Kinder selbst die Notbremse ziehen, sich verweigern oder mit Stresssymptomen auf den Termindruck reagieren. Nehmen wir stattdessen schon kleine Signale ernst: Wenn Kinder sich immer wieder heftig gegen Aktivitäten sperren oder beim organisierten Kindertreffen verstärkt streiten, könnten das Anzeichen dafür sein, dass sie am Ende einer langen, vollgepackten Woche ihre Ruhe haben und für sich sein wollen – ohne Animation und ohne Anforderungen.

Stecken wir unsere Energie und die unseres Kindes doch in die Dinge, die uns wirklich wichtig sind, und finden uns mit den Grenzen des Machbaren ab. Dabei ist es ein Trost zu wissen, dass in Beschränkungen oft auch Entwicklungspotenzial steckt: Das nicht leicht Erreichbare kann Kinder auch herausfordern, das Eigene zu spüren und umsetzen zu wollen. Viele sehr erfolgreiche Menschen in Politik, Kultur und Wirtschaft hatten in der Kindheit mit großen Widerständen zu kämpfen und haben nach eigenem Bekunden gerade deshalb ihre großen Wünsche stringent verfolgt und den nötigen Biss dazu entwickelt. Nicht erfüllte Wünsche und Bedürfnisse können Kinder auch stärken, weil es ihre inneren Kräfte weckt.

Um noch einmal zurückzukommen auf den Grundgedanken der Basiserziehung: Verzicht und angemessene Zumutungen sind wichtig und wertvoll. Die Kinder können so erfahren, dass das Leben kein riesiger Einkaufswagen ist, den man grenzenlos volladen kann, und dass es Haltepunkte und Limits gibt.

»Ich bin eine gute Mutter!«

Übersicht

- Was ist wirklich wesentlich für die gesunde Entwicklung meines Kindes?
- Was entspricht meinem Kind, unserer Familie?
- Ist mein Kind in einem Bereich sehr talentiert?
- Was macht meinem Kind Freude?
- In welcher Gesellschaft fühlt es sich wohl?
- Welche Wünsche stelle ich an die Zukunft meines Kindes?
- Was ist praktisch ohne allzu großen Aufwand machbar?
- Welche Aktivitäten lassen sich gemeinsam mit anderen Eltern leichter organisieren?
- Was kann ich meinem Kind selbst überlassen?
- An welcher Stelle hat mein Anliegen Priorität?

Am natürlichsten und effektivsten ist es, Kindern Aktivität und Beweglichkeit einfach vorzuleben. Wenn wir unsere eigenen Talente und Herzensangelegenheiten mit Verve verfolgen und wertschätzen, können sie von uns lernen, ihr Leben in die Hand zu nehmen und selbst zu gestalten. Darauf kommt es doch letztlich an: bei den Kindern die Lust und Neugierde aufs Leben zu wecken.

Und auch die Vorstellung, dass jedes Kind seine Bestimmung hat, dass es innere Anlagen in sich trägt, die mit der Vielfalt seiner Lebenserfahrungen sein Schicksal bilden, darf hier ihren Platz haben. Förderung ist nur ein kleines Steinchen im großen Mosaik der Lebenserfahrung.

Die Idee ist den Weg, unabhängig vom vorherrschenden Leistungsdruck, selbst zu bestimmen. Es widerspricht dieser Idee keineswegs, seine Kinder mit Nachdruck zum Üben der Klaviersonaten anzuhalten oder auf die regelmäßige Einhaltung der Tennisstunden zu pochen. Solange wir uns und unsere Kinder nicht äußeren Zwängen beugen, solange Bildung als natürlicher Teil des Lebens eingebettet ist, solange ein warmes, emotionales Klima in unserer Familie herrscht, spricht nichts dagegen, dass aus Übungen auch manchmal Pflichtübungen werden.

Die Erkenntnis, dass die bestmögliche Förderung nicht alles ist, macht den Weg frei für die eigene Wahl, die vielleicht nur wir für rich-

tig halten. Wir dürfen uns auch mit dem begnügen, was Kindertagesstätten oder Schulen bieten.
Was wir darüber hinaus in Sachen Förderung unternehmen, ist nicht entscheidend. Wie wir uns in der Familie dabei fühlen, ist das Maßgebliche.

Was wir dadurch gewinnen

Wollen wir uns und unsere Kinder vor Leistungsstress schützen, verlangt das von uns Müttern freilich ein gutes Quantum an Unabhängigkeit. Wenn ringsherum alle anderen mit ihren Sprösslingen zum Baby-Yoga rennen oder ein kleines Vermögen für Reitstunden ausgeben, besteht die Gefahr, automatisch in den Galopp der anderen Mütter mit einzufallen. Schnell regt sich das Gefühl, etwas Dringliches zu versäumen, den Anschluss zu verpassen oder alleine zurückzubleiben.

Überhöhte Ansprüche aufzugeben und entsprechend zu handeln, hat jedoch auch sein Gutes. Wenn wir fest darauf vertrauen, dass sich unser Kind auch ohne Megaförderung zu einem lebensfrohen Menschen entwickeln wird, geben wir unserem Kind etwas sehr Schönes mit: das Vertrauen in sich selbst und ins Leben.

Letztlich ist dieses Vertrauen der stabilste und verlässlichste Anker. Vor Rückschlägen und Nöten können wir unser Kind auf Dauer nicht schützen, aber wir können ihm die Zuversicht und Kraft mitgeben, dass es mit allen Widrigkeiten des Lebens fertig werden wird. Wenn wir nur das mit unserer Erziehung erreichen, haben wir etwas sehr Wichtiges geschafft. Vertrauen ist der Königsweg zum persönlichen Glück!

Wenn wir nicht immer an die Grenzen unserer Belastung und Energie gehen, ist das eine große Erleichterung und verschafft uns Platz für eigene Interessen und Vorlieben. Wir müssen weniger chauffieren und auf harten Turnbänken ausharren, müssen unsere eigene Alltagsplanung nicht immerzu den Aktivitäten der Sprösslinge anpassen. Wir haben wieder Platz für unser Ich.

Von Mutter zu Mutter

Erziehung heute braucht Mut zur Lücke. Es bedeutet hinzunehmen, dass nicht alle Möglichkeiten, die unsere reiche Gesellschaft zu bieten hat, von uns ausgeschöpft werden können. Und nicht müssen. Verlassen wir uns darauf, dass unser Kind wächst und prächtig gedeiht, auch wenn wir nicht alle Bildungsangebote nutzen. Damit leben wir unseren Kindern vor, dass andere Werte dem Leistungsstreben gleichrangig sind. Dass es in unserer produktorientierten, hyperaktiven Gesellschaft sehr wohl Platz für Tagträumen, Ruhe und Nichtstun, Faulenzen und Muße gibt.

Schluss mit dem Kontroll-Overkill

Es scheint, als hätten wir Mütter unsere Zuversicht und Unbefangenheit verloren und stattdessen ein immer stärker werdendes Überwachungsbedürfnis entwickelt, das sich wie ein falscher Freund in unseren Herzen eingenistet hat. Kontrolle ist immer häufiger das Mittel der Wahl, wenn es um die Sicherheit unserer Kinder geht. Denn diese ist laut Medienberichten permanent gefährdet. Tragische Unglücke, Gewalttaten und Katastrophen am Fließband rütteln uns immer wieder auf und drängen uns, unsere Kinder fest in die Arme zu schließen, um sie vor allem Übel dieser Welt zu beschützen. Es fällt schwer, sich von diesen Schreckensbildern immer wieder zu distanzieren und auf den Boden der weniger spektakulären Tatsachen zurückzukehren. Niemand wird bestreiten, dass unsere Kinder Schutz und Sicherheit brauchen, um gesund und geborgen aufzuwachsen. Doch spätestens dann, wenn wir unsere Nachkommen mit Handys inklusive Peilsendern ausstatten, um sie per GPS jederzeit orten zu können, sollten wir uns fragen, ob unser Sicherheitsbedürfnis sich nicht längst zu einem extremen Kontrollzwang ausgewachsen hat.

Die Proklamationen für den Schutz des Kindes drehen sich meist um die physische Unversehrtheit. Sie wird über das emotionale Wohl gestellt, weil sie unmittelbarer und greifbar ist. Unter diesen Umständen kommt der seelische Schutz zu kurz. Nicht nur der Körper, auch die kindliche Seele muss behütet werden, und dafür brauchen Kinder Entwicklungsräume ohne Sicherheitsgurt.

Folglich kollidiert der Schutz des Körperlichen immer wieder mit dem des Seelischen. Wollen wir unsere Kinder in jeder Hinsicht behüten, müssen wir beidem Beachtung schenken. Das wird uns nicht immer leicht gemacht. Selbstständige kindliche Unternehmungen mit Risiko haben in unserer Gesellschaft keinen Wert und finden oft keine Zustimmung. Alte Spielgeräte, die zu gefährlich erscheinen, wie sich schnell drehende Karussells, sind von modernen Spielplätzen unmerklich verschwunden. Spielzeughersteller werben lauthals mit gefahrlosem Spielzeug: Hochwertige Holzkugeln, garantiert nicht zu verschlucken! Küchenplaner raten zu Schutzgittern für den Herd, Sperren für Schubladen mit Messern und zu Verschlüssen für Backofentüren.

Kinder auch mal laufen zu lassen und damit Wagnissen auszusetzen, die das Leben zwangsläufig mit sich bringt, steht im kompletten Widerspruch zum Schutz, der für Minderjährige allerorten gefordert wird. Diesem Einfluss können wir uns kaum entziehen. Dazu ein kleines Beispiel.

Beispiel

Ein Fünfjähriger ärgert mit sichtlichem Vergnügen schaukelnde Kinder auf dem Spielplatz. Er kreist um die hin und her schwingenden Spielkameraden und weicht den Schaukeln geschickt aus. Es ist ein Spiel mit dem Feuer, und darum geht es ihm offensichtlich. Immer mutiger wird der Kleine, springt haarscharf an den schaukelnden Kindern vorbei. Seine Mutter registriert die Situation, schaut und bleibt sitzen. Weder ermahnt sie ihn aufzupassen, noch beordert sie ihn schleunigst auf die Parkbank zurück. Schließlich geht es schief, und eine Schaukel trifft den Jungen am Rücken. Er fällt hin und weint, seine Mutter tröstet ihn, begutachtet den Schaden, ihr Sohn beruhigt sich und läuft zur Rutsche.

Obwohl die Sache glimpflich ausgegangen ist, würde das Verhalten dieser Frau bei vielen Müttern heftige Missbilligung und empörte Ablehnung hervorrufen. In ihren Augen handelte diese Mutter leichtsinnig oder gar fahrlässig. Schließlich ist es originäre mütterliche Aufgabe, sein Kind vor körperlichem Schmerz zu bewahren. Einen sehr viel verantwortungsvolleren Eindruck hätte diese Mutter hinterlassen, wenn sie ihren Sohn von seinem Treiben abgehalten hätte. Beifälliges Kopfnicken wäre ihr dann wahrscheinlich sicher gewesen.

Dieses Beispiel zeigt, wie stark soziale Faktoren auf unser Muttersein einwirken und das Loslassen im Erziehungsprozess erschweren, und dass es eines starken Selbstvertrauens bedarf, sich treu zu bleiben, wenn die pädagogische Aktion nicht populär ist.

Diese Mutter ist sich treu geblieben, und das hat einen großen Wert, auch wenn es nicht den Anschein hat. Der Junge hat trotz kleinem Unfall etwas gewonnen. Er hat das reizvolle Spiel mit leuchtenden Augen ausgekostet und am eigenen Leibe gespürt, wo es für ihn brenzlig wird, also seine Körpergrenzen im wahrsten Sinne des Wortes spüren können. Das kann er nur so lernen. Durch ihre gewährende Haltung signalisierte die Mutter ihm: »Du kannst das, ich traue dir das zu.« Und: »Ich vertraue darauf, dass es schon irgendwie gut geht.« Das Vertrauen in ihren Sohn stärkt ihren Jungen. Ganz selbstverständlich und ohne nur ein Wort zu sagen vermittelt sie ihm, dass es sich lohnt, die Welt zu entdecken, und dass man das mutig und voller Zuversicht tun kann. Die Mutter schenkt ihrem Sohn Vertrauen in sich selbst und in die Welt.

Das ist sehr schön, aber eben auch nicht einfach. Die wenigsten von uns können sich locker zurücklehnen, wenn die Kinder ihre Grenzen austesten und alleine in unbekannte Gefilde vorstoßen. Es ist die Angst um die Kinder, aber auch die Angst vor dem schlechten Gewissen, die uns davon abhält, unsere Kinder mit der Welt experimentieren zu lassen. Aus Furcht vor späteren Schuldgefühlen gehen wir lieber auf Nummer sicher. Das macht immer einen guten Eindruck und lässt uns als verantwortungsvoll erscheinen. Doch im Grunde ist es ein Schutzschild gegen unsere Ängste und Schuldgefühle. Die bittere Wahrheit: Überkontrolle heißt, dass wir unserer mütterlichen Verantwortung eben nicht nachkommen, sondern uns davor drücken.

Der polnische Kinderarzt, Autor und Pädagoge Janusz Korczak hatte zu diesem Thema eine äußerst radikale Meinung. Er proklamierte schon 1918, dass auch Kinder Rechte haben. Seine Forderungen nach einer Magna Charta Liberalis, einem Grundgesetz für Kinder, umfassten drei Grundrechte:

- das Recht des Kindes, so zu sein, wie es ist,
- das Recht auf jeden einzelnen Tag seiner Kindheit,
- und sogar das Recht des Kindes auf seinen eigenen Tod.

Wer die kindlichen Rechte wahren will, so Korczak, darf sie aus Sorge um deren Gesundheit keinesfalls überbehüten und in ihrer Entwicklung einschränken. Zitat: »Aus Furcht, der Tod könnte uns das Kind entreißen, entziehen wir es dem Leben.« Korczaks dritte These kann noch jede liebende Mutter in Angst und Schrecken versetzen. Und doch lohnt es sich, mal genauer hinzuschauen und sie auf sich wirken zu lassen. Sie bedeutet, dem Vertrauen den Vorzug zu geben, auch wenn das die Möglichkeit des Verlustes mit einschließt. Ohne sie in ihrer Radikalität annehmen zu müssen, kann diese Sichtweise in Grenzsituationen helfen, einen eigenen, inneren Standpunkt zu finden, da sie ein Gegengewicht zum Überbehüten bietet. Sie hilft uns dabei, eine Situation, in der wir abwägen müssen, neu zu beurteilen. Indem wir dem seelischen Wohlergehen unseres Kindes einen ebenbürtigen Platz neben dem körperlichen einräumen, kann es zur Neubewertung kommen. Schon das ist ein Gewinn!

Die totale Kontrolle ist eine Illusion

»Wir schwammen im Fluss, lange bevor wir überhaupt schwimmen konnten.« Dieses Zitat stammt von keiner Geringeren als Astrid Lindgren. Janusz Korczak wäre sicher begeistert gewesen. In diesem Satz drücken sich Korczaks Forderungen und der Zauber von Lindgrens Büchern aus, die immer vom Paradies einer unbewachten und freien Kindheit erzählen.

Wir alle lieben diese Bücher, dennoch fällt es oft schwer, danach zu handeln. Wie können wir in unsere moderne, unübersichtliche Welt etwas von dem Duft der Lindgrenschen Freiheit und den Werten eines Janusz Korczak hinüberretten?

Mit dauernder Kontrolle nicht, das ist sicher. Die totale Kontrolle ist ohnehin eine Illusion. Diese Erkenntnis trifft uns spätestens dann wie ein Blitz, wenn Baby statt des schadstoffarmen Holzspielzeugs Zeitungspapier bevorzugt und sich für den Geschmack von Papas Straßenschuhen interessiert. Das heimliche Entdecken und Sprengen von Grenzen weckt bei Kindern von Anfang an das Gefühl, sich lebendig und stark zu fühlen. Wie können wir also unser Kind schützen und ihm zugleich Nervenkitzel und eigenständige Erfolgserlebnisse ermöglichen?

Kalkuliertes Risiko dringend gesucht!

Vielen erscheint die schöne neue Welt der Medien als passable Lösung für unser Problem. Beim Eintauchen in virtuelle Welten suchen vor allem die Jungen symbolische Hindernisse und Widersacher, an denen sie sich erproben und messen können. Das macht die Faszination, den Kitzel von Gewaltcomputerspielen und Kriegsfilmen aus. Für uns Eltern ist dieser Weg ebenfalls verführerisch, da sich unsere Lieben beim fiktiven Kampf nicht verletzen und nicht verloren gehen können.

Im virtuellen Stellvertreterkrieg können Kinder im archaischen und aggressiven Symbolspiel dem Mangel an realen Lebenskämpfen etwas entgegensetzen, denn die symbolische Bearbeitung ist immer ein guter Weg, um Gefühle auszudrücken und Konflikte innerlich zu lösen. Ersetzen können sie die notwendigen Auseinandersetzungen mit der Umwelt jedoch nicht, da sie körperliche, geistige und emotionale Erlebnisse mit anderen abkoppeln. Der offene Clinch mit den Mitmenschen provoziert echte Reaktion und adäquate Antwort, die virtuell agierten Aggressionen dagegen bleiben ohne reale Konsequenz. Hier liegt eine große Gefahr der virtuellen Welt: das Fehlen wertvoller Beziehungserfahrungen. Computer können kein Vertrauen schenken, und Fernsehen kann Kindern nicht die Gewissheit vermitteln, dass sie sich auf sich selbst, ihren Körper und andere Menschen verlassen können. Im Übermaß konsumiert, schließen sie die wirkliche Welt aus. Einer der Gründe, warum die neuen Medien nur begrenzt für die kindliche Psyche genießbar und keinesfalls Ersatz für die Realität sind.

Computer & Co. können demnach nur einen kleinen Beitrag leisten, um kindliche Heldentaten heutzutage möglich zu machen, genauso wie Hochseilgärten, Kletterhallen und Bauspielplätze. Denn mal ehrlich: Mit Michel aus Lönneberga hat das nichts zu tun. Das ist gemogelt. Das wahre Leben findet immer noch im Leben selbst statt und nicht in TÜV-geprüften Einrichtungen.

Dank Überinformation und medialer Panikmache sind wir immerzu versucht, den Fokus auf die äußeren Bedingungen zu werfen und dementsprechend Einfluss auf das Umfeld unseres Kindes zu nehmen, wie kindgerechte Wohnungseinrichtungen, kindgerechte Freunde und kindgerechte Spielorte. Der beste Schutz kommt aber von innen. Womit wir wieder bei der guten Beziehung, der Basis wären. Als Mutter den Kindern Basis zu sein bedeutet zwangsläufig, sie irgendwann loszulassen. Es bleibt uns einfach nichts anderes übrig, als unsere Angst genauer unter die Lupe zu nehmen und sie gegebenenfalls auszuhalten. Kinder dürfen unsere Angst ruhig spüren, solange sie erfahren, dass wir mit ihr fertig werden. Verbergen lässt sie sich ohnehin nicht, wie die folgende Episode zeigt.

Beispiel

Ein Sechsjähriger schickt sich an, zu seiner ersten selbstständigen Unternehmung mit dem Fahrrad aufzubrechen. Er wird einige Kreuzungen passieren, Ampelanlagen beachten und ein ruhiges Parkstück überqueren müssen. Seine Mutter ist vorsorglich sämtliche Verkehrsregeln und Vorsichtsmaßnahmen mit ihm durchgegangen, hat ihn mit reflektierendem Helm und sein Fahrrad mit guten Bremsen ausgerüstet und ihn ermahnt, rechtzeitig zurück zu sein. Der Bub rollt aus der Einfahrt, der Mutter klopft das Herz bis zum Hals, aber sie hält sich wacker. Mit einem eifrig unbekümmerten Gesicht winkt sie ihrem Jungen nach, der winkt zurück und ruft: »Wenn ich nicht zurückkomme, weißt du, dass ich in den Himmel geflogen bin!«

Das war ein Volltreffer. Und ein Beispiel dafür, dass sich Kinder nicht leicht täuschen lassen. Auch wenn sie es meist nicht verbalisieren, wie es der Junge an dieser Stelle getan hat, unsere Kinder spüren unsere Sorgen und kriegen mit, wie wir damit umgehen. Und sie lernen daraus. In diesem Fall hat das Kind erfahren, dass man sich trotz Sorge einer beunruhigenden Situation stellen und sie meistern kann.

Vertrauen hilft gegen Angst

Schaffen wir es, dann und wann über den eigenen Schatten zu springen, sehen wir vielleicht nicht mehr wie eine perfekte Mutter aus, dafür wird das Leben für uns und unsere Kinder aber sorgenfreier. Entspanntes Erziehen braucht nur ein Minimum an Kontrolle. Zu viel Kontrolle schafft paradoxerweise nur mehr Angst und erhöht durch permanente Wachsamkeit den Druck. Ständig aufpassen zu müssen, damit ja nicht Schlimmes passiert, erzeugt puren Stress. Mit jedem Loslösungsschritt, jeder ausgestandenen Grenzsituation dagegen wächst unser Vertrauen, durch Angst gebundene Energien werden frei und die Anspannung weicht einem Gefühl von Optimismus und Erleichterung – ein weiterer großer Schritt zum gelösten Miteinander. Aber ein Schritt, der uns auch viel abverlangt. Denn selbst das kalkulierte Risiko gibt es nicht ohne Restrisiko. Das liegt in der Natur der Sache. Die Unsicherheit gehört dazu. Beruhigend ist dann zu wissen, dass wir uns für diesen Schritt nicht in kaltblütige Hasardeure verwandeln müssen, die ihre Kinder mit dem nächstbesten Drachen in den Kampf ziehen lassen. Es sind zum Glück immer die kleinen Dinge, die ihre Wirkung tun. Dabei können wir uns von dem pädagogischen Basis-Leitsatz »Kinder tun lassen, was sie selbst können« führen lassen.

Wenn wir unseren Kindern auch unkontrollierten Freiraum einräumen und sie ungestört und unbeobachtet spielen lassen, ohne alle zwei Minuten den Kopf zur Tür hereinzustecken, wenn wir sie in der kindgerechten Umgebung ihres Zimmers schalten und walten lassen, handeln wir nach diesem Grundsatz. Hinterher hat die Kommode vielleicht einen pflegenden Überzug aus Hautcreme, die Knete knutscht den Teppich und die Puppe gehört von nun an zum Stamm der Irokesen – im Tausch für diese Unannehmlichkeiten haben wir geschlagene 40 Minuten, um das Abendessen vorzubereiten.

Das Motto »Augen zu und durch« ist nicht unbedingt nötig, um Kindern freies, unbeobachtetes Spiel zuzugestehen. Eigene Grenzen sollten auch hier maßgebend sein. Tasten wir innerlich ab, wie weit wir gehen können und entscheiden uns für die Strategie der kleinen Schritte. Das heißt wir fangen mit Aufgaben an, die wir unserem Kind im Grunde unseres Herzens zutrauen, und die wir selbst noch aushalten können. Beim nächsten Mal können wir schon etwas mutiger werden, und mit jeder Erfahrung, dass es gut geht, wächst unser Vertrauen in das Kind, und die eigene Angst wird kleiner.

Es ist wie in der Geschichte vom *Kleinen Prinzen* von Antoine de Saint-Exupéry: Der kleine Prinz konnte den Fuchs nur langsam zähmen, ihm nur Stück für Stück näher kommen. Ein Bild dafür, dass auch die Angst zähmbar ist, und dass Vertrauen langsam wächst, aber mit jedem Schritt. Vom *Kleinen Prinzen* wissen wir, dass viele Wiederholungen und verbindliche Regeln beunruhigenden Situationen die Spitze nehmen. Auch eine Überprüfung der jeweiligen Situation ist gut, denn unser lebenswichtiges Alarmsystem »Angst« ist hochempfindlich eingestellt und reagiert manchmal überreizt. Nicht selten liegen demzufolge subjektive Angst und wirkliche Gefährdung weit auseinander. Fragen wir uns und wägen ab:

- Ist meine Sorge wirklich realistisch?
- Versteckt sich hinter meiner Besorgnis vielleicht ein anderes Motiv, eines, das ich mir nur ungern eingestehen möchte?
- Wie könnte ich anders damit umgehen?
- Wie gehen andere Eltern mit dieser Situation um?
- Ist die Situation vergleichbar?
- Überfordere ich mein Kind?

Übersicht

Mehr müssen wir als gute, verantwortlich handelnde Mutter nicht für unsere Kinder tun.

Niemand wird uns die Verantwortung abnehmen. Welche Risiken wir eingehen, ist und bleibt ganz alleine unsere Entscheidung. Das ist Elternsache und von Fall zu Fall auch unterschiedlich zu handhaben: Es gibt nun mal geschicktere und ungeschicktere Kinder. Jedes Kind verlangt nach seiner individuellen Herausforderung. Manchmal braucht es Vorsicht und Bedacht, manchmal eine Portion Unerschrockenheit. Manchmal ist die Angst ein guter Ratgeber, manchmal müssen wir uns ihr stellen.

Nicht jeder Erstklässler muss seinen Schulweg von Beginn an selbst meistern oder jede Zweijährige drei Meter hohe Kletterseile emporsteigen. Auch wir Mütter bringen die unterschiedlichsten Voraussetzungen und Ressourcen mit. Bisweilen fühlen wir uns stärker und couragierter oder eben verzagter und ängstlicher.

Das Ziel ist es, eine Situation herzustellen, in der wir die Verantwortung für unser Handeln tragen können. Dann wahren wir unsere Souveränität.

Fest steht, dass wir die äußere Welt unserer Kinder nicht völlig sicher machen können, die innere schon. Auf die Selbstsicherheit, das Selbstvertrauen und die Autonomie unseres Kindes haben wir enormen und langfristigen Einfluss, auf Umweltgifte, Krankheiten und andere Unwägbarkeiten weitaus weniger.

Geben wir uns einen Ruck und lassen unsere Tochter bei ihrer Freundin übernachten, auch wenn wir verdammt große Zweifel haben, ob in deren Wohnung Rauchmelder installiert sind, werden wir zur Belohnung für so viel Muttermut mit leuchtenden Kindergesichtern beschenkt, und das ganz ohne Weihnachten.

Von Mutter zu Mutter

Machen wir uns immer wieder klar, dass wir nicht den Status »Gute Mutter« verlieren, wenn wir die totale Kontrolle aufgeben und unsere Kinder loslassen. Der Schutz, den wir unseren Kindern bieten können, wird immer begrenzt sein.

Dem schlechten Gewissen den Wind aus den Segeln nehmen

Das Schuldgefühl verdient an dieser Stelle besondere Beachtung, denn es gehört zu den häufigsten und unangenehmsten Gefühlen, die uns als engagierte Mutter heimsuchen. Der Hang zum schlechten Gewissen hat zwar immer eine stark persönliche Komponente, die in der eigenen Biografie zu suchen ist, doch auch ein kollektives mütterliches Schuldbewusstsein ist in unserer Gesellschaft nicht zu übersehen. Täglich sind wir aufs Neue mit Schuldgefühlen konfrontiert: Wenn wir an einem kühleren Tag vergessen haben, unserem Dreijährigen eine wärmere Jacke in den Kindergarten mitzugeben, wenn wir mit unseren Kindern das Abendessen ausnahmsweise mal vor dem Fernseher einnehmen, von solch aberwitzigen Dingen wie Chips und Cola vor der Glotze ganz zu schweigen. Keine Mutter, die etwas auf sich hält, würde so etwas tun! Wir haben Gewissensbisse, wenn wir unseren Kindern, wegen akuten Mangels an gesunden Lebensmitteln im heimischen Kühlschrank, einmal Schokoriegel in den Ranzen stecken statt der gesunden Vollkornbrote mit Käse und Gurke. Haben wir wegen einer kleinen Unaufmerksamkeit die Information über die Risiken von Rohmilchprodukten verpasst, stellt sich in der 38. Schwangerschaftswoche das pure Entsetzen ein. Plötzlich von gefährlichen Erregern im Käse zu erfahren, nachdem man in den letzten Monaten, dank zahlreicher Heißhungerattacken, schon zigmal den fetten Rohmilch-Brie genüsslich verputzt hat, ist ein Albtraum, von dem man sich so schnell nicht wieder erholt.

Es ist schon sonderbar, obwohl wir alles nur erdenklich Mögliche für unsere Kinder tun, plagen wir uns ständig mit Selbstvorwürfen. Als enthusiastische Mütter leiden wir unter chronisch schlechtem Gewissen, weil wir täglich an dem hohen Ideal scheitern, das wir uns selbst zum Leitbild erkoren haben. Je höher unsere Ansprüche an uns selbst sind, umso stärker werden wir von Gewissensbissen geplagt. An hochgesteckten Zielen scheitern wir eben viel leichter und öfter. Und wir haben uns eine Menge als Mutter vorgenommen. In unserem Streben, alles richtig und gut zu machen, haben wir die Schuldgefühle, ganz ohne es zu wollen, mit ins Boot geholt. Wohin wir uns auch wenden, das schlechte Gewissen ist schon da: Geben wir unserem Kind nach, haben wir Schuldgefühle, weil wir denken, wir hätten standhaft bleiben sollen. Bleiben wir standhaft, haben wir Schuldgefühle, weil wir denken, wir waren zu hart. Lassen wir unser Kind mit den anderen Kindern laufen, haben wir Schuldgefühle, weil wir nicht gut auf unser Kind aufpassen. Lassen wir es nicht mit den anderen laufen, haben wir Schuldgefühle, weil wir unser Kind beglucken.

Eine Frage der Perspektive

Unsere Idealvorstellungen, die persönliche und gesellschaftliche Deutung und Bewertung einer Situation, spielen beim Thema Schuldgefühle eine sehr große Rolle. Wie wir unsere Handlungen einordnen, wird sehr stark davon abhängen, ob es »erlaubt« ist, in dieser oder jener Situation so zu handeln, oder ob es »verboten« ist. Was erlaubt und was verboten ist, regeln die gesellschaftlichen und persönlichen Wertvorstellungen und Normen. Halten wir uns nicht an diese häufig unausgesprochenen Bestimmungen, stellt sich das schlechte Gewissen ein. Wollen wir eine gute Mutter mit reinem Gewissen sein, werden wir dementsprechend versuchen, diesen Normen zu entsprechen.

Das ist erst mal nichts Schlechtes, schließlich sind Normen und gemeinsame Werte für eine Gemeinschaft überlebenswichtig. Schwierig wird es erst dann, wenn sie starr und rigide werden. Und in Sachen Erziehung liegt die Meßlatte häufig zu hoch, ist das Bewertungsschema in vieler Hinsicht sehr streng. Es lohnt daher, es zu hinterfragen. Denn zumindest die persönliche Bewertung lässt sich ändern.

Dazu eine Gegenüberstellung zweier Beispiele.

Putzen mit Baby

Beispiel

Jede Frau, die ein Kleinstkind hat oder hatte und keine dazu passende Putzfrau, weiß, wie schwierig das mit dem Saubermachen ist. Die ersten Monate gehen noch – man bindet sich das Kleine auf den Rücken und es kann losgehen. Zwangsläufig wird aus dem Kleinen doch irgendwann ein Brummer. Gute Muttermilch macht's möglich. Dann sieht es für Mütter – ungeübt in Krafttraining – plötzlich ziemlich düster mit der Raumpflege aus. Eine Mutter, die dann auf die Idee kommt, die Küche – die jetzt Schlachtfeld heißt – zu putzen, obgleich das Baby hellwach ist, gerät in einen großen Interessenkonflikt.

Rettung erscheint in Gestalt eines altmodischen Geräts namens Laufstall, der eigens für besondere Notfälle angeschafft wurde: Die Milch kocht über, es klingelt an der Haustür und Baby robbt zielstrebig in Richtung Zimmerpflanze ... Obwohl ziemlich verpönt heutzutage, kann so ein Laufstall hin und wieder also gute Dienste leisten. Denkt man.

Das Kind denkt anders und schreit, sobald man es nur in dem Ding absetzt. Es schreit, obwohl die leibliche Mutter in unmittelbarer Nähe und Sichtweite wischt und wienert und unverdrossen »Es tanzt eine Bi-Ba-Butzemann!« singt. Es schreit, trotz einer Flasche mit Sauger, gefüllt mit Apfelschorle, in einer für das Baby besonders vorteilhaften Mischung aus sehr viel Apfelsaft und sehr wenig Wasser. Es schreit trotz der Rasseln, Beißringe und Fühlbilderbücher zu seinen Füßen.

Es ist offensichtlich: Das Baby möchte nicht in diesem wunderschönen, praktischen Laufställchen bleiben. Genauso offensichtlich ist es, dass die Küche mit Bergen von Geschirr, verkrustetem Ceranfeld und klebrigem Boden Lappen und Leder bitter nötig hat. Das Baby schreit nach körperlicher, die Küche nach reinigender Zuwendung.

Es ist sehr wahrscheinlich, dass sich ambitionierte Mütter wegen akuter Gewissensbisse hier entscheiden würden, das Kind zu erlösen und die Hausarbeit erst zu erledigen, wenn der Hosenmatz selig schlummert. Sie werden die kostbaren kindfreien Stunden am Abend opfern, um ihrem Kind Kummer und sich selbst Schuldgefühle zu ersparen. Ungeachtet dessen, dass sie die eigene Belastung damit erhöhen.

Die Küche in Ordnung zu bringen und sein Kind dafür eine Weile im Laufstall schreien zu lassen entspricht nicht dem vorherrschenden Bild einer guten Mutter. Das ist nicht erlaubt. Tun wir es trotzdem, werden wir mit nagenden Gewissensbissen bestraft. Gestattet wäre es nur, wenn es keine anderen Alternativen gäbe. Der Hausputz steht damit am untersten Ende der Prioritätenliste. Schließlich können wir auch nachts putzen. Obendrein fehlt ein weiterer Faktor, um das Gewissen zu besänftigen – ein starkes Gegenargument: Unumgängliche praktische Erfordernisse oder der Schutz von Leib und Leben, wie sie im zweiten Beispiel vorhanden sind.

Mit Baby beim Kinderarzt

Fällt der neugeborene Erdenbürger beim ersten Check der jungen Hüften im Kinderzimmer der Entbindungsstation durch, muss er nicht nur wochenlang eine sperrige Spreizhose tragen, sondern auch zu einer Kontrolluntersuchung beim Kinderarzt. Dort ist die Mutter in der höchst unbequemen Lage, das Schoßkind in eine unkomfortable Schale zu zwängen und für kurze Zeit entschieden festzuhalten, damit der Herr Doktor die winzige Hüfte auf dem Ultraschallmonitor begutachten und ein brauchbares Bild davon machen kann. Das ist wichtig, damit der kleine Mensch als Erwachsener von einer oder gar zwei künstlichen Hüften verschont bleibt. Gar nicht überraschend ist, dass der so Eingekeilte den tieferen Sinn der Lage nicht erkennt, die ganze Sache gar nicht toll findet und seinem Unbehagen in Form von markerschütterndem Gebrüll Ausdruck verleiht. Das Baby weint, die Mutter schwitzt und der Kinderarzt übt sich in Contenance.

Beispiel

Auch diese Mutter tut etwas, was ihrem Kind ganz und gar nicht passt. Doch sie wird von Schuldgefühlen verschont bleiben, denn sie ist in der privilegierten Lage, einen inneren Handel abzuschließen, der sie vor Gewissensbissen bewahrt. Das körperliche Wohlergehen des Kindes steht ganz oben auf der Prioritätenliste einer guten Mutter, persönlich wie gesellschaftlich. Daran gibt es nichts zu rütteln. Kaum eine Mutter wird an dieser Stelle Hemmungen oder Zweifel haben, ihr Kind fest zu fixieren. Der einen oder anderen mag aus Mitleid das Herz bluten oder der Schweiß in dünnen Rinnsalen über den Rücken laufen, gefühlte drei Prozent fallen vielleicht in Ohnmacht. Aber Reuegefühle werden bei den wenigsten aufkommen.

Beiden Situationen ist gemein, dass die Mutter etwas tut, für das sie gute Gründe hat und für das sie ihr Kind körperlich beschränken muss. Die Reaktion des Kindes ist immer dieselbe: Es wehrt sich gegen die Begrenzung, weil es sich in seiner freien Fortbewegung beschränkt fühlt. Das Erleben des Kindes ist in beiden Fällen also ähnlich. Trotzdem ist nur eine Mutter von Gewissensbissen geplagt. Das zeigt, dass es auf die Perspektive ankommt. Je nachdem, wie wir eine Situation bewerten, ist kindliche Frustration mehr oder weniger erlaubt, ganz unabhängig vom immer gleichen Erleben des Kindes. Es geht demnach nicht nur darum, dass die körperliche Einschränkung für das Kind unangenehm und behindernd ist. Es geht auch darum, inwieweit wir unser Handeln vor uns selbst rechtfertigen können.

Die Wahrheit liegt in der Mitte

Die ganze Sache gestaltet sich also nicht nur so schwierig, weil uns das Kind leidtut. Es ist schwer, eine Entscheidung zu unseren Gunsten zu fällen, weil uns strenge Vorstellungen von richtig und falsch lähmen. Dabei ist alles gut, was dem augenscheinlichen Kindeswohl dient, was die Kinder umsorgt und von unangenehmen Gefühlen abschirmt, und alles schlecht, was Kinder bekümmern oder bedrücken könnte. In unserem Kulturkreis gelten die Mütter als gute Mütter, die dafür sorgen, dass ihr Kind lacht und nicht weint, und dafür bereit sind, sich selbst völlig zurückzunehmen. Als schlechte Mütter gelten die, die ihren eigenen Stiefel durchziehen und ihren Kindern auf diese Weise emotional Schwieriges zumuten.

Solche Bewertungen werfen uns auf dem eigenen Weg immer wieder dicke Knüppel zwischen die Beine. Deshalb sollten wir sie einmal genauer unter die Lupe nehmen. Wollen wir unsere Schuldgefühle loswerden, sollten wir die handelsüblichen Vorstellungen von richtig und falsch in Frage stellen und nicht einfach hinnehmen. Schwarz-Weiß-Malerei macht uns das Leben nur unnötig schwer und ist nicht nur in der Erziehung fehl am Platze. Ab in die Mottenkiste damit!

Vieles ist schon angeklungen: Freiheit ohne Ende ist genauso wenig das Ei des Kolumbus wie Einengung und Beschneidung. Zu große Fürsorge ist nicht des Rätsels Lösung, von Kindern dem Alter angemessene Eigenständigkeit zu fordern noch lange keine Vernachlässigung. Mütter, die ihre Kinder im Dunkeln mit dem Fahrrad zum Chor fahren lassen, sind keine Rabenmütter. Mütter, die ihre Lieblinge von einem Termin zum nächsten karren, keine Engel. Sorglose Mütter, die das Mückenspray vergessen, sind keine schlechteren Mütter als die, die hinter jeder eigenen Unachtsamkeit her sind wie der Teufel hinter der armen Seele.

Nicht alles ist auf den ersten Blick so, wie es scheint. Bye-bye, Eindeutigkeit! Bei aller Sehnsucht nach Klarheit und Wahrheit, die Ambivalenz bleibt. Sicher ist nur, dass Extreme nie gut sind. Es ist die Ausgewogenheit, die gebraucht wird. Sein Kleinkind andauernd im Laufstall unterzubringen ist mit Sicherheit nicht gesund. Aber was passiert beim anderen Extrem, es niemals abzusetzen und einzugrenzen? Ist das wirklich die sinnvolle, die einzige Alternative?

Eine Mutter, die andauernd gefordert ist, ihre Bedürfnisse und Herzenswünsche zu unterdrücken, ist genötigt, mit sehr viel Aufwand und Verrenkungen, das eigene Leben um das Kind herumzubauen. Das kostet sehr viel Kraft und kann nur in der totalen Erschöpfung und in großer Unzufriedenheit enden. Ein Umstand, der sich mit Sicherheit nicht wohltuend auf die Mutter-Kind-Beziehung auswirkt. Räumen wir dagegen der nicht opferbereiten Mutter in uns einen angemessenen Platz im Erziehungsgeschehen ein und schrubben auch trotz kindlichem Protest die Küche, kann Bambino mit einer ausgeglicheneren Mama rechnen und macht erste Erfahrungen darin, mit Unlust und Spannung umzugehen.

Die Wahrheit liegt in der Mitte. Wie wir sie für uns und unser Kind finden, liegt allein bei uns. Die gelernten inneren Grenzen und Beschränkungen zu spüren ist dabei ein erster Schritt:

- Handle ich von Herzen oder ist mein Vorgehen von fremden Vorstellungen und Ansichten bestimmt? Klingt noch die letzte Lektüre der Elternzeitschrift nach?
- Fühle ich mich frei in meiner Entscheidung?

- Fürchte ich die Kritik von anderen Müttern, von meinem Mann, vom Kinderarzt?
- Welche Vorstellungen von richtig und falsch habe ich aus der eigenen Kindheit mitgebracht?
- Höre ich ein »Das darf man nicht«, wenn ich in mich hineinlausche?
- Ist meine Einschätzung des aktuellen Geschehens realistisch oder übertrieben?
- Hat mein Vorgehen nicht auch Vorteile für meine Kinder?
- Trügt der erste Anschein, können meine Kinder von meinem »egoistischen«, »nachlässigen« oder »harten« Handeln auch profitieren?
- Wo ist die Mitte für mich, das gute Maß für meine Familie?

Unsere persönliche Einschätzung liegt eben oft nicht in der Mitte. Genauso wie die öffentliche Meinung, die ebenfalls dazu neigt, Überbehütung und Überversorgung zu propagieren. Die vielfältigen Appelle und Idealvorstellungen setzen uns Müttern einen sehr engen Rahmen. Da bleibt wenig Spielraum für »erlaubte« Forderungen und Ansprüche an die Kinder. Machen wir uns jedoch bewusst, dass Extreme nie gut sind, können wir uns von der einseitigen, übertriebenen Überfürsorglichkeit lösen. Auf diese Weise sind wir auf dem Weg zur Mitte.

Vermeidungsstrategien sind keine Lösung

Eine letzte Unsicherheit bleibt. In vielen Alltagssituationen gibt es kein eindeutiges Richtig und Falsch. Mal ist das eine richtig, mal das andere, und oft bleibt es schlicht unklar, was genau das Beste nun ist. Die Unklarheit könnten wir eigentlich für uns nutzen, indem wir das Positive sehen. Stattdessen bewerten wir uns negativ und sehen in solchen Momenten nicht, was uns schon gelungen ist. Eine negative Selbstbewertung führt aber zu weiterer Verunsicherung und macht es uns beim nächsten Mal wieder schwieriger, eine klare Entscheidung zu treffen, denn die Furcht vor den nächsten Gewissensbissen ist groß. Auf diese Weise trübt die Angst vor dem schlechten Gewissen unseren Blick und hält uns davon ab, in der Versorgung unserer Kinder die Relationen zu wahren, indem wir dem kindlichen Entdeckergeist Raum geben oder auf unsere eigenen Ansprüche pochen. Um den gefürchteten Schuldgefühlen auszuweichen handeln wir im Zweifelsfall lieber gar nicht, gehen den Weg des geringsten Widerstandes oder entwickeln die tollsten Vermeidungsstrategien.

Autofahren mit Baby

Manche Mütter zittern vor jeder roten Ampel. Sie sind mit Wickelkindern unterwegs, die zur Beruhigung stundenlang durch die Gegend kutschiert werden müssen. Jeder Halt, so steht zu befürchten, könnte eine erneute Brüllattacke auslösen.

Andere Mütter fürchten sich schon vor der kleinsten Autofahrt. Sie haben eins der Kinder, die in ihrem ersten Lebensjahr nahezu allergisch aufs Autofahren reagieren. Sie schreien wie am Spieß, sobald sie angeschnallt werden, und hören erst wieder auf, wenn das Ziel erreicht ist. Solche Fahrten sind die reinste Tortur.

Das Brüllen stürzt alle Insassen in hilflose, blanke Verzweiflung. Selbst die, die hart im Nehmen sind, spüren spätestens nach 15 Minuten Dauerbeschallung auf der Autobahn, dass man als Mensch auch überhaupt nicht nette Seiten hat, die sich in solchen Extremsituationen in Form schlimmster Fantasien bemerkbar machen und auf die ich hier lieber nicht näher eingehen möchte. Weder Singen noch Radio, noch Tee, noch Schnuller, noch rote Ampelphasen können den kleinen Schreier beruhigen.

Beispiel

Die Wahrscheinlichkeit ist groß, dass Mütter, die unter keinen Umständen Fehler machen wollen, viel Energie darauf verwenden werden, dieser Konfliktsituation und damit auch ihren Schuldgefühlen auszuweichen. Sie werden mit großem Aufwand immer neue Strategien entwickeln: Sie werden Verabredungen mit lieben Freunden absagen. Sie werden Freunde und Verwandte bitten, dass sie in die Bresche springen und die Milch für den Abendbrei vom nächsten Supermarkt holen. Sie werden Besuche bei den Großeltern meiden, weil sie zu weit weg wohnen. Sie werden gar nicht mehr Auto fahren, stattdessen Bus und Bahn benutzen oder zu Fuß gehen.

Um Schuldgefühle zu umgehen, sind der Fantasie keine Grenzen gesetzt. So treiben die Vermeidungstechniken die seltsamsten Blüten. Doch lösen können wir das Problem damit nicht, denn das schlechte Gewissen lässt sich so leicht nicht überlisten. Es holt uns bei der nächsten kleinen Begebenheit wieder ein, und sei es bei läppischen Kleinigkeiten. Vermeidungsstrategien bringen uns in punkto Schuldgefühlen nicht weiter. Stattdessen engen uns diese Ausweichmanöver massiv in unserem Handeln ein und machen uns mehr und mehr unfrei. Die Gefahr ist groß, dass wir immer größere Kreise ziehen, um unseren Schuldgefühlen zu entgehen. Der Aufwand, die Umwege werden immer umständlicher und anstrengender. Das geht auf Kosten der Lebensqualität und frisst Energie. Und irgendwann hat auch die beste Freundin die Nase voll davon, für unser Baby den Kurierdienst zu machen.

Der Weg, der für uns die Lösung sein kann, ist nicht der Weg der Vermeidung, sondern der des Annehmens. Das klingt paradox, doch bei genauerem Hinschauen wird es deutlicher.

Schuldgefühle entstehen aus einer Haltung, die sich überhöhten Idealen verpflichtet sieht. Wir können uns nur lösen, wenn wir uns von diesen überhöhten Ansprüchen verabschieden, und das geht nur, wenn wir unsere Grenzen, unser Unvermögen und unsere eigenen Ansprüche anerkennen und akzeptieren. Trauen wir uns, folgende Sätze zu sagen:

Übersicht

- Ich weiß, dass du, mein Kind, Autofahren hasst, doch den Einkauf werde ich jetzt mit dir zusammen erledigen. Ich mache es, weil ich das jetzt tun möchte, auch wenn du das nicht toll findest.
- Es mag meine Kinder stören, aber ich gehe arbeiten, weil es mir wichtig ist.
- Dieser Weg ist für unsere Familie der bestmögliche. Er hat seinen Preis, doch jede andere Alternative hätte das auch.
- Es tut mir leid, dass ich das Mückenspray vergessen habe, aber auch ich mache Fehler.
- Ich bestimme das jetzt, ohne zu wissen, ob es richtig ist. Dafür trage ich die Konsequenzen.

Lassen wir solche Gedanken zu, werden wir immer besser anerkennen können, dass wir keine Übermutter sind. Das kommt auch den Kindern zugute. Denn mal Hand aufs Herz, wollen wir wirklich solch ein aufopferungsvolles und ängstliches Mutter- und Frauenbild unserem Kind fürs Leben mitgeben? Wollen wir unseren Kindern tatsächlich vorleben, dass man nur dann liebenswert und gut ist, wenn man zum Wohle anderer persönliche Ziele immerzu hintanstellt und eigene Bedürfnisse verleugnet? Sicher nicht.

Das wirksamste Mittel gegen Schuldgefühle ist das Annehmen der eigenen Persönlichkeit. Das ist notwendigerweise mit dem Abschied von unserem Mutterideal verbunden. Nehmen wir uns selbst mit unseren Unzulänglichkeiten an, dürfen wir darüber traurig sein, dass wir unseren Kindern nicht 100 Prozent bieten können – das gehört zum Abschied dazu. Und wir können darüber traurig sein, dass uns mehr nicht möglich ist.

Wenn wir uns die Traurigkeit gestatten, können wir auch freundlicher mit uns selbst umgehen, mit der Mutter, die wir wirklich sind. Das entzaubert und entlastet zugleich, denn wir werden innerlich auf ein Normalmaß schrumpfen. Doch das ist ein Grund zur Freude. Denn wenn das passiert, werden sich auch unsere Schuldgefühle verabschieden.

Von Mutter zu Mutter

Solidarität unter Frauen macht vieles leichter. Pflegen Sie Kontakte mit Müttern, die ihrerseits Entlastung suchen und dafür bereit sind, sich von starren, einseitigen Vorstellungen zu lösen und zu ihren Fehlern zu stehen. Machen Sie um die anderen ruhig einen großen Bogen, wenn Ihnen nicht nach Konfrontation oder Verunsicherung zumute ist.

Emanzipation für Mama und Papa: Erziehung teilen

Immer noch herrscht ein Ungleichgewicht in der Kinderbetreuung. Es mangelt weiterhin an institutionellen, bezahlbaren Betreuungsmöglichkeiten, die nicht nur berufstätige Mütter dringend brauchen, und auch das soziale Umfeld bietet kaum Aussicht auf Entlastung. Die hilfsbereite, kinderliebe Seniorin wohnt immer woanders, nur nicht in der Nachbarschaft. Babysitter werden heute fast wie Spezialisten vergütet. Spielgruppen, Kindersport- und Kinderfreizeitveranstaltungen sind so organisiert, dass immer auch Mütter anwesend sein müssen.

Und die Familie? Das familiäre Gefüge ist oft durch räumliche oder emotionale Distanz so ausgedünnt wie einheimische Wälder. Nur wenige können noch auf Oma, Opa oder Tante zurückgreifen. Ältere Brüder und Schwestern, die man heranziehen könnte, fehlen auch mancherorts. Interessanterweise stellen gut funktionierende Patchwork-Familien mit der erheblichen Erweiterung des familiären Personenkreises hier wesensverwandte Strukturen alter Familienkomplexe her und eröffnen vielversprechende neue Perspektiven. So hat selbst der Scheidungsboom noch seine Verdienste.

Es bleiben also die Väter, um Betreuungsstress zu reduzieren. So trifft man immer öfter in Supermärkten auf Väter, die sich die Haare raufen und die vom Filius in den Wagen gelegte Schokolade zum vierten Mal zurückbringen. Und sonntags um elf wimmelt es nur so von neuen Testosteronträgern im pipiwarmen Babybecken des städtischen Schwimmbades – ein Happening für Singlefrauen.

Doch heißt das auch, dass Väter mehr Verantwortung übernehmen? Nein. Es gibt inzwischen zwar scharenweise Väter, die viel mit ihren Kindern unternehmen. Viele von ihnen haben in den Kernfragen der

Erziehung trotzdem nicht viel mitzureden – übrigens unabhängig davon, ob die Gattin berufstätig ist oder nicht. Das liegt daran, dass wir einen unausgesprochenen und ziemlich unbewussten Pakt mit unseren Männern geschlossen haben: Die Vertragsbedingungen sehen vor, dass die Mutter in Kern-Kinderfragen das Sagen hat. Dafür lässt Mama den Papa in Ruhe mit den Kindern spielen. Aus diesem Deal ergeben sich für beide Vertragspartner Vor- und Nachteile. Das Gute ist, dass wir bestimmen dürfen, das Schlechte, dass wir zu Hause nicht nur die ganze Arbeit, sondern auch die ganze Verantwortung haben. Das Gute für die Väter ist, dass sie sich verdrücken können – das gilt für bedeutungsvolle Arbeiten und Verantwortung –, das Schlechte, dass sie als Hilfsarbeiter vorwiegend schleppen müssen. Und zu schleppen gibt es so einiges, sobald man eine Familie gegründet hat: Windelkartons, Berge von Einkaufstüten, Kinderwagen, Reisebettchen... Auf diese Weise übernehmen die Väter zumindest symbolisch einen Teil der Bürde.

Außerdem dürfen Väter schieben. Fast alle Mütter lassen da Großzügigkeit walten und lassen den Papa den Kinderwagen, später den Buggy, das Dreirad und noch später das Fahrrad schieben. Das gibt den Vätern Sicherheit, denn Kutschieren und Lenken kennen sie vom Autofahren. Das Steuern der Familienkutsche ist eine der letzten uneingenommenen Hochburgen des Patriarchats, an der man als emanzipierte Frau klugerweise nicht rütteln sollte. Wenn es ums Fahrradfahren geht, sieht die Sache schon wieder ganz anders aus. Der Kindersitz ist meist auf Mamas Fahrrad.

Dafür dürfen unsere persönlichen Hilfskräfte die Kinder zum Kindergarten bringen. Ergeben sich vor Ort allerdings komplizierte Fragestellungen (wie geht man mit dem in der Kita grassierenden Magen-Darm-Virus um?), darf der Herr Papa keinesfalls eigenverantwortlich vorgehen, sondern muss ordnungsgemäß erstmal die Chefin anfunken. Muss man als Mutter generell alleine für die Folgen einer Ansteckung geradestehen, ist die Sache durchaus nachvollziehbar und verständlich. Es ist wahrlich kein Vergnügen, ständig zum Kinderarzt zu gurken und ungezählte Nächte mit dem kleinen Liebling auf dem Klo durchzumachen.

»Ich bin eine gute Mutter!«

Viele Väter trösten sich mit der Rolle des Zuarbeiters, um auf diese Art und Weise ein paar Brotkrumen von der Erziehungsverantwortung abzukriegen. Brotkrumen sind nicht gerade viel und machen Väter nicht satt. Das erklärt vielleicht das mysteriöse Phänomen, dass Väter ohne echte Erziehungsverantwortung immer Reste hinterlassen. Zuarbeitende Väterexemplare wickeln ihre Kinder, doch die vollgeladenen Windeln liegen noch den ganzen Nachmittag auf dem Wickeltisch herum – eine zum Himmel stinkende Angelegenheit. Baden Väter ohne Zeichnungsbefugnis mit ihren Kindern, ist das ein Spaß für alle Beteiligten, nur nicht für Mütter, denn die durchweichten Klamotten auf den nassen Fliesen, die Ränder in der Badewanne und das Lüften danach ist unser Job. Gern übernimmt Papa hin und wieder den Kinderarztbesuch, doch als ob das schon Engagement genug wäre und das Soll damit erfüllt, vergisst er garantiert, den Termin für die zweite Tetanusimpfung auszumachen. Das heißt für uns: nachfragen, ärgern und den Kinderarzt selbst anrufen.

Auf wundersame Weise finden wir uns plötzlich in der Rolle des Hilfsarbeiters wieder. Wir räumen, telefonieren und putzen hinter unseren Männern her. Und wir kontrollieren sie. Tun wir das nicht, können wir doch gleich alles selber machen.

Hilfskraft sein ist kein schöner Job, auch nicht für Väter. So betrachtet, kann das »Restephänomen« als subtiler Protest gegen das drakonische Matriarchat verstanden werden, bei dem die Männer mit subtilen Methoden den Spieß einfach umdrehen. Der mannhafte Widerstand gegen weibliche Bevormundung äußert sich bei einer besonderen Sorte Mann sehr offensiv – im direkten und unübersehbaren Steuern (Steuern können sie ja) gegen den mütterlichen Kurs und gegen weibliche Kontrolle. Die Männer nehmen mehr oder weniger bewusst den Gegenpart ein. Eine Variante, die nicht gerade wenig Beziehungssprengstoff bietet, denn sie ist auch trotzige Antwort auf mütterliche Überkontrolle.

Um sich dem weiblichen Würgegriff zu entziehen, greifen unsere Männer auf drastische Methoden zurück. Machen sie eine Spazierfahrt zum Tierpark, lassen sie grundsätzlich das von uns liebevoll bereitete Picknick samt Trinkflasche für den Kleinen in der Küche zurück. Das von den Kindern sehnlichst erwartete herbstliche Pilzesammeln mit dem Familienoberhaupt findet aus Prinzip ohne Pilzfachbuch statt. Und der Mann ist kein Kenner! Gönnt sich Mama ausnahmsweise einen freien Abend, sind die Kinder in Jubelstimmung, denn Zähneputzen fällt heute aus. Die Großen frohlocken, wenn Papa zu Hause und Mama unterwegs ist, denn jetzt geht Fahrrad fahren ohne Helm und Saft trinken aus der Flasche. Außerdem ist niemand mehr da, der nach Hausschuhen verlangt. Hausschuhe sind – ungeachtet kalter Steinböden im Winter – für Väter ein Fremdwort.

Geteiltes Leid ist halbes Leid

Dank unserer stillschweigenden Abmachung sind beide Parteien nicht glücklich. Wir Mütter finden es gar nicht lustig, ständig die Rolle des Buhmanns und Nörglers übernehmen zu müssen und dabei immer noch auf einem Berg Arbeit und Verantwortung sitzen zu bleiben. Die Väter können den Handel nicht so recht genießen, weil sie sich gegängelt und bevormundet fühlen. Wer ist schon gerne Hilfsarbeiter?

Wir sollten deshalb darüber nachdenken, ob wir den Vertrag nicht lösen und neu verhandeln, um auch in Sachen Erziehung eine Gleichberechtigung herzustellen. Ohne eine konstruktive Auseinandersetzung wird das jedoch nichts werden, aber schließlich gehört zum guten Gelingen einer Partnerschaft eben auch Beziehungsarbeit.

Geht man davon aus, dass der eine von etwas zu viel und der andere davon zu wenig hat, muss einer etwas abgeben, um eine gleichmäßige Verteilung herzustellen. Mit anderen Worten: Wir müssen nicht nur einen Teil der Arbeit, sondern auch die Verantwortung neu aufteilen. Das bedeutet, dass wir Mütter auf Einfluss verzichten und uns darauf gefasst machen müssen, dass sich in uns das eine oder andere Gefühl der Ohnmacht melden wird. Denn abgeben heißt: wirklich abgeben, mit allen Konsequenzen! Jetzt ist wieder Loslassen gefordert, und das ist nicht immer leicht, denn es bedeutet Abschied von bisherigen Lebensvorstellungen und lieb gewonnenen Gewohnheiten.

Wir geben damit auch Bereiche auf, in denen wir bislang frei schalten und walten konnten, die aber jetzt auch nicht mehr unsere ganze Aufmerksamkeit in Anspruch nehmen. Bye-bye, Kontrolle! Das morgendliche Einkleiden unserer Lieblinge jetzt dem Vater zu überlassen könnte schon gleich eine Prüfung für uns sein, ob es uns gelingt, über unseren Schatten zu springen. Den in der Erziehung gleichberechtigten Vater erkennt man nämlich oft an seinem kleinen, ungekämmten Sohn, der im schönsten Sonnenschein in froschgrünen Gummistiefeln zur Tagesmutter gebracht wird und vom Papa ein feuerrotes Käppchen behutsam aufgesetzt bekommt, obwohl das Kerlchen ganz in hellen Blautönen gewandet ist.

Wer dem Vater das häusliche Schlachtfeld überlässt, bekommt es, außer mit haarsträubenden Kleiderkombinationen, sicher noch mit anderen einschneidenden Änderungen zu tun. Das über Jahre etablierte Einräum- und Ordnungssystem wird von männlicher Hand kurzerhand auf den Kopf gestellt, und das große Suchen beginnt. Das gute Tafelsilber gesellt sich zum Küchengerät, die Gläser stehen plötzlich bei den Tassen, im Geschirrspüler findet man nun erstaunliche Dinge wie Babyflaschensauger und Schnuller und vielleicht sogar zwischen verkeilten Tellern eingeklemmte Käserinden.

Der Preis für eine gleichberechtigte Erziehung ist trotz allem nicht zu hoch, denn der mögliche Frust wird allemal kompensiert durch das gemeinsame Schultern von Verantwortung, schwierigen Erfahrungen und Problemen. Es ist von ungleich größerer Bedeutung, dass der Vater seinen Aufgaben so nachkommt, wie er es für richtig hält, als dass er es so macht, wie wir es für richtig hielten. Wenn der Vater entscheidet, dass Sohnemann trotz Bauchweh in die Schule geht, und die Mutter das, obwohl sie anderer Meinung ist, akzeptiert, ist viel gewonnen. Die Elternebene ist gewahrt, das Kind erlebt, dass es die Eltern nicht spalten kann. Die Paarbeziehung wird gestärkt und die Mutter kann sich entspannen. Sind wir allein mit der Verantwortung, sind wir auch allein mit den Sorgen. Überlassen wir den Vätern einen Teil der Verantwortung, überlassen wir ihnen auch die dazugehörigen Ängste und Sorgen. Wie sagt man so schön: Geteiltes Leid ist halbes Leid. Wer sorgloser erziehen will, muss Zuständigkeitsbereiche abgeben.

Die eigene Bewegung bringt den Wandel

Gleichberechtigte Erziehung funktioniert natürlich nur, wenn beide mitmachen. Haben wir uns überwunden und geben Aufgaben und deren Kontrolle ab, muss einer da sein, der übernimmt. Haben es sich die Väter in der Hilfsarbeiterrolle hübsch gemütlich gemacht, sind sie unter Umständen nicht bereit für eine neue Regelung. Da lohnt es sich, der männlichen Einsicht etwas nachzuhelfen. Natürlich nicht mit barschen Instruktionen. Spätestens nach dem dritten Hochzeitstag hat sich noch bei jeder von uns die Erkenntnis durchgesetzt, dass man den Partner weder durch gutes Zureden noch durch heftigste Vorwürfe ändern kann. Sind wir unzufrieden mit dem Erziehungsarrangement, können wir nur etwas bewegen, wenn wir bei uns selbst ansetzen. Mit »Mach du!« kommen wir nicht weiter, dafür mit »Jetzt mache ich!«. Oder besser gesagt: »Jetzt mache ich nicht mehr!«

Nirgendwo steht geschrieben, dass wir Frauen uns selbst ausbeuten sollen. Also, los geht's! Benötigen die verwöhnten Männer jeden Tag ein frisch gebügeltes Hemd, wird dieser Service kurzerhand von den Damen der Schöpfung eingestellt. Haben sie es gerne hübsch und ordentlich, wird der Esstisch nicht abgeräumt, bis der Gatte geneigt ist, sich daran zu beteiligen. Das ist alles andere als einfach, besonders dann, wenn man selbst Ordnung über alles schätzt. Doch nur durch die eigene Abgrenzung können wir wirklich etwas bewirken. Zu signalisieren: »Ich bin nicht mehr bereit, den ganzen Kram hier alleine zu machen!« ist bei widerspenstigen Vätern unsere einzige Möglichkeit, Veränderungen anzustoßen.

Familien sind wie Mobiles, bei dem jeder mit jedem verbunden ist. Bewegt sich ein Mitglied des Systems, sehen sich die anderen veranlasst, darauf zu reagieren, und werden sich auch bewegen. Auf diese Weise kommt die ganze Familie in Bewegung. Wollen wir etwas verändern, müssen wir also bei uns selbst anfangen und unseren alten Platz verlassen. Damit geben wir eine lang eingespielte Ordnung auf und auch eine gewisse Stabilität. Das macht es schwer.

Der Verlust des alten Gleichgewichts zeigt sich primär als offener Konflikt. Streiten gehört in der Regel nicht zu dem, was wir gerne machen. Ist das Problem jedoch auf dem Tisch und wird nicht unter den Teppich gekehrt, besteht die Chance, es gemeinsam zu lösen und zu einem neuen, besseren Gleichgewicht zu kommen, in dem jeder einen anderen Platz einnimmt und sich mit neuen Aufgaben beschäftigt.

Übersetzt auf unser Problem kann das Verlassen des alten Platzes so aussehen, dass wir der gütlichen Einigung erst mal den Vorzug geben und den Versuch starten, unseren Mann mittels aufrichtiger Aussprache zu Veränderungen zu motivieren. Bedürfnisse und die eigene Not rückhaltlos anzusprechen und den Wunsch nach Unterstützung klar zu äußern kann schon viel bewirken. Am besten wartet man nicht zu lange damit. Kocht man innerlich schon vor Wut, weil der werte Gatte keinen Finger rührt, ist es zu spät, dann hilft nur noch loslassen und sich auch aufs warme Sofa setzen. Kurvt das Produkt unserer Liebe dann um die Wohnzimmerecke und fordert sein Abendbrot ein, bleibt nicht nur Väterchen, sondern auch Mütterchen – entgegen ihrer Gewohnheit – sitzen. Eine ganz neue Erfahrung für alle Beteiligten: Mutter geht in den Sitzstreik!

Der Konflikt ist nun für alle Beteiligten spürbar. Jetzt kann neu verhandelt werden. Und wir können sicher sein, der Vater wird das Kind nicht verhungern lassen. Sicher ist es schwierig. Nicht nur die Sorge, das Kind könne kein Abendessen bekommen, lässt uns vor dieser Vorgehensweise zurückschrecken. Auch die Auffassung, Kinder dürften von solchen Konflikten nichts mitbekommen oder gar direkt betroffen sein, macht die Sache heikel. Dahinter steckt die Vorstellung, man könne für Kinder Konflikte unsichtbar machen, solange man sich nichts anmerken lässt. Diese Annahme ist aber falsch. Eine Mutter, die voller Ärger über den untätigen Vater das Essen anrichtet, um ihr Kind aus der ganzen Sache herauszuhalten, wird trotzdem Verärgerungssignale aussenden. Bleiben die unbenannt im Raum stehen, besteht die Gefahr, dass das Kind den Ärger auf sich bezieht, und ist gleichzeitig der Möglichkeit beraubt, das beunruhigende Gefühl zur Sprache zu bringen. In diesem Falle ist der offene Konflikt zwischen den Eltern das kleinere Übel – wenn auch keine Dauerlösung. Lässt sich der Mann weder durch Aussprache noch durch klare Abgrenzung zum Umdenken bewegen, gibt es immer noch Paartherapeuten.

Der neue Deal

Aber vielleicht haben wir auch mehr Glück und sind mit Vätern unserer Kinder gesegnet, die nur darauf warten, mehr Erziehungsverantwortung zu übernehmen, vielleicht sogar mehr als wir Mütter. Das ist in unserer weiblich geprägten Erziehungslandschaft dann ein wahrer Glücksfall, vor allem für die Jungen.

Es ist zwar schwieriger, wenn der Vater aufgrund beruflicher Verpflichtungen einen Großteil der Zeit eben abwesend ist, da die vielen, kleinen Entscheidungen dann doch wieder von der Mutter getragen werden müssen. Dieses Ungleichgewicht lässt sich aber durch gute Absprachen, die starke Einbindung des Vaters in weitreichende Entscheidungen und durch väterlichen Intensiveinsatz in arbeitsfreien Zeiten kompensieren. Der Handel könnte folgendermaßen aussehen: Unter der Woche ist die Mutter mit Entscheiden dran, an den Wochenenden der Vater. Mit einer symbolischen Geste lässt sich dieser Machtwechsel offiziell und vor allem für alle sichtbar und fühlbar machen. So kann am Samstagmorgen die Mutter dem Vater, im Beisein der Kinder (Kinder lieben Symbole!), einen Teddy oder eine Puppe, als Symbol der Erziehungsverantwortung, zur Amtsübergabe feierlich überreichen. Eine wirkungsvolle Sache!

Vertrauen wir auf den »starken« Mann und geben die Erziehungsmacht mal beherzt ab, birgt das die Chance, dass sich rigide Aufteilungen (Vater ist fürs Lockersehen verantwortlich, Mutter für Kontrolle) auflösen und beide Eltern Fürsorge und Grenzsetzung übernehmen. Diese neue Abstimmung geht zwar in der Regel nicht ohne hitzige Diskussionen ab, ausprobieren lohnt sich aber, denn das Ergebnis ist mit etwas Glück fantastisch! Da die Notwendigkeit des männlichen Gegensteuerns entfällt und die Väter nun auch aktive Hüter ihrer Kinder sind, bleibt uns die Weinprobe für den Sechsjährigen im Gartenlokal erspart, genauso wie unangeschnallte Vierjährige. Unter Umständen können wir sogar erleben, dass der Papa plötzlich in die treu sorgende Rolle schlüpft und nicht Mama, sondern ihm fällt auf, dass der Zwerg sich irgendwie heiß anfühlt und man Kindergartenkindern keinen Bärentraubenblättertee geben darf.

Steht man samt Kleinkind dicht vor der Mikrowelle, ertönen nun väterliche Warnschreie, die Strahlung wäre ungesund, und beim Spaziergang ist es der Superpapa und nicht die Supermama, der wegen des scharfen Windes nach dem Mützchen kramt. Diese Verwandlung des sonst so coolen Mannes ist ein Spaß, den man sich nicht entgehen lassen sollte.

Und selbst wenn aus dem Papa kein Superpapa wird, überleben die Kinder einen Tag mit ihrem Vater auch ohne Hausschuhe und mit greller Kostümierung und trotz abgelaufenem Frischkäse, randvoller Windel und ohne permanente Kontrolle der Flüssigkeitszufuhr. Wir stellen verwundert fest: Die Kinder werden nicht öfter krank als vorher. Und wir können in punkto Gelassenheit und Pflichtvergessenheit bei unseren Männern tatsächlich noch etwas lernen.

Väter in mütterliches Hoheitsgebiet eindringen zu lassen kann wie Weihnachten und Ostern zusammen sein, denn es schafft wirkliche Entlastung. Wir fühlen uns besser und haben mehr Zeit. Gesetzt den Fall, die Männer sind willig, ihren Teil der Erziehungsverantwortung zu tragen, und bereit, die mütterliche Leistung voll anzuerkennen und wertzuschätzen. Die Unterschiede zwischen weiblicher und männlicher Herangehensweise zu erleben steht rigiden Lebensformen entgegen und eröffnet den Kindern vielseitige Spiel- und Entwicklungsräume. Kinder nehmen aus dem gleichberechtigten Arrangement die Erfahrung mit, dass man es so oder eben auch anders machen kann, und dass die Welt nicht schwarz-weiß, sondern bunt ist.

Von Mutter zu Mutter

Die innere Zufriedenheit beider Partner mit dem gefundenen Arrangement ist wichtiger als eine objektiv genaue Aufteilung der Aufgaben oder die Bewertung durch das äußere Umfeld.

Das Zauberwort heißt Distanz

Wir haben bis hierhin gesehen, immer wieder geht es ums Loslassen, wenn es um Lösungsschritte geht. Seine Kinder loszulassen bedeutet nichts anderes, als sich in den unterschiedlichen Situationen immer wieder von ihnen zu trennen, und genau das fällt uns Müttern so schwer. Denn die pädagogischen Werte, die wir hochhalten, dienen größtenteils dazu, unsere Kinder zu binden und eben nicht, sie von uns zu lösen. Verständnis, Empathie, Umsorgen und Behüten – das alles sind Werte, die propagiert werden und von uns bindende Eigenschaften fordern. Es sind die Eigenschaften der guten Königin. So unerlässlich diese Qualitäten sind, so wichtig ist ein Gegengewicht, denn das Bindende allein hält unsere Kinder klein. Kindern Grenzen zu setzen, von ihnen Eigenständigkeit zu fordern, ihnen Verantwortung zu übertragen und sie Schwieriges aushalten und durchstehen zu lassen bedingt immer wieder auch Trennungen, die ihnen den Weg zu Autonomie und Freiheit ermöglichen. Das, was die Kinder selbst erfahren dürfen, macht sie groß und lebenstüchtig.

Trennung ist schwer. Davon zeugt die gekürzte Version des wohlbekannten Kinderliedes *Hänschen klein*. Tatsächlich gibt es von der alten Volksweise aus dem 19. Jahrhundert zwei Versionen, ein Original und eine Kurzfassung, deren Gegenüberstellung beim Thema »Trennung« recht aufschlussreich ist.

Zunächst die lange Version, das Original:

Hänschen klein geht allein
in die weite Welt hinein,
Stock und Hut steh'n ihm gut,
ist ganz wohlgemut.

Aber Mutter weinet sehr,
hat ja nun kein Hänschen mehr.
Wünsch dir Glück, sagt ihr Blick,
kehr nur bald zurück!
Sieben Jahr, trüb und klar,
Hänschen in der Fremde war.
Da besinnt sich das Kind,
eilet heim geschwind.
Doch nun ist's kein Hänschen mehr,
nein, ein großer Hans ist er,
braun gebrannt Stirn und Hand.
Wird er wohl erkannt?
Eins, zwei, drei, gehen vorbei,
wissen nicht, wer das wohl sei.
Schwester spricht: »Welch Gesicht!«,
kennt den Bruder nicht.
Doch da kommt sein Mütterlein,
schaut ihm kaum ins Aug' hinein,
spricht sie schon: »Hans, mein Sohn!
Grüß dich Gott, mein Sohn!«

Ein Lehrer namens Franz Wiedemann hat sich *Hänschen klein* ausgedacht, und tatsächlich ist das kleine Lied vollgepackt mit all dem, was Erziehung ausmacht. Es erzählt uns von der Entwicklung des Hänschens zum großen Hans. Beim näheren Hinschauen sehen wir ein vertrauensvolles Kind, das mutig und in bester Stimmung in die Welt zieht. Sein Rüstzeug hat er dabei, einen Hut, der ihn schützt und auch etwas größer macht, als er ist. Eine gehörige Portion Mut und Fantasie braucht jeder, der sich in die große, weite Welt hinaustraut. Und dann hat das kleine Hänschen noch einen Stock, der ihn stützt und notfalls auch zur Waffe taugt. Wir sehen, dieser Junge hat alles von zu Hause mitbekommen, was er zum Leben braucht. Trotzdem weint die Mutter. Ihren kleinen Sohn ziehen zu lassen macht sie traurig. Ungeachtet ihres Schmerzes lässt sie ihn gehen, nicht ohne ihm Glück zu wünschen und ihn zu ermutigen.

Hänschen erlebt auf seinem Weg trübe und klare sieben Jahre, der Entwicklungsweg des Kindes in die Eigenständigkeit ist nicht immer einfach, bringt schöne und schwere Zeiten. Doch am Ende geschieht die Verwandlung: Aus einem kleinen Hänschen wird ein großer, sehr veränderter, braun gebrannter Hans, dem man das Leben ansieht, den niemand wiedererkennt, nicht einmal die eigene Schwester. Die Mutter braucht ihm aber nur »ins Aug'« zu schauen, und sogleich erkennt sie ihren Sohn und bemerkt seine Reifung. Er ist nicht mehr ihr Hänschen, sondern »Hans, mein Sohn«. In den letzten beiden Zeilen des Liedes steckt das, was die veränderte Beziehung zwischen Mutter und Sohn ausmacht. Eine tiefe Verbindung ist geblieben, doch die innere Trennung ist vollzogen und unumkehrbar.

In der gekürzten Version verläuft die Entwicklung ganz anders:

Hänschen klein geht allein
in die weite Welt hinein,
Stock und Hut steh'n ihm gut,
ist ganz wohlgemut.
Aber Mutter weinet sehr,
hat ja nun kein Hänschen mehr.
Da besinnt sich das Kind,
eilet heim geschwind.

Das Kind besinnt sich, es kehrt um, zurück zur Mutter. Warum es dies tut, darüber lässt sich nur spekulieren. Es macht jedoch ganz den Eindruck, dass dieses Hänschen seine Mutter nicht allein lassen kann, da es sie nicht unglücklich machen darf. Dem Jungen fehlt das Zutrauen, dass die Mutter die Trennung vom Sohn verkraften wird. Er kann sich nicht lösen, weil ihm die vertrauensvolle Rückendeckung fehlt. Man muss kein Psychologe sein, um zu sehen, dass hier etwas gründlich schiefläuft. Die Entwicklung stagniert, der Prozess kann nicht weitergehen. Aus dem Hänschen wird kein großer Hans, und die Mutter bleibt ihrer alten Rolle verhaftet. Was dabei herauskommt, veranschaulichen alternde Junggesellen auf plakative Weise. Männern, die mit Ende 30 noch nicht auf eigenen Füßen stehen und sich im »Hotel Mama« bekochen und ihre Wäsche waschen lassen, ist es wie dem zweiten Hänschen ergangen: Sie hatten keine Chance, zu wachsen und groß zu werden.

Wir laufen Gefahr, der gekürzten Version zu entsprechen und unsere Kinder klein zu halten, da die bindenden Faktoren in unserer Erziehung dominant sind.

Von Anfang an geben wir unseren Kindern Hilfestellung bei Trennungsschritten, seien sie auch noch so klein, indem wir auf das Kommende verweisen. Wir zeigen den Kleinsten schon früh, dass es sich lohnt, etwas Vertrautes zu verlassen, weil in der Zukunft schon etwas anderes wartet: Schmerzt der Abschied von den Tieren nach der Ziegenfütterung, verweisen wir auf den Spielplatz, den wir gleich besuchen werden. Müssen wir uns auch dort verabschieden, locken wir mit den leckeren Würstchen, die zu Hause beim Abendbrot auf uns warten.

Seine Kinder in die Welt zu entlassen geschieht nicht unmittelbar, sondern ist ein langsamer und in Zyklen verlaufender Prozess, innerlich wie äußerlich. Eine zentrale Ablösungssituation lässt sich beim ersten Schulweg ausmachen. Irgendwann kommt jede Mutter in die Lage, entscheiden zu müssen, ob sie ihren ABC-Schützen allein zur Schule schickt oder ihn weiterhin begleitet. Wie sie sich entschließen wird, hängt nicht in erster Linie von den Gefahren des Straßenverkehrs ab, sondern davon, ob sich das Vertrauen oder die Trennungsangst durchsetzt.

Der Trick, dem Kind und sich selbst das Lebewohl zu erleichtern, indem man auf das Kommende verweist, für das es sich lohnt, den Schritt zu wagen, funktioniert in diesem Fall nämlich nicht. Jetzt muss ohne Netz gearbeitet werden, denn das Neue, die Früchte der Selbstständigkeit – zufriedene, selbstbewusste und eigenständige Kinder – wird man erst ernten, wenn man seine Kinder alleine losgeschickt hat, und sie jedes Mal wohlbehalten wieder zu Hause ankommen. Dann wächst Tag für Tag das mütterliche Vertrauen in das Kind und in die Welt und auch das Selbstvertrauen des Kindes.

Sich von seinen Kindern zu lösen und ihnen die Ablösung zu gewähren verlangt also eine ordentliche Portion Beherztheit und Zuversicht. Und weh tut es auch. Doch die zweite Version von *Hänschen klein* zeigt: Darauf verzichten lässt sich nicht. Denn fehlende Trennungsschritte bedeuten immer eine Behinderung der Entwicklung des Kindes und der Mutter.

Renitenz: Ein kindlicher Abgrenzungsversuch

Wir sind zu dicht dran an unseren lieben »Kleinen«. Das macht sich im Verhalten der Kinder und im mütterlichen Erleben bemerkbar. Wir erfahren nicht, wie es mit dem zweiten Hänschen und seiner Mutter nun weitergeht, aber wir können sicher sein, dieses Hänschen bleibt weiter unter Entwicklungsdruck und wird sich auf die Suche nach alternativen Wegen machen, um etwas Luft zwischen sich und seine bindende Mutter zu bringen. Und das wird eine konfliktreiche Angelegenheit. Überversorgte Kinder tun nämlich einiges, um sich ihren Freiraum zu erkämpfen. Gerne machen sie sich am entscheidenden Punkt zu schaffen, unserer Fürsorglichkeit. Insbesondere in Situationen, die uns lieb und teuer sind, machen uns überversorgte Kinder gerne einen Strich durch die Rechnung.

Zu stark gebundene Kinder widersetzen sich, um ihre fragile Eigenständigkeit zu behaupten. Deshalb torpedieren sie mit Vorliebe mütterliche Fürsorge und machen sich rein gar nichts aus vollwertiger Nahrung, die ihren Müttern so wichtig ist. Pausen-Vollkornbrote mitsamt Lieblingskäse darauf kommen grundsätzlich einmal angebissen in der Brotdose zurück, wenn sie nicht schon vorher vom Mülleimer des Schulhofes verschluckt wurden. Die von der Bundeszentrale für gesundheitliche Aufklärung empfohlenen Bio-Fleischwurstspieße mit Roggenbrotwürfeln und Gurken- und Paprikastückchen sorgen sage und schreibe acht Tage lang für Abwechslung und werden tatsächlich auch gegessen. Danach werden auch sie nicht mehr geduldet. Und wie sich hinterher herausstellt, hat der Kumpel, der in der Schule immer nur Schokolade isst, im Tausch kräftig mitgefuttert – beim eigenen Kind aß dann nur noch das Auge. Das Müsli, liebevoll arrangiert, nebst abgefüllter Ökomilch, bringt es auf gerade mal vier Ausflüge im Schulranzen. Äpfel, Bananen und Birnen haben von vornherein keine Chance, und selbst die zuckersüßen Minitrauben bleiben spätestens am dritten Tag unangenehm klebrig in der Box zurück. Die kleinen Kostverächter vorsorgen sich jetzt selbst: mit Eis und quietschbunten Gummibärchen vom Kiosk.

Ab der dritten Klasse verweigern sie nicht nur die Pausenbrote.

Nein, sie begeistern sich im Schuhladen für scheußliche Plateauturnschuhe und lassen die von uns auserkorenen Designerboots links liegen. An Heiligabend erscheinen sie in ihrem besten Stück im Wohnzimmer: dem hellblauen Polyesteranzug ihres Lieblingsfußballvereins. Das spottet jeder geschmackvollen Erziehung. Statt der supercoolen langen Haare, die wir so lieben, bevorzugen sie von jetzt an einen zackigen Militaryschnitt mit ausrasiertem Nacken wie ihr Intimus, den wir samt verkorkstem Haarschnitt noch nie leiden konnten.

Das kann einem ganz schön auf die Nerven gehen. Und es können daraus erbitterte Kämpfe entstehen. Wenden wir nämlich weiterhin alle Tricks und Kniffe an, um unserem Liebling weiterhin ein hohes Maß an liebevollen Gaben, die wir für ihn auserkoren haben, zukommen zu lassen, rücken wir unserem Kind nur noch weiter auf die Pelle. Was bleibt vitalen Kindern anderes übrig, als noch eins draufzulegen und sich zu so einem richtigen Scheusal zu entpuppen, das niemand in seiner Nähe haben möchte?

Die Nähe-Distanz-Gesetze gelten auch zwischen Müttern und ihren Kindern. Wer Nähe fordert, wo Distanz gewünscht ist, wird durch verstärktes Näherkommen nur mehr Distanz ernten. Da gibt es nur eins, was wir tun können: Aufgeben und uns selbst rarmachen. Dann hat unser Kind wieder mehr Platz und kann seinerseits Nähe suchen, wenn ihm danach ist.

Zur Mutterliebe gehören Nähe und Distanz

Die innere Trennung von den Kindern ist ein ganz natürlicher Prozess, der so alt ist wie die Menschheit selbst. Doch er wird heute erschwert, da die bindenden Eigenschaften einer Mutter hoch im Kurs stehen und der Fokus im Erziehungsgeschehen hauptsächlich auf dem äußeren Schutz des Kindes liegt. Hinzu kommt, dass in unserer Kultur Nähe großgeschrieben wird. Große Nähe wird gerne mit großer Liebe gleichgesetzt. Um den Wertvorstellungen zu entsprechen, sollten wir als ideale, liebende Mutter deshalb tunlichst immer nah, immer greifbar und zugewandt sein. Eine Mutter, die sich ihren Kindern gegenüber abgrenzt, die Unterschiede deutlich macht und sich auch um eigene Belange kümmert, will nicht so recht in dieses harmonische und sanfte Bild einer guten Mutter passen.

In dieses Bild passen wir auch nicht, wenn wir uns einem unserer Kinder näher fühlen als dem anderen. Das schlägt aufs Gewissen. Doch tatsächlich ist die größere Nähe nicht ein Zeichen von größerer Liebe, sondern für mehr Gemeinsamkeiten. Wir fühlen uns dem Kind näher, das uns ähnlich ist, weil wir es besser verstehen können und nicht, weil wir es mehr lieben als das Kind, das so anders ist als wir selbst.

Weniger Nähe bedeutet nicht zwangsläufig weniger Liebe. Im Gegenteil. Zur Mutterliebe gehört beides: die Nähe und die Distanz. Beides hat seine Zeit und seinen Platz und verhält sich wie das Ja zum Nein. Das kleine Kind braucht die innige Nähe, das größere braucht mehr Abstand. Spenden wir Nähe, geben wir unseren Kindern Geborgenheit, Vertrautheit und Sicherheit und Bindung. Distanzieren wir uns, ebnen wir unserem Kind den Weg nach draußen und geben ihm gleichzeitig die Möglichkeit, eigene Fähigkeiten entwickeln zu können, die es braucht, um sich später selbst Halt zu geben, sich abgrenzen zu können und selbstbewusst zu werden. Wir sorgen also für die Autonomie unseres Kindes. Unser Gewinn? Glückliche Kinder und mehr Raum für unsere eigene Entwicklung.

Loslassen mit Weggucken

Distanz lässt sich allein dadurch schaffen, dass wir die Erwachsenenrolle ausfüllen und das Eltern-Kind-Gefüge wahren – wenn wir beispielsweise unsere Kinder in ernsthaften Gesprächen oder im Streit ohne Verniedlichungen beim vollen Namen nennen und Julchen mit Julika ansprechen, Bärlein mit Peter und die Süße mit Matilda. Wir wahren die hierarchischen Strukturen der Familie, wenn wir Unterhaltungen mit Kindern in der Erwachsenensprache führen und auch Fremdwörter und komplizierte Themen nicht scheuen. Schließlich sind wir ja auch dazu da, unseren Kindern die Welt zu erklären.

Auch Grenzen und das vielbeschriebene Loslassen erzeugen Abstand. Während wir uns beim Schimpfen oder endlosen Diskutieren nur weiter verstricken, führen wir mit zügigem Handeln ohne viele Worte einen Abstand herbei. Loslassen bewirkt im wahrsten Sinne des Wortes eine (Los-)Lösung. Es bedeutet in diesem Zusammenhang, den Kindern ein Eigenleben, eine Intimsphäre zuzugestehen, sie außerhalb unserer Kontrolle kleine Abwege gehen zu lassen, sei es die zum vierten Mal getragene Unterhose, das ganz persönliche Durcheinander in ihren Sachen, das von uns als schrecklich empfundene grüne Sweatshirt oder ihre kleinen Geheimnisse und Mogeleien.

Ob in den eingangs beschriebenen Situationen eher der Grenze oder dem Loslassen der Vorzug gegeben wird, ist Geschmackssache. Dem Fußballdress zu Heiligabend würde ich persönlich mit einer deutlichen Antwort begegnen: Keine Bescherung, bevor der Dresscode nicht von allen eingehalten wird. Beim Fotoboykott würde ich hingegen eher dem Loslassen den Vorzug geben: »Gut, wenn du nicht mit aufs Bild willst, dann trete doch bitte mal rasch beiseite.« Es dauert keine drei Tage, und Filius will mit aufs Bild.

Um eine Balance von Nähe und Distanz herzustellen und unser »Hänschen« in die Welt ziehen zu lassen, müssen wir lernen, öfter wegzugucken. Ständig halten wir nach unseren Kindern Ausschau, wir behalten sie unentwegt im Auge und prüfen sie mit eindringlichem Röntgenblick. Mit Weggucken ist vor allem eine innere Einstellung gemeint, doch die drückt sich natürlich in symbolischen Gesten des alltäglichen Miteinanders aus. Es ist ein Akt der Distanznahme, wenn wir nach der Verabschiedung vom Erstklässler an der Schule nicht noch einmal zurückschauen, uns nicht noch einmal umdrehen, dem spielenden Kind auf dem Spielplatz den Rücken zudrehen oder uns auf der Bank in ein Buch versenken oder die heimliche Stippvisite des Freundes der pubertierenden Tochter geflissentlich übersehen.

Die veränderte Sprache und Körpersprache bleiben nicht ohne Wirkung. Über das Körperliche können wir Einfluss auf das Seelische nehmen. Durch das »Weggucken« kommen wir in Kontakt mit lange verschütteten Gefühlen. Durch die veränderte Körperhaltung oder den Platztausch begegnen wir wieder unserem alten Ich. Da mag die Sorge kommen, das Kind könne verloren gehen oder sich just in dem Moment, da man wegsieht, verletzen oder Dinge tun, die nicht zu ver-

antworten sind. Aber durch das aktive, bewusste Abstandnehmen zeigt sich zugleich ein gelöstes Gefühl von Unabhängigkeit und Getrenntsein auf. Unser Ich taucht überraschend wieder auf.
Auch für unsere Kinder ändert sich etwas Entscheidendes. Gehen wir etwas auf Distanz, ist das Kind plötzlich gezwungen, jenseits von Opposition, Eigeninitiative zu entwickeln. Das rundum behütete, versorgte Kind muss das nicht. Es liegt ja immer alles in Mutters Hand.
Distanz dagegen macht Platz, den das Kind sich zunutze machen kann, in dem es zu eigenen Exkursionen aufbricht und kreativ wird, um den neu gewonnenen Spielraum zu füllen. Ziehen wir uns mit unseren mütterlichen Ansichten und Absichten bewusst zurück, vollzieht sich ein innerer Rollentausch, die kindlichen Ansprüche und Gefühle rücken in den Vordergrund. Die mütterlichen Bedenken werden zu Bedenken des Kindes. Auf einmal muss unser Kind auf sich selbst achtgeben und eigene Stärken mobilisieren, um den Abstand zu uns nicht zu groß werden zu lassen. Dabei kann es für sich selbst herausfinden, welches Maß an Nähe ihm guttut. Es kann sich als getrenntes Individuum mit klaren Körpergrenzen wahrnehmen, als Mensch mit einem eigenen Ich.
Distanz zu schaffen ist deshalb so wesentlich, weil erst die Loslösung das Gefühl von Nähe spürbar macht. Nähe können wir nur zu einem Gegenüber empfinden, nicht zu einem Teil von uns. Das wäre Verschmelzung.

Distanz als Konfliktmanager

Innere Distanz tut auch gute Dienste beim Konfliktmanagement. Indem wir uns innerlich ein Stückchen von unserem Kind entfernen, die Konzentration auf etwas anderes lenken, lassen sich Stresssituationen des Erziehungsalltags besser durchstehen. In der übergroßen Nähe sind wir zu stark verstrickt, zu sehr mit eigenen Gefühlen involviert, zu sehr mit unserem Kind verschmolzen. Das ist ausgesprochen hinderlich in den Situationen, in denen es gilt, klare Entscheidungen zu treffen und durchzuhalten.
Hat man sich zur konsequenten Umsetzung eines der vielen Einschlafprogramme durchgerungen, damit der Wicht nun endlich alleine

einschläft, können die Minuten zwischen den Stippvisiten quälend lang werden, wenn verzweifelte Schreie aus dem Kinderzimmer zu uns durchdringen. Sich innerlich zu distanzieren ist die Chance, um aus der Sache einigermaßen heil herauszukommen und nicht nach 15 Minuten bei blutsaugenden Ungeheuern und mütterverschlingenden Monstern anzukommen.

Denken wir an etwas ungemein Wichtiges, das nichts, aber rein gar nichts mit dem brüllenden Kleinkind nebenan zu tun hat: an den Hintern des Liebsten, an die anstehende Wurzelbehandlung beim Zahnarzt oder die überfällige Steuererklärung. Alles probate Mittel, um Kindergeschrei auszuhalten und Grenzen unbeirrt zu verteidigen.

Sich gedanklich aus dem Staub zu machen, wenn das Baby brüllt, hört sich unfein an, aber es erfüllt einen guten Zweck. Die Distanznahme schützt uns und unser Kind. Sie ermöglicht uns, geradlinig unseren pädagogischen Entschluss durchzuhalten, und beschützt unser Kind, weil es dadurch Halt und Klarheit erfährt. Es ist legitim, sich im Geiste zu verdrücken, wenn es der guten Beziehung dienlich ist.

Mit einer angemessenen Distanz geht die Kritik der Mitmenschen an unserem Kind oder dessen Fehlverhalten nicht mehr direkt ins Mark, denn wir können unsere Kinder mit wohlwollenderem und unvoreingenommenem Blick betrachten.

Nachdem sich nun herausgestellt hat, dass ein wenig Abstand zu unserem Kind nötig ist, sollten wir uns daranmachen, uns um unser Ich zu kümmern.

Von Mutter zu Mutter

Distanz lässt sich auch räumlich herstellen. Mutter-Kind-Kur mit ausgiebiger Kinderbetreuung und kinderlose Wochenenden schaffen Platz zwischen Mutter und Kind. Zu Hause können diese Funktion die mütterlichen »Gemächer«, ein Schreibtisch oder eine Kommode übernehmen. Das Mutterallerheiligste und No-Go-Area für Kinder.

Dem Herzen trauen

Wir sind empirisch verdorben. Dank unseres Glaubens, durch Kontrolle Erziehung zu meistern, verlassen wir uns lieber auf wissenschaftlich belegbare Zahlen als auf unser eigenes Gefühl. Gelernte Fakten und überprüfbare Beweise wiegen mehr als unser gesunder Menschenverstand. Den Worten anderer trauen wir mehr Wahrheit zu als der eigenen, inneren Stimme.

Den Kopf überfrachtend mit Wissen, das Herz ignorierend, leistet die Wissenschaftshörigkeit einem unsicheren Erziehungsverhalten Vorschub, das Spontaneität, Unbefangenheit und Freude gründlich abwürgt.

Wir gehen auf unser Kind ein, obwohl unser Herz schreit: Lasst mich alle in Ruhe! Sachkundig, wie wir sind, wissen wir, wie wichtig es ist, Kinder mit ihren Anliegen nicht allein zu lassen.

Wir drängen unseren klammernden Liebling auf dem Spielplatz zum Spielen mit den Sandkastenkameraden, weil wir wissen, dass jetzt Autonomie wichtig ist, und fühlen uns hinterher schlecht.

Wir versagen es uns, in das Zimmer unserer vorpubertierenden Tochter zu stürmen, die sich mit ihrer Freundin dorthin zurückgezogen und sich jegliche Störung ausdrücklich verbeten hat, wenngleich wir vor Zorn zerspringen, da sie den Geschirrspüler nicht wie verabredet zuvor ausgeräumt hat. Die Intimsphäre eines heranwachsenden Mädchens muss schließlich gewahrt bleiben.

Irgendwie stehen wir uns immer selbst im Weg.

Unser Kind sagt »Blödmann« und meint uns: Sollten Kinder ihre Aggressionen nicht verbalisieren dürfen?

Um die eigene Schaufel zurückzuerobern, hat unser Kind einem anderen sie aus der Hand gerissen: Sollten die Kinder nicht lernen, sich durchzusetzen und ihr Eigentum zu verteidigen? Fragen, die belesenen Müttern in kritischen Augenblicken durch den Kopf gehen. Anstatt auf die innere Stimme zu hören, werden erst einmal sämtliche pädagogischen Fragestellungen und Erkenntnisse im Geiste abgerufen.

Aus dem Wissen heraus, dass so viele Dinge im Umgang mit Kindern zu beachten sind, bleibt die allseits gerühmte weibliche Intuition nicht selten auf der Strecke. Um Fehler zu vermeiden, checken wir gewissenhaft alle Möglichkeiten durch und machen dabei doch einen Fehler – uns zu verbiegen oder gar nicht zu handeln.

Unser Kind sagt zu uns Blödmann: Wir verlangen eine ernsthafte Entschuldigung und veranlassen aufgrund solcher Frechheiten eine Auszeit im Kinderzimmer.

Das hätten wir wahrscheinlich getan, wären wir unserer ersten Idee gefolgt: Unser Kind entreißt dem anderen die eigene Schaufel: Wir erläutern, dass man sein Eigentum freundlich zurückverlangen kann.

Mein Herz hat recht

Mit rein fachlichen Erkenntnissen können wir uns selbst und unserem Kind nicht gerecht werden. Jedes Kind ist anders. Jede Eltern-Kind-Beziehung und jede Lebenssituation ist anders. Unsere Beziehungen sind hochindividuell und ständig in Bewegung. Was immer galt, kann plötzlich falsch sein. Was schon lange nicht mehr wichtig ist, ist auf einmal notwendig.

Am 11. September 2001 machte ein Vierjähriger am Abend aus heiterem Himmel einen Riesenaufstand und weigerte sich mit Händen und Füßen, in seinem eigenen Bett einzuschlafen, obwohl das eine Regel war, die die Familie ausnahmslos und seit langem ohne Probleme durchgehalten hatte. Ohne zu wissen, was eigentlich mit ihm los war, und trotz Aussicht auf eine hitzige Auseinandersetzung über pädagogische Grundsätze mit ihrem Mann, verließ sich die beunruhigte-

Mutter auf ihr drängendes Gefühl, ihm nachzugeben, und machte eine Ausnahme. Er durfte an diesem Tag im Elternbett einschlafen. Erst später wurde ihr klar, dass ihr eigenes Schockerlebnis nicht spurlos an ihrem Kind vorübergegangen war und er deshalb besonderen Rückhalt brauchte.

Das Herz hat eben doch viel mit Barmherzigkeit zu tun.

Die Intuition ist die ehrliche und wissende Stimme unserer Seele, die verlässlichste Variabel in dem unübersichtlichen Geflecht von Beziehungen und zwischenmenschlichen Phänomenen. Im Gegensatz zu allen Fremderkenntnissen kennt sie die Umstände, die gemeinsame Geschichte, das Kind in seiner Eigenart. Unsere familiären Beziehungen haben eine kaum vorstellbare Tiefe, denn sie sind immer bestimmt von einer Fülle von durchlebten Ereignissen, Gefühlen und Empfindungen, von denen viele längst nicht mehr präsent sind, in uns jedoch weiter wirken. Je näher uns jemand steht, umso drängender melden sie sich zu Wort. Und was steht uns näher als unsere Kinder?

Mit unserer Intuition erfassen wir höchst komplexe Situationen in Blitzesschnelle, ohne darüber nachdenken zu müssen. Auch wenn sie nicht mehr bewusst ist, im Unbewussten ist jede noch so geringfügige Erfahrung gespeichert. Der Körper und die Seele vergessen nicht. Die Erfahrung des Unbewussten ist nicht zu unterschätzen. Sie ist ein Schatz, den jeder in sich trägt. Anstatt unseren spontanen Impuls wie ein kleines, wildes Tier in unserer Hand argwöhnisch zu betrachten, sollten wir ihn wachsam begrüßen und seine Anregungen dankbar entgegennehmen. Dann kann uns die innere Stimme gute Dienste leisten, um herauszufinden, was für uns und unser Kind gut ist.

Der eine Dreijährige braucht Zeit und ein ausgiebiges Abschiedsritual, um sich beim Lebewohl im Kindergarten zu stabilisieren und zu lösen. Der andere Dreijährige braucht dafür einen kurzen Abschied, klipp und klar, um nicht in seinen Affekten zu versinken.

Das eine Baby trinkt langsam und braucht viel Zeit fürs Trinken, das andere will einfach noch nuckeln und kann auch mit einem Schnuller glücklich werden.

Es gibt Situationen, in denen wir das Gefühl unseres Kindes, sei es traurig, wütend oder beleidigt, mit großer Empathie vertiefen müssen;

manchmal hilft es ihm mehr, wenn wir von ihm fordern, standzuhalten und die Tränen, den Ärger oder die Kränkung zu beherrschen.

Diese Beispiele zeigen, dass unser Leben mit Kindern voller Augenblicke ist, für die es häufig keine allgemeingültigen Lösungen gibt. Das Richtige im jeweiligen Moment hängt von vielen Faktoren ab, die man mit rein rationalem Denken nicht erfassen kann. Oft sind sich Gefühl und Verstand auch nicht einig, und gerade dann kann uns die Intuition lenken und uns zeigen, was im Moment für uns und unser Kind gut ist.

Vornehmlich mit kleinen Kindern kommen Kopf und Herz immer wieder in heftigen Widerstreit miteinander. Es gibt alle naselang Situationen, in denen unser Mutterherz nachgeben möchte, der Kopf jedoch die Aufweichung von Grenzen fürchtet.

Ein Dreijähriger verweigert sich strikt dem Abendritual. Er will nicht zu Abend essen, sich weder waschen noch den Schlafanzug anziehen lassen, noch will er sich die Zähne putzen. Unser Gefühl sagt uns, es ist nicht reiner Trotz, es ist kein Machtkampf, es ist irgendetwas anderes. Wir fühlen uns nicht besonders hilflos, sind auch nicht wütend auf unser Kind, sondern haben eher das Bedürfnis, es in den Arm zu nehmen und halten zu wollen – wie ein Baby. Und doch sind wir unschlüssig, ob wir der Stimme des Herzens folgen dürfen. Sollten wir nicht konsequent bleiben, damit wir nicht immer wieder denselben Stress erleben?

Bei diesem typischen Kopf-Herz-Dilemma kann uns ein Trick helfen: Wir können unserem Kind eine symbolische Auszeit verschaffen. Wir spielen Baby. Wir sind die Mutter und unser Kind ist das Baby. Und »Baby« wird nun liebevoll mit Häppchen und Milch gefüttert. Sooo kleine Kinder werden auch von ihren Mamas gewaschen und eingecremt. Das mögen »Babys«! Und selbstverständlichen bekommen Schoßkinder auch einen »Strampler« für die Nacht angezogen. Da Babys noch keine Zähne haben, fällt das Zähneputzen natürlich weg und für heute aus.

Wenn unser Kind dieses Spiel mit Wonne mitspielt, wissen wir, dass wir mit unserem Gefühl genau richtig lagen. Dann hat uns unser Mutterinstinkt auf wunderbare Weise geleitet und diesen Konflikt mit

Bravour gelöst. Wir respektieren die Befindlichkeit des Kindes, gewähren ihm, ein wenig regressiv zu sein, um sich zu stabilisieren und zu regenerieren, schaffen trotzdem alles Notwendige und wahren überdies die Grenze. Es ist ja nur ein Spiel. Morgen ist wieder alles beim Alten! Und das verstehen schon die Kleinsten sehr genau. Unter Umständen müssen wir sie allerdings am nächsten Tag noch einmal daran erinnern.

Halten wir an diesem Abend Rückschau, werden wir möglicherweise feststellen, dass unser Kleiner den ganzen Tag über ein ganz »Großer« war, der den Kindergartentag, den Einkaufsbummel danach und die Straßenbahnfahrt ohne Murren gemeistert hat, und dass es für das Großsein am Abend dann halt nicht mehr gereicht hat.

Jedes meiner Gefühle ist legitim

Wir stehen in besonderem Maße mit unseren Instinkten auf Kriegsfuß, wenn die dunklen Seiten unseres Unbewussten Regung zeigen. Die irrationale, wilde Seite unserer Persönlichkeit lässt sich ihr Anrecht auf Existenz jedoch nicht streitig machen. Sie ist zwar für den Laien gut versteckt, macht sich auf ihre Art jedoch verlässlich bemerkbar. Das Unbewusste drückt sich zum Beispiel in diesen plötzlichen, manchmal ziemlich unsinnigen Einfällen und in überraschenden Assoziationen aus:

Vor unserem geistigen Auge sehen wir eine Frau, die uns verdammt ähnlich sieht, mit gepacktem Koffer aus dem Haus stürzen? Es kommt uns immer wieder in den Sinn, das Kind könne stürzen, vom Hund gebissen oder angefahren werden?

Schenken wir unseren Fantasien etwas Augenmerk, können wir die merkwürdigsten Eingebungen registrieren. Diese scheinbar sinnlosen Einfälle sind jedoch nie unsinnig. Im Gegenteil: Sie geben Hinweise darauf, was uns zurzeit auf dem Herzen liegt:

Die flüchtende Frau könnte ein Wink dafür sein, dass mehr Abstand nötig ist und wir dringend Zeit für uns selbst benötigen. Hinter der Sorge vor Unfällen könnte sich unterdrückter Ärger oder ein anstehender, mit Trennung verbundener Entwicklungsschritt verbergen.

Impulse aus dem Unbewussten sind nicht als Verhaltensanweisungen zu verstehen, sondern als verschleierte Botschaften, die es zu entschlüsseln gilt. Würden wir jeder Idee nachgeben und sie direkt umsetzen, wären die meisten von uns längst durchgebrannt, die uns vom Leben Anvertrauten in dunkle, feuchte Keller gesperrt und wir hätten eine Renaissance der Prügelstrafe. Es geht vielmehr darum, seine Gedanken und Impulse – und erscheinen sie noch so unangebracht und töricht – wahrzunehmen und ihren Bedeutungen nachzuspüren.

Am Beispiel Ärger lässt sich der Stellenwert der sogenannten schlechten Gefühle gut verdeutlichen. Wer schimpft schon gerne mit seinen Kindern? Spucken wir Gift und Galle, tun wir das nicht zum Spaß, sondern aus Wut, einem dringenden inneren Impuls folgend. An dieser Stelle beginnt die Entlastungsarbeit. Anstatt uns mit Schuldgefühlen zu strafen, können wir den Versuch machen, uns mit den aggressiven Anteilen unserer Persönlichkeit anzufreunden.

Schließt man neue Freundschaften, nimmt man üblicherweise den anderen erst mal neugierig und einigermaßen wertfrei in Augenschein und guckt, was für einer das ist. Im fortgeschrittenen Stadium begegnet man dem neuen Freund mit Verständnis, das schafft Beziehung.

Platzt uns der Kragen, kann uns das auf etwas Wichtiges hinweisen, das dringend Beachtung verlangt. Es zeigt uns, dass etwas nicht stimmt, dass etwas nicht im Gleichgewicht ist. Unsere Verärgerung offenbart möglicherweise, dass die Kinder unsere Grenzen deutlich überschritten haben, oder dass wir mit der Situation zu Hause gerade sehr überfordert sind, also dringend Unterstützung oder einer Rückzugsmöglichkeit bedürfen. Hinter unserem Groll können sich solche Gefühle wie Angst oder Traurigkeit verbergen, die keinen anderen Ausdruck in unserem Leben finden. Sie können auch ein Zeichen dafür sein, dass es uns an Anerkennung und Wertschätzung mangelt. Was nicht unwahrscheinlich ist, denn an einen Mangel an Lob sind wir Mütter ja gewöhnt. Nehmen wir unseren Ärger als berechtigte Gefühlsäußerung an, die uns auf das aufmerksam macht, was uns gerade fehlt, können wir mit unserem Ärger Freundschaft schließen, weil er uns den Zugang zu ungelösten Konflikten ermöglicht, um sie zu bewältigen. Schuldgefühle sind destruktiv, weil sie uns diesen Lösungsweg versperren. Sie hindern uns am Erkenntnisprozess und am konstruktiven Handeln.

Jede Regung unseres Ichs ist legitim. Keine Empfindung ist fehl am Platze, bei Lichte betrachtet macht jedes Gefühl Sinn. Unser Selbst ist sehr komplex, doch es sorgt unbeirrt dafür, dass wir im Gleichgewicht bleiben, und gibt uns zu diesem Zweck – auch oder gerade durch unliebsame Gefühlsäußerungen – wertvolle Hinweise.

Wie der ungeliebte Tobsuchtsanfall, der darauf hinweist, dass unsere Grenzen gerade deutlich überschritten werden oder unsere Kräfte restlos aufgebraucht sind: Die instinktiven Impulse sorgen für unseren Schutz, indem sie auf seelische oder durch die Beziehung verursachte »Missstände« aufmerksam machen. Ziehen wir daraus die richtigen Schlüsse und sorgen für Ausgleich, Entspannung oder Gefühlsbewältigung, erübrigt sich das Schimpfen im Großen und Ganzen (bis zur nächsten Krise, die gewiss kommt), und wir finden zu mehr Gelassenheit. Nicht zuletzt ist die konstruktive Auseinandersetzung mit den sogenannten negativen Gefühlen eine große Chance, sich selbst besser kennen und lieben zu lernen.

Ich-Mantra: *Ich bin eine gute Mutter, und gute Mütter achten auch auf sich selbst!*

Wir räumen, wir loben, wir waschen, wir ermutigen, wir kochen, wir erklären, wir besorgen, wir glätten, wir entwirren, wir beruhigen, wir helfen, wir reparieren, wir trösten, wir putzen, wir zeigen, wir hören, wir sehen, wir verhandeln, wir geben – alles was wir haben. Wir sind Mütter. Doch auch wir haben Grenzen. Und innerhalb dieser Grenzen befindet sich unser Selbst. Das Ich symbolisiert unsere Intuition, das menschliche Erfahrungswissen, das wir in uns tragen. Es fordert dazu auf, auf die innere Stimme zu hören und die anderen leiser zu stellen. Ich zu sagen bedeutet, sich in seinem Sosein, mit seinen Grenzen ernst und anzunehmen, und alle Seiten des Selbst zu Wort kommen zu lassen. Das Ich steht für unser eigenes Leben. Es steht für die Notwendigkeit, es trotz Kindern zu leben. Mit dem mütterlichen Ich kümmern wir uns um die eigene Persönlichkeitsentwicklung.

Sagen wir Ich, entlasten wir unsere Kinder, weil sie nicht mehr sein, nicht mehr leisten müssen, als für ein Kind notwendig. Wir schützen unsere Kinder auf diese Weise davor, unser Leben ausfüllen zu müssen.

Von Mutter zu Mutter

Sollten wir also demnächst durch den Stadtwald joggen, könnten wir uns Folgendes durch den Kopf gehen lassen: »Ich bin doch eigentlich eine einfühlsame, liebenswürdige und umgängliche Person. Sollte der feuerspeiende Drache, der in den letzten Tagen zu Hause sein Unwesen getrieben hat, wirklich ich gewesen sein, könnte es daran liegen, dass ...«

Nobody is perfect – noch nicht einmal Mütter

Wir leben unter der Knechtschaft des Glücks. Obwohl Schwierigkeiten in allen Beziehungen – mit den eigenen Kindern, unserem Partner, mit Verwandten, Freunden und Kollegen – jedem vertraut sind, werden sie häufig als Makel angesehen. Probleme werden in unserer Gesellschaft, die Leistung und Lust als das Allerheiligste hochhält, gerne unter den Teppich gekehrt. Auf diese Weise lösen sie sich freilich nicht. Somit stellt unsere Weigerung, uns mit den Problemen zu beschäftigen, sich als das größte Problem heraus.

Keine Erziehung ohne Fehler

Es macht die Sache nicht leichter, dass die Erziehungswissenschaft zu lange die Frage vernachlässigt hat, inwieweit pädagogische Erfordernisse, die wichtig für das Kind sind, mit normalen Eltern kompatibel sind. Als gute Mütter wollen wir einen hohen Standard erfüllen und versuchen die Widrigkeiten von Erziehung zu umgehen oder zu vermeiden. Dafür geben wir unser Bestes und glauben, uns keine Fehler erlauben zu dürfen. Die Rechnung geht jedoch nicht auf, denn diese Strategie erfordert gewaltige Anstrengungen mütterlicherseits und ein hohes Maß an Selbstverleugnung. Unzufriedenheit und Spannungen sind vorprogrammiert.

Nicht Vermeidung ist der Schlüssel für den Umgang mit Problemen, sondern deren Akzeptanz. Wir sind gefordert, Fehler als unvermeidlich anzunehmen und anzuerkennen, dass Erziehung immer in einem gewissen Maße mit Scheitern verbunden ist. Zu verinnerlichen und auszuhalten, dass wir nicht das für unsere Kinder werden leisten können, was wir uns ursprünglich erträumt haben, scheint mir die schwierigste und wichtigste Erziehungsaufgabe von uns Bildungsmüttern überhaupt zu sein. Dafür müssen wir uns selbst verzeihen, dass wir fehlbar sind, ohne es zu wollen. Der Familientherapeut Jesper Juul hat das in einem wunderbaren Satz zusammengefasst: »Wir haben das Beste getan, was wir konnten, und ganz unschuldig sind wir mitschuldig geworden.«

Sind wir vom Naturell nachgiebig und flüchtig, werden wir schuldig, weil wir es nicht schaffen, effektiv Grenzen zu setzen und unseren Kindern festen Halt zu geben. Trauen wir uns selbst nicht, deutlich unsere Meinung zu sagen, werden wir schuldig, weil wir unser gehemmtes Kind nie ausreichend bestärken. Wenn wir uns von dem Vater unseres Kindes trennen, weil wir ihn nicht mehr lieben, werden wir schuldig, weil wir unseren Kindern Leid zumuten.

Es gibt viele Spielarten des Schuldigwerdens, und es ist einfacher gesagt als getan, sich mit eigenen Schwächen oder persönlicher Schuld anzufreunden oder sie zumindest anzunehmen. Sind wir doch von Kindesbeinen an sozialisiert, dem Fehler tadelnde Aufmerksamkeit zu zollen. Spätestens in der Schule haben wir gelernt, dass Fehler tunlichst vermieden werden sollen, weil Fehler Schwäche bedeuten. Nicht die fruchtbare Seite des Fehlers wurde hervorgehoben, sondern der Mangel. Dass uns das Misslungene Orientierung und wertvolle Aufschlüsse gibt, dass wir es brauchen, um daraus zu lernen, unsere Grenzen zu erkennen und zu überwinden, und dass Fehler uns auch miteinander verbinden, haben die wenigsten von uns verinnerlicht.

Was hängen geblieben ist, ist die hartherzige Behandlung des Fehlerhaften. Nicht Lehrerautoritäten führen jetzt den Rotstift, sondern unser gutes altes Über-Ich. Viele von uns führen eine innere Negativliste, auf der fein säuberlich aufgeführt ist, was sie im Lauf des Tages oder ihres Lebens nicht geschafft haben und woran sie wieder mal gescheitert sind.

Da die Kluft zwischen hehrem Anspruch und grauer Realität tief ist, die Wirklichkeit mit Kindern nicht nur unsere Schokoladenseiten zum Vorschein bringt, entwickeln wir dank eigener Unvollkommenheit regelmäßig Versagensgefühle. Wir sind uns selbst die schärfsten Kritiker. Würden wir mit derselben Strenge und Härte mit unseren Kindern umgehen, wären wir allerorts als drakonische Rabenmütter verschrien. Was wir in der Kindererziehung vermeiden wollen, wenden wir tagtäglich auf uns selbst an. Wir sind mit uns kleinlich, verurteilen uns scharf, sind nachtragend und lassen es an Großzügigkeit fehlen. Und weil wir mit dem Fehler so heftig hadern, versuchen wir krampfhaft, ihn zu vermeiden. Ach, wären wir doch endlich fehlerlos!

Wir sind Mütter, keine Heiligen

Zugegeben, das wäre die perfekte Lösung für unser Problem, sie ist aber leider nicht praktikabel. Keine Rolle im Leben ist so schwer durchzuhalten wie die der perfekten Mutter. Das Muttersein packt uns an der Wurzel, stellt uns selbst in Frage, führt uns gnadenlos mit unseren Schwächen und Marotten vor und lässt keine verletzliche Stelle unberührt. Da hilft kein Verstellen, kein Anstrengen, da gibt es kein Ausweichen und kein Aussitzen. Sogar Schönsein hilft nicht. Genauso wenig können wir davonlaufen, unsere Kinder wie Liebhaber auswechseln oder uns von unseren Kindern scheiden lassen. Nirgendwo, in keiner Beziehung sind wir so angreifbar. Davor sind Frauen, die sich gegen Kinder entscheiden, gefeit. Dafür verpassen sie ein existenzielles Rendezvous mit dem eigenen Ich. Dem Ich, das nicht ganz so toll ist, wie wir das gerne hätten, das irgendwie mittelmäßiger, kleinlicher, spießiger, sturer, verklemmter oder zerstreuter ist.

Wir sind tatsächlich nur Menschen und deshalb wird, trotz hohen pädagogischen Wissensstands, Erziehung immer mit dem Scheitern im Kleinen verbunden sein. Erziehung kann immer nur Annäherung an das Optimum sein. Deshalb hat das Erziehungsideal Vorbild nicht Erfüllungscharakter. Wir sind Mütter, keine Heiligen.

Wie jeder Mensch haben wir Gefühle und Bedürfnisse, die unsere Grenzen bestimmen. Sich mit der eigenen Begrenztheit anzufreunden heißt sich von überhöhten Ansprüchen zu verabschieden; damit ist

Trauerarbeit verbunden. Wir müssen es hinnehmen, dass selbst die beste Mutter der Welt in manchen Augenblicken kränkend, abweisend oder zurücksetzend ist – Eigenschaften, mit denen wir sicherlich nie in Verbindung gebracht werden wollen. Eigene Grenzen zu erkennen und anzuerkennen bedeutet, Verantwortung für das ureigene, nicht vollkommene Muttersein zu übernehmen. Natürlich versuchen wir unsere Sache so gut zu machen wie möglich. Doch nur wer die Grenzen des persönlich Möglichen respektiert, akzeptiert sich selbst. Das ist nicht gleichzusetzen mit Schicksalsergebenheit oder hemmungslosem Ausagieren schwieriger Persönlichkeitsanteile. Vielmehr geht es um wirkliche Bewusstheit.

Kritische Selbsterkenntnis, gepaart mit einer großen Portion Gelassenheit, ist – im Gegensatz zu zermürbenden Selbstvorwürfen – eine gute Mischung, um mit persönlichen Unzulänglichkeiten umzugehen. Der Blick in den Spiegel verlangt Mut und ein liebevolles Gegenüber. Gut, wenn man einen liebevollen Partner oder eine Freundin an seiner Seite weiß. Noch wichtiger ist es, dass wir uns selbst nicht Scharfrichter, sondern weiser Freund sind, indem wir uns selbst wohlwollendes Verstehen, Wertschätzung und Aufmerksamkeit entgegenbringen. Jeder Mensch verfügt über destruktive Kräfte. Solange sie sich in klaren Grenzen halten, ist das normal und gehört zum Menschsein dazu. Wenn wir das respektieren, kommt das den Kindern letztlich zugute, denn nur wer sich seine menschlichen Schwächen eingesteht, ohne sich zu verurteilen, wird dafür sorgen können, dass die Kinder Unterstützung bekommen, wird sich entschuldigen oder etwas gutmachen können.

Erkennen wir an, dass es für unser Kind auch eine Belastung ist, dass wir viel arbeiten, können wir ihm ganz bewusst intensive, gemeinsame Begegnungs- und Regenerationszeiten einräumen. Akzeptieren wir, dass wir nie die zugewandte Zuhörerin für unsere Kinder werden, die wir gerne sein möchten, können wir diesen Part an Oma, väterlichen Freund oder an die Freundin abgeben. Die Selbsterkenntnis, dass wir zu ängstlich mit unseren Kindern umgehen, kann uns dahin leiten, dass wir die Verantwortung in heiklen Situationen ihrem Vater übergeben.

Können wir uns selbst nicht verzeihen, ist das eigene Unvermögen nur schwer auszuhalten. Dann laufen wir Gefahr, uns die ganze Sache schönzureden.

Doch das Ich lässt sich weder täuschen noch einwickeln, denn im tiefsten Innern wissen wir um den eigenen Einfluss auf kindliche Schwierigkeiten. Verleugnen wir ihn, gibt es keine Chance auf Problemlösung und Entwicklung. Nur wer sich seiner selbst gewahr ist, wird dann auch den scharfen, treffenden Vorwürfen Pubertierender standhalten können: »Ja, das war so. Es tut mir leid, aber ich konnte es nicht besser. Du wirst damit klarkommen. Ich bin jetzt für dich da, um das zu klären.«

Liebevoll oder zumindest freundlich mit den individuellen Irrungen und Wirrungen umzugehen bringt uns ein großes Stück dem entspannten und schönen Erziehen näher. Auch wenn Fehler beim Erziehen nicht vorgesehen sind, wahre Selbsterkenntnis hat etwas Erlösendes: »Ich weiß, dass es falsch ist. Ich arbeite daran. Wir werden eine Lösung finden.«

Geht es um kleine pädagogische Fehltritte, kann es befreiend sein, einfach loszulassen, im guten Sinne aufzugeben und sich mit seinen Schwächen zu arrangieren: »Ich weiß, dass es falsch ist, aber ich mache es trotzdem so, weil ich nicht anders kann.« Eine große Entlastung für alle, denen es peinlich ist, dass die Kleine noch beim Kindergarteneintritt täglich einen Liter Saftschorle aus der Flasche nuckelt, da sich der Schreihals auf diese Weise am besten beruhigen lässt. Zum eigenen »Fehlverhalten« zu stehen und bei Kritik einfach die Flucht nach vorn anzutreten ist entwaffnend und hat Vorbildcharakter für Mütter, die vom überkandidelten Perfektionsanspruch die Nase voll haben: »Klar ist das nicht gut für die Zähne, aber es gibt doch, weiß Gott, Schlimmeres.«

Das Gute in uns feiern

Bei alldem dürfen wir nicht vergessen, dass wir vor allem Mütter sind, die wichtig für ihre Kinder sind, die für sie sorgen, sie unterstützen und stärken. Frei nach dem Bild des halb vollen Glases sollten wir das

Positive feiern. Ist es nicht so, dass wir viel häufiger etwas glücklich zuwege bringen und wesentlich seltener versagen? Wir haben also allen Grund, nachsichtig und liebevoll mit unseren Macken umzugehen. Sie lassen sich auf Dauer sowieso nicht vor den Kindern verbergen; da können wir uns noch so viel Mühe geben. Zollen wir also in Zeiten, in denen wir das Gefühl haben, eine hundsmiserable Mutter zu sein, dem Geleisteten, unseren Stärken, besondere Aufmerksamkeit. Abends eine kurze Zusammenfassung unserer mütterlichen Heldentaten in Gedanken oder auf Papier festzuhalten bringt zutage, welche außerordentlichen Dinge wir tagtäglich schaffen, und rückt die Realität wieder gerade. Gut, wenn diese Liste keine Aneinanderreihung von Pflichtübungen ist: »Ich habe meine Kinder wieder von Pontius zu Pilatus gekarrt«, sondern eine Darstellung der inneren Leistungen:

- Heute ist es mir gelungen, ohne Schreikrampf die morgendliche Anziehprozedur zu bewältigen.
- Heute habe ich, obwohl ich vollkommen erschöpft war, noch die Kurve gekriegt und Lilly liebevoll und geduldig ins Bett gebracht.
- Heute habe ich Till geschützt, indem ich der geringschätzenden Äußerung der Nachbarin meinem Sohn gegenüber Paroli geboten habe.

Wer eine authentische und selbstbestimmte Mutter sein will, kommt am eigenen Versagen nicht vorbei. Haben unsere Kinder eine verlässliche und stabile Bindung und viel Nestwärme erfahren, verkraften sie Mütter mit Schwächen und Fehlern. Mehr noch: Kinder lernen dadurch, dass man nicht perfekt sein muss, um liebenswert zu sein. Das gilt dann aber auch für die Kinder. Außerdem dürfen wir nicht vergessen, dass dem Mangel eine unbändige Entwicklungskraft innewohnt. Das als schwierig Erlebte ist, nicht nur bei den Dichtern, schon von jeher sprudelnde Quelle für Schaffenskraft und Originalität gewesen. Die größte Schwäche ist auch immer die größte emotionale Stärke.

Von Mutter zu Mutter

In Krisen und Belastungssituationen, wie nach einer Trennung, traumatischen Kindheitserlebnissen oder dem Verlust des Arbeitsplatzes, können die destruktiven Seiten unserer Persönlichkeit das normale Maß sprengen und uns und den Kindern große Schwierigkeiten bereiten. Wenn uns das bewusst wird, können wir professionelle Hilfe in Anspruch nehmen. Das zeugt von einer hohen Verantwortung sich selbst und der Familie gegenüber.

Beipackzettel für Erziehungsratgeber

Mit Erziehungsratgebern ist das so eine Sache. Wer sie braucht, liest sie nicht. Wer sie nicht braucht, liest sie und verzweifelt. Kennen Sie das? Kaum betreten Sie eine Buchhandlung, die mit ihrem opulenten Angebot an das Schlaraffenland erinnert und deren Regale das süße Versprechen verströmen, wirklich jeden Leser satt zu machen, zieht es Sie auch schon in Richtung Erziehungsratgeber. Anstatt sich einen richtig schönen, dicken Schmöker zu gönnen, der Sie entspannt und Ihnen einen friedlichen Ausdruck aufs Gesicht zaubert, finden Sie sich regelmäßig vor einem verheißungsvollen Regal mit Büchern wieder, die Ihnen sogleich Stirnrunzeln verursachen. Mit einem Gemisch aus Hoffnung und Misstrauen taxieren Sie die Titel auf den blauen, weißen und grünen Einbänden, die da in Reih und Glied stehen und nur darauf warten, von einer liebenden und ehrgeizigen Mutter mitgenommen zu werden.

Die große Anziehungskraft dieser Bücher liegt in der Vorstellung, dass sich hier eine Welt der Bestimmtheit und Gewissheit eröffnet, in der jedes Kind Regeln befolgen und schlafen lernen kann. Das Hoffnung verheißende Spektrum der Ratgeber lockt mit unendlichen Weiten von neuen, scheinbar noch nie da gewesenen progressiven Handlungsmöglichkeiten. Es verspricht Lösungen für den Erziehungsnotstand in unserer Mediengesellschaft mit immer mehr Kindern und Jugendlichen, die an psychischen Auffälligkeiten oder Drogensucht leiden und ohnmächtige Eltern und hilflose Lehrer zur Verzweiflung bringen. Hier finden wir das Gegengift für lernschwache Jungen und stille Mädchen. Hier gibt es Rettung. Hier gibt es Sicherheit. Sicherheit ist etwas sehr Schönes und viele von uns – nicht nur Erstgebärende dürsten nach klaren Anweisungen – wünschen sich eine praktische, handliche, einfache Bedienungsanleitung für den familiären Alltag. Warum dann das skeptische Stirnrunzeln?

Die großen Erziehungshelfer haben eine Kehrseite, die erklärt, warum sich bei ihrem Anblick begierige Erwartung mit Argwohn mischt, der uns bei jeder Lektüre wachsam werden lässt. Wir engagierten Mütter möchten auf der Höhe des aktuellen Wissensstandes sein, keinesfalls wichtige Neuerkenntnisse verpassen, und wir möchten vom Know-how der Experten profitieren. Daher kommen wir wohl oder übel nicht um die Lektüre einschlägiger Literatur herum. Doch diese Vorgehensweise hat ihre Tücken, denn im Grunde lässt sich keine von uns gerne ins Handwerk pfuschen. Elternratgeber zu lesen ist so eine höchst paradoxe Angelegenheit: Wir erhoffen uns Hilfe und lehnen sie im Stillen doch ab.

Es macht die Angelegenheit nicht gerade einfacher, dass der Konsum von Elternratgebern immer etwas Kränkendes hat, denn während wir lesen, flüstert eine kleine, feine Stimme in unserem Inneren: »Wenn du auf fachlichen Rat angewiesen bist, weil du das alleine nicht hinkriegst, bist du eine schlechte Mutter. Brauchst du Hilfe, hast du versagt und bist noch nicht einmal in der Lage, so etwas Selbstverständliches zu schaffen, wie das eigene Kind zu erziehen.«

Erschwerend kommt hinzu, dass das Fachurteil immer ein großes Gewicht hat. Der Schutzwall »Expertenmeinung« ist hoch. Autoren pädagogischer und psychologischer Bücher umgibt nicht selten eine Aura der erhabenen Allwissenheit, und das Schlimme daran: Im Grunde haben sie immer recht. Das macht sie zu einer unantastbaren Autorität, gegen die man schlecht etwas sagen kann. Das erschwert, unliebsame Empfehlungen zu relativieren oder einfach vom Tisch zu wischen.

Lesen Sie nur »freundliche« Elternratgeber

Das Lesen von spezieller Elternratgeberliteratur ist eine hoch ambivalente Geschichte, daher ist es ratsam, dabei Sorgfalt walten zu lassen.

Bevor wir das Expertenorakel bemühen, sollten wir zuallererst uns selbst fragen, ob wir wirklich professionellen Rat benötigen. Kinder zu kriegen und zu haben bedeutet nicht zwingend, schlaue Bücher über Erziehung lesen zu müssen. Wenn wir das trotzdem tun wollen, sollten wir mit kritischer Distanz ans Werk gehen. Sonst besteht die Gefahr, dass wir in die Kindrolle gedrängt werden, denn Erziehungsratgeber sind symbolisch betrachtet elterliche Autoritäten im handlichen Buchformat. Gehen wir unkritisch an die ganze Sache heran, werden wir automatisch und ohne es zu wollen beim Lesen selbst wieder zum Kind, da viele Ratgeber wie ein Nacherziehungsprogramm für Eltern funktionieren. Wie früher erfahren wir dann, was sich gehört und was nicht. Wir erhalten Anweisungen für effektive Maßnahmen gegen unordentliche Kinderzimmer, ungezogene Blagen und schlechte Tischmanieren. Dabei ist wie so häufig das, was zwischen den Zeilen steht, das wirklich Interessante und Entscheidende.

Geraten wir an einen »strengen Vater« oder eine »missbilligende Mutter«, ruft es uns aus dem Buch entgegen: »Das hast du nicht gut gemacht« oder noch schlimmer »Damit schadest du deinem Kind«. Nach dem Konsum solcher Ratgeber fühlen wir uns kritisiert wie kleine Kinder. Dementsprechend ist das Ergebnis der Lektüre nicht gerade das, was man eigenverantwortliches, selbstständiges Handeln nennt. Das Ergebnis ist Infantilisierung. Anstatt gestärkt das Buch zur Seite zu legen, haben wir den Eindruck gewonnen, dass wir schon furchtbar viel falsch gemacht haben und an den hehren Zielen der Pädagogenprofis nur scheitern können. Anstatt unser Selbstvertrauen aufzupäppeln, haben diese Ratschläge unseren Mut beschädigt.

Diese Art von Beistand können wir ganz und gar nicht gebrauchen. Deshalb sollten wir den Wälzer schleunigst aus der Hand legen. Auch wenn die größte Kapazität dieses Buch geschrieben hat, wenn uns das Geschriebene verunsichert oder bedrängt, ist es nicht das richtige Buch für uns.

Gottlob gibt es auch gute Ratgeber, die uns an die Hand nehmen, ohne uns zu bevormunden oder herabzusetzen. In denen begegnen wir einem »verständnisvollen Vater« oder einer »klugen, warmherzigen Mutter«. Bei der Lektüre solch »freundlicher« Ratgeber sind wir auf Augenhöhe mit dem Autor. Jetzt fühlen wir uns verstanden und angenommen. Unser eigener Standpunkt wird gestärkt, unser gestrenges

Gewissen erhält Entlastung, unser tapferes Ich Rückendeckung und nahrhafte Marschverpflegung für den weiteren mütterlichen Weg. Meist merken wir schon nach den ersten Seiten, mit welcher Art Buch wir es zu tun haben. Scheuen wir uns nicht, einen schlechten Ratgeber ungelesen in den Müll zu werfen, auch wenn er ganz neu und ganz teuer war. Das bewahrt uns vor pädagogischen Nackenschlägen. Sollten wir das aus irgendeinem Grunde nicht fertigbringen, gibt es noch die Möglichkeit – einen großen, schwarzen Eddingstift immer griffbereit –, mit Bedacht weiterzulesen. Dieser dient dann nicht dem Unterstreichen wichtiger Gedanken, sondern der Streichung ungeliebter Sätze. Es ist ein durchaus lustvolles Vergnügen, alle empfindlich treffenden Rat-»Schläge« durchzustreichen – eine wirkungsvolle Methode, um ungebetene Ich-Störer auf ihren Platz zu verweisen und sich die Erziehungshoheit zurückzuholen.

Da wir vor dem Lesen nicht wissen, ob wir den erhobenen Zeigefinger, den rigiden Oberlehrer oder die helfende Hand zu erwarten haben, gehört zur Ratgeberlektüre auf jeden Fall eine gehörige Portion Unerschrockenheit.

Wenn wir spüren, dass wir das Geforderte nicht leisten können, obwohl doch alles genau erklärt und die passenden Handgriffe haarklein beschrieben wurden, tragen die von Experten postulierten Grundsätze zur allgemeinen Verunsicherung noch bei. Wir haben es verstanden und finden die pädagogische Maßnahme sogar richtig gut. Und trotzdem klappt die Adaption in den eigenen Alltag nicht. Das ist sehr unerquicklich, und so manche fragt sich, warum sie es trotz expliziter Anweisung einfach nicht hinkriegt. Der Erkenntnisgewinn ist allemal: Ich bin als Mutter ein hoffnungsloser Fall.

Liest man sich durch das undurchdringliche Dickicht der Ratgeberlandschaft, entsteht der Eindruck, wir Mütter wären nur ein bisschen lernschwach und benötigten nichts als ein wenig Nachhilfe, um auf den Pfad der Tugend zurückgeführt zu werden. Zu diesem guten Zweck tun die Schöpfer dieser Werke ihr Bestes. Die Themen sind meist gründlich recherchiert und fundiert erläutert, möglichst unangreifbar und wasserdicht aufbereitet. Jede noch so unwahrscheinliche Eventualität wird berücksichtigt, solange sie ins Buchkonzept passt.

So manch Verstiegenes kommt so zwischen die Buchdeckel: Eltern krabbelnder Kleinkinder zu empfehlen, ihre eckigen, kantigen Wohnzimmertische aus Glas zu entfernen und sie gegen runde Couchtische aus Weichholz auszutauschen, ist mit Sicherheit nicht das, was Rat suchende Eltern brauchen. Bei dieser Form von Fürsorglichkeit, die dem Leser jegliche Elternkompetenz, wenn nicht gesunden Menschenverstand aberkennt, stellen sich mir die Haare zu Berge.

Glücklicherweise ist man als Mutter im Gegensatz zum Kind erwachsen und damit in der Lage, sich an Regeln zu halten. Deshalb bleiben wir an der roten Ampel stehen. Doch mit dem Erziehungsplan scheint es sich doch etwas anders zu verhalten als mit der Straßenverkehrsordnung. Es ist hier wenig ergiebig, an Verhaltensmustern herumzudoktern. Unsere Basis als Mutter ist Beziehungsarbeit, und für die gibt es eben kein Gesetzbuch. Wir dürfen unsere Kinder aufgrund unserer persönlichen Erfahrungen und Vorstellungen erziehen. Jede von uns ist auf eine ganz besondere Art und Weise von Eltern, Geschwistern, anderen wichtigen Bezugspersonen und deren vielfältigen, höchst individuellen Lebenserfahrungen geprägt worden. Eine Schematisierung und Verallgemeinerung, die ein Ratgeber zwangsläufig mit sich bringt, kann der komplexen Vielfalt der familiären Situation und auch dem Einzelnen nicht gerecht werden. Pädagogik ist nicht Mathematik. Das Einmaleins der Erziehung kann man nicht wie den Satz des Pythagoras auswendig lernen und dann immer und überall anwenden.

Aus diesen Gründen tun wir gut daran, wenn wir beim Lesen von Ratgebern kritische Distanz bewahren. Kein Autor ist unantastbar oder unfehlbar. Er ist auch nicht in der Lage, uns aufgrund seiner Kompetenzen den einzig richtigen Weg zu weisen. Sehen wir in ihm einen Menschen, der uns von seinem persönlichen Standpunkt berichtet, den wir teilen können oder auch nicht. Jeder Ratgeber, den wir lesen, wird für uns erst durch unsere eigene Reflektion wertvoll. Die Lektüre wirkt im Idealfall wie ein anregendes Gespräch, nach dem wir uns durch einen Gedanken- und Erfahrungsaustausch bereichert fühlen. Wo trifft das Gesagte unser Gefühl? Wo finden wir uns wieder? Welche vorgeschlagene Maßnahme passt zu uns, welche nicht?

Was wirkt auf uns sympathisch, was lehnen wir für uns ab? Lenken wir den Fokus auf Verbindendes und weisen zugleich unangemessene Vorschläge zurück, kann die Fachlektüre zum guten Begleiter werden, der uns in unserer Eigenart bestärkt und von dessen Inhalt wir profitieren können. Ratgeber sind ein Angebot, das wir annehmen und nutzen, aber auch ablehnen können. Sie können uns Orientierung geben, wenn wir sie nicht als Dogmen verstehen, sondern als freundliche Einladung.

Nicht vom eigenen Weg abbringen lassen

Ein weiteres Problem mit Expertenbüchern besteht darin, dass sie leicht den Eindruck erwecken, dass es nur einen richtigen Weg gibt, dieses oder jenes Problem zu lösen. Steht erst einmal ein fachlicher Rat im Raum, ist es unheimlich schwer, an seinem bisherigen, weniger empfehlenswerten Vorgehen festzuhalten oder eigene, kreative Lösungen zu finden.

Als eigenständige Persönlichkeiten sind wir jedoch mit höchst individuellen Stärken und Schwächen ausgestattet, haben ganz unterschiedliche Begabungen und Fähigkeiten. Daraus ergibt sich eine reiche Vielfalt, genauso wie klare personenbezogene Grenzen für den eigenen, unnachahmlichen familiären Alltag. Das bedeutet zum einen, dass wir Mütter nicht alles können. Gleichzeitig heißt das aber auch, dass wir im Umgang mit unseren Kindern mit Sicherheit etwas können, was die Nachbarin mit ihren Kindern nicht kann. Wir sind durch unsere Eigenart sehr beschränkt, doch zugleich verfügen wir über einzigartige Handlungsmöglichkeiten. Trauen wir uns, diese zu nutzen!

Verabschieden wir uns von der Vorstellung, jedwede pädagogische Notwendigkeit beherzigen und geradewegs umsetzen zu müssen, um alles richtig zu machen. Würde es gelingen, hätte das in jedem Fall den Preis, die eigene Authentizität und Selbstbestimmtheit aufzugeben. Prüfen wir daher jede Empfehlung sorgsam, ob sie mit unserer Persönlichkeit und unserem Leben kompatibel ist. Führen wir uns vor Augen, dass es nicht nur eine Wahrheit gibt, es sind viele Wege, die nach Rom führen.

Nehmen wir, weil sie exemplarisch ist und unweigerlich in jedem Haushalt mit Kindern vorkommt, die Einschlafsituation. Jede Mutter kennt das. Bei den Kleinsten geben wir noch alles. Früher oder später ist es jedoch mit der Hingabe vorbei. So schön sich das anfühlt, wenn ein weiches, heißes Bäckchen auf unsere Wange gepresst wird, regelmäßige feuchte Puster in unser Ohr zischen – es ist nur für wenige Augenblicke der Himmel auf Erden. Irgendwann meldet sich heftiger innerer Widerstand. Der unmissverständliche Zeitpunkt, eine Art Normalzustand herzustellen, ist gekommen. Das Kind soll jetzt alleine einschlafen.

Nun haben wir aus einem Erziehungsbuch erfahren, dass Kinder der Selbstständigkeit wegen bereits früh lernen sollten, alleine einzuschlafen. Interessanterweise ist das Kind da ganz anderer Meinung. Kaum legt man es in sein heimeliges Nestchen, brüllt es, als würde man es in einem Palmkörbchen auf dem Nil aussetzen. Bewegt man sich dann auch nur Millimeter von dem Himmelbettchen weg, erreicht das Gebrüll nicht nur für die Nachbarn beunruhigende Ausmaße. Dass kleine Kinder sogar schreiend noch süß aussehen, mit ihren feuchten, kringeligen Löckchen und ihren vor Tränen glänzenden Kulleraugen, macht die ganze Angelegenheit nur für einen Augenblick besser.

In unserer Not sagen wir, bestimmt aber freundlich, wie wir es im Erziehungsratgeber gelesen haben: »Nein, jetzt wird geschlafen, mein Schatz!« und gehen rasch, aber ohne Eile – also ganz nach Vorschrift – wieder hinaus. Trotz korrekter Vorgehensweise brüllt Sternauge weiter. Wir gehen also wieder hinein, trösten verständnisvoll, legen das kleine Kerlchen auf den Bauch, sagen wieder bestimmt, aber freundlich: »Jetzt wird geschlafen, mein Schatz!« und gehen wieder rasch aus dem Zimmer. Das Kind schluchzt weiter. Herzzerreißend. Wir gehen wieder hinein, trösten verständnisvoll, legen das liebe Kind auf den Bauch, sagen sehr bestimmt, aber freundlich: »Jetzt wird geschlafen, mein Schatz!« und gehen rasch, aber ohne Eile aus dem Zimmer...

Nach der achten Wiederholung bereuen wir, jemals Sex ohne Verhütung gehabt zu haben, und lassen uns von unserem Angebeteten instruieren, jetzt bloß konsequent zu sein.

Was tun?
Geschlagene 40 Minuten den Rücken unseres Liebchens streicheln und 30 Mal »Guten Abend, gut Nacht...« summen? Weiter in kurzen Abständen zum Kind gehen und es damit unserer Anwesenheit vergewissern?
Zum Thema »Einschlafen« sind viele Bücher geschrieben worden, und viele raten zu konsequentem Durchhalten, mit dem Versprechen, dass nach einigen Tagen der Spuk ein Ende hätte. Tatsächlich trifft das auf eine Menge Kinder zu und hat so mancher Mutter das Leben gerettet. Aber es gibt auch Kinder, die noch nach zwei Wochen brüllen, was das Zeug hält. Womit wir wieder bei der Einzigartigkeit des Menschen und der jeweiligen Situation wären, und die gilt es zu respektieren, unabhängig von äußeren Ratschlägen. Nehmen wir uns selbst und unser Kind ernst und finden eine Lösung, die für uns passt:

- Wir könnten das Bettchen in unsere Nähe in das Wohnzimmer stellen.
- Wir könnten Geschwister unabhängig vom Altersunterschied zusammen in einem Raum schlafen lassen.
- Wir könnten dem Kind körperlich Grenzen setzen und es festhalten.
- Wir könnten in Sichtweite des Kindes fernsehen.
- Wir könnten das Kind zum Einschlafen ins Elternbett legen.
- Wir könnten den Schlafrhythmus des Kindes so verändern, dass wir mit dem Kind zusammen schlafen gehen.

Es gibt viele Möglichkeiten. Für welche wir uns entscheiden, hängt von uns selbst und unserem Kind ab. Dabei ist keine Handlungsweise falsch, sondern nur anders. Von jeder Methode kann ein Kind auf unterschiedliche Weise profitieren. Ein Kind, das bis zum Kindergartenalter in Mutternähe einschlafen konnte, hat lange bedingungslose Geborgenheit genießen können – die dunklen Momente kommen auch zu Kindern gerne nachts. Ein Kind, das per Programm gelernt hat, selbstständig einzuschlafen, wird dank dessen möglicherweise allzeit leicht in den Schlaf finden.

Jede Vorgehensweise hat Licht und Schatten. Die eine betont mehr die Geborgenheit, die andere die Eigenständigkeit des Kindes. Wie wir in der Einschlafsituation die Balance halten werden, wird von unserer Beziehung zum Kind, unserer Lebenssituation und unserer Art, Nähe zu leben, bestimmt werden. Legen wir selbst viel Wert auf Autonomie, werden wir wahrscheinlich das Schlafprogramm bevorzugen. Haben wir einen Fulltimejob, werden wir unserem Kind mehr Nähe und Geborgenheit geben wollen, da unser Kind schon tagsüber sehr auf sich gestellt ist. Dann ist es innerlich stimmig, abends noch mal eng zusammenzurücken und dem kleinen Racker beim Einschlafen die Hand zu halten. Sind wir von morgens bis abends mit den Bälgern zusammen, ist der Akku abends leer und wir brauchen einen schnellen Schnitt.

Jede Mutter ist anders, jedes Kind und auch jede Situation ist anders. Das macht den Umgang mit Ratgebern so schwer. Sie können uns trotzdem gute Dienste leisten, wenn wir sorgfältig die aussuchen, die uns darin unterstützen, unseren eigenen Weg zu finden.

In Anbetracht der erheblichen Nebenwirkungen von Erziehungsratgebern wäre ein Beipackzettel gleich auf der ersten Seite ausgesprochen sinnvoll. Ich hätte da einen Vorschlag.

Beipackzettel

- *Anwendungsgebiete:* Geeignet für Eltern, die eine Konfrontation mit dem eigenen Über-Ich und dem des Autors nicht scheuen und eine gehörige Portion kritische Distanz mitbringen.
- *Dosierung:* Das Zuführen von Ratgebern sollte immer während eines ausführlichen Dialogs mit dem eigenen Ich erfolgen. Dann vorsichtig dosieren.
- *Gegenanzeigen:* Nicht unbedingt geeignet, wenn der Wunsch nach einer nachhaltigen Änderung der pädagogischen Haltung vorliegt.
- *Nebenwirkungen:* Die Lektüre von Ratgebern kann zu erheblichen Irritationen und einer Gefährdung des elterlichen Selbstwertgefühls führen. Mit Versagensgefühlen ist unter Umständen zu rechnen. Eine Verunsicherung im bisherigen Erziehungsverhalten ist darüber hinaus nicht auszuschließen.

- *Besondere Hinweise:* Es ist nicht zwingend notwendig, nach der Lektüre bisherige Erziehungsmethoden vollends über den Haufen zu schmeißen.

Von Mutter zu Mutter

Das letzte Wort hat das Herz. Mit jeder neuen wissenschaftlichen Erkenntnis wird es immer wieder neue Ratschläge für uns Mütter geben. Nicht selten werden sie dem widersprechen, was für alte Ratgeber jahrelang Standard war. Der verlässlichste Fixpunkt, den wir in der Erziehung haben, ist unsere Intuition, das Gespür, das nur wir für unsere Kinder haben.

Das politisch Unkorrekte wagen

Wir gehören zu einer Spezies, die vom Aussterben bedroht ist: Wir entrümpeln den Einkaufswagen von gebrauchten Taschentüchern, Bonbonpapierchen und abgenagten Käserinden, bevor wir ihn zurück in die Schlange schieben. Nie würden wir uns in getragener Straßenkleidung ins frisch bezogene Bett legen.

Unsere Kindheit begleitet uns auf allen Wegen. Und mit dabei sind auch: gutes Benehmen, Korrektheit, Ordentlichkeit und Sauberkeit. So bemerkenswert diese Eigenschaften auch sind, allein damit werden wir nicht glücklich. Das ist so wie mit dem Essen. Schicke Figur hin oder her, bei allem Körperbewusstsein muss es hin und wieder das Leberwurstbrot mit viel Butter drunter sein. Nur dann kommt Lust und Freude auf. Manchmal muss man eben etwas falsch machen, um es richtig zu machen. Das verhält sich in Erziehungsdingen nicht anders als beim Thema Ernährung.

Nur die nicht perfekte Erziehung ist lustvoll

Wir sollten uns kleine Freiheiten gönnen, frivole Abweichungen vom mütterlichen Diktat. Das kostet Überwindung, lohnt sich aber. Dann können wir uns zwischenzeitlich wieder wie kleine Strolche fühlen, die dem Nachbarn die Kirschen vom Baum klauen. Auf diese Weise gibt es als kleines Extra die einmalige Chance, so ganz nebenbei, in der Kindheit Versäumtes nachzuholen.

Frei nach dem Motto »Wer die Regeln kennt, darf sie brechen« reicht es zu Beginn, ein bisschen anarchisch zu sein. Als blutiger Anfänger können wir klein anfangen: Wir können unser Nesthäkchen mit nackten Füßchen über den Spielplatz tollen lassen. Sehr Vorsichtige können auch damit beginnen, die unmittelbaren Nachkommen in fleckigen Hosen in die Schule losziehen zu lassen. Sollte das wirklich jemandem unangenehm auffallen, werden sie dessen Rückmeldung vielleicht ganz in unserem Sinne verbuchen. Den Einstieg in das politisch Unkorrekte können wir auch am frühen Morgen finden, indem wir bei Tisch die Tageszeitung überfliegen, während die kleinen Milchbärte ihr politisch korrektes Müsli verdrücken.

Haben wir erste Erfahrungen mit politischer Unkorrektheit gesammelt, werden wir die schöne Erfahrung machen, dass unsere Welt nicht aus den Fugen gerät, wenn wir mal fünfe gerade sein lassen.

Bei allem Wissen um gewissenhafte Zahnhygiene spricht dann nichts gegen einen ansehnlichen Vorrat an Dauerlutschern im Küchenschrank, und einem wichtigen Telefonat mit der besten Freundin steht trotz Schoßkind nichts mehr im Wege. Die pädagogische Botschaft an die Kinder: Es gibt Ausnahmen. Und: Freunde sind wichtig!

Als bereits erfahrenere und progressive Mütter gehen wir vor dem Mittagessen mit unserem hungrigen Kind in den Supermarkt und füttern es im Einkaufswagen mit Schokoladenkeksen, Bananen und Kostproben von der Wurst- und Käsetheke, um in aller Seelenruhe einkaufen zu können. Älteren Damen, die ihren Senf zu den Schokoladenkeksen dazugeben möchten, rufen wir ein zuckersüßes: »Don't worry, be happy!« hinterher. Grenzen in der Erziehung sind wichtig, aber diese Grenzen müssen nicht von starren Eisenzäunen markiert werden. Kleine Freiheiten vermitteln ein Gefühl von Autonomie, und das tut gut. Der Clou dabei: Eine bewusste Entscheidung gegen die Vorschrift ist kein Scheitern, sondern verantwortetes Handeln. Jede noch so kleine Rebellion gegen das Dogma des perfekten Mutterseins ist ein persönlicher Entwicklungsschritt und ein kleiner Triumph.

Nicht jede Mutter ist zum Spielen geboren

Mit ungeniertem politisch unkorrektem Verhalten stellen wir uns gegen den Zeitgeist, gegen den Gruppendruck und gegen unsere alten

Wertvorstellungen. Psychologisch gesehen ist das durchaus sinnvoll. Wir schützen auf diese Weise unsere Grenzen und entrümpeln unseren Alltag mit den Kindern von Stress und Leistungsdruck. Der kleine Haken dabei: Die freche Pädagogik kann nicht im Detail verordnet oder empfohlen werden. Sie ergibt sich aus der individuellen Situation, aus der besonderen Beziehung zu unserem Kind. Was im Umgang mit dem einen Kind wohltuend und haltgebend ist, ist beim anderen irritierend und verunsichernd. Da können wir nur wieder unserem Herzen folgen.

Als Mutter und Heilpädagogin nicht gerne mit seinen Kindern zu spielen, ist ein Unding, vielleicht sogar eine Todsünde. Pädagogen erwarten von sich selbst, dass sie zugewandte, einfühlsame Spielbegleiter sein müssen – zum Wohle der kindlichen Entwicklung. Das haben sie gelernt, das ist ihr Auftrag. Unglücklicherweise spiele ich im privaten Bereich, so ganz ohne berufliche Bestimmung, gar nicht gerne mit Kindern, auch nicht mit meinen eigenen. Als Erstlingsmutter war dieser Umstand für mich unakzeptabel, weshalb ich die ersten Jahre wild gegen diese Abneigung angekämpft und mir eine tägliche Spieldosis abgerungen habe – mit dem Resultat, dass ich schon beim Anblick eines Puppentheaters schwermütig wurde.

Doch damit ist Schluss. Im Zuge meiner mütterlichen Weiterentwicklung nehme ich das nicht mehr zu überhörende »Ich mag nicht spielen!« ernst und leiste mir den Luxus eines »Du darfst das Spielen mit deinen Kindern verweigern«.

Das sieht dann ungefähr so aus: Wenn meine Kinder mit mir spielen wollen und ich nicht will, sage ich: »Mütter sind nicht zum Spielen da.« Worauf ich nur auf die Frage warte, wozu Mütter denn sonst gut wären, denn dann lege ich erst richtig los. Das Ende des ausführlichen und detaillierten Monologes, wie viel ich als Mutter tagtäglich leiste, bekommt dann keiner mehr mit. Noch ehe ich die erste Runde richtig eröffnet habe, ergreifen alle die Flucht.

Es gibt Mütter, die sich fürs Spielen einfach nicht eignen. Ich gehöre dazu. Sollte meine Anwesenheit im Kinderzimmer trotzdem mal zwingend notwendig sein – bei Klein- und Einzelkindern lässt sich das gemeinsame Spiel nicht ganz vermeiden –, gestalte ich die Spielsituation zumindest so angenehm wie möglich. Dann spielen wir das, was für mich gerade noch machbar ist. Ich stehe als Statist, Zuschauer und Assistent zur Verfügung. Spielt mein Kind Arztbesuch, bin ich der Patient, der abgehört wird. Das hat den Vorteil, dass ich dabei liegen und meinen Gedanken nachhängen kann. Dann bin ich zwar da, aber innerlich weit weg und fühle mich wohl.

Nicht jede Mutter ist zum Spielen geboren. Es gibt eine ganze Menge, was wir für unsere Kinder tun müssen, Spielen gehört nicht notwendigerweise dazu. Das können andere, die nicht so nah dran sind, manchmal besser. Väter zum Beispiel oder Babysitter. Und damit Sie nicht einen gar so schlechten Eindruck von mir bekommen: Es gibt immer noch das Vorlesen, das gemeinsame Singen, Toben oder Sportmachen.

Die mütterliche Spielverweigerung führt dazu, dass man eine ungeahnte Kreativität in der Erfindung von Beschäftigungen entwickelt, die Kinder ohne Mama machen können. Das erklärt den Riesenvorrat an Kleenexboxen, einzeln verpackten Pflastern und den großen Wasserverbrauch in den Haushalten von spielfaulen Müttern. Nebenbei lernen die Kinder hervorragend, sich selbst zu beschäftigen, und werden unabhängiger von äußeren Umständen, wie dem Fehlen eines Spielkameraden.

Eine andere Lösung wäre es, seine Nachkömmlinge schon früh in die Geheimnisse des erwachsenen Spiels einzuweihen. Wenn Kinder schon mit sieben Doppelkopf lernen, ist das sicher nicht die schlechteste Startbedingung fürs Leben.

Kleiner Tipp am Rande: Wenn Sie auch nicht gerne mit Ihren Kindern spielen, denken Sie an Astrid Lindgren. Die Mutter aller Kinderbücher lässt die Mütter in ihren Büchern nie mit ihren Kindern spielen. Das unbeschwerte, zauberhafte Ambiente von Bullerbü beruht quasi auf der weitgehenden Abwesenheit der Erwachsenen.

Die gefürchteten externen Ratgeber und Begutachter hierzulande erschweren natürlich das politisch Unkorrekte. Stellen wir uns folgende Situation vor:

Wir verlangen von unserem Kind, vor der Schule ein paar sehr wichtige Angelegenheiten zu erledigen, die es am Vortag trotz wiederholter Ermahnungen

Beispiel

versäumt hat. Ungeachtet seines lautstarken Protests bleiben wir bei unserer Forderung und erwarten, dass die Sporttasche samt verstreutem Inhalt noch vor dem Verlassen des Hauses von ihm allein aufgeräumt wird, inklusive der Reinigung der stark verdreckten Turnschuhe. Wir bleiben standhaft, trotz einem »Ich komme zu spät zur Schule!«, und lehnen das Chauffieren strikt ab, denn es reicht uns jetzt! Das Kind stürmt voller Zorn aus dem Haus, ohne Frühstück, ohne Regenjacke und ohne Schirm. Mit Hallenturnschuhen, die noch feucht vom Waschen sind. Es regnet in Strömen.

Ehrlich gesagt, mir wäre jetzt etwas mulmig zumute. Dank sommerlicher Temperaturen würden sich meine bösen Vorahnungen nicht auf eine drohende Lungenentzündung beziehen. Nein, sie beträfen die Reaktion auf den aufgelösten und aufgeweichten Zustand meines Kindes: Post vom Lehrer (»Ihr Kind kam heute völlig durchnässt und verspätet zur ersten Stunde, mit Tränen in den Augen...«), missbilligende Blicke der aufmerksamen Nachbarin und, und, und.

Hat man sich nach langem Ringen zu mehr Machtgebrauch entschieden und verteidigt die einmal gesetzten Grenzen entschlossen, selbst wenn das nach außen hin ungebührlich erscheinen könnte, geht man das Risiko ein, postwendend Reaktionen zu erhalten. Der Sozialarbeiter vom Jugendamt wird aller Wahrscheinlichkeit nicht an unserer Haustür klingeln, doch es kann passieren, dass wir mit unserem autonomen Erziehungsstil auch mal anecken und deutliche Kritik zu spüren bekommen. Doch die Lust an der eigenen Handlungsfähigkeit und die entspannte Beziehung zu unseren Kindern sind das allemal wert. Unabhängiges, freies Erziehen braucht schon etwas Chuzpe.

Kindergeschrei ist von nun an auch kein Anlass mehr, alle anderen Mitmenschen zu ignorieren. Brüllt der ganz persönliche Haustyrann bei einer Spazierfahrt mit dem Buggy und lässt sich trotz einfühlsamster Kraftanstrengung und Schnuller beim besten Willen nicht beruhigen, hindert das eine sehr fortgeschrittene, politisch unkorrekte Mutter nicht daran, mit ihrem Mann heftig turtelnd in Seelenruhe weiterzuschieben. Oder leise vor sich hin zu singen – das erfüllt auch schon seinen Zweck, während noch Ungeübte mit versteinerten Gesichtern versuchen, den Kinderwagen samt Krawallmacher schnellstmöglich aus der Gefahrenzone Park zu bringen oder einen unterhaltsamen, kindgerechten Wettlauf organisieren.

Ein sehr nützliches Requisit für eine frischgebackene unangepasste Mutter ist die Erstellung einer ganz persönlichen Du-darfst-Liste, die man der übermächtigen Ansammlung allgegenwärtiger To do's wacker entgegenstellt. Das von so vielem »Müssen« bestimmte Mutterleben kann so eine Liste wahrlich gut vertragen. Geben wir uns selbst die Erlaubnis, manches anders als die anderen zu manchen. Am besten schenken wir uns gleich zum nächsten Muttertag solch ein praktisches Utensil. Ein passenderes Geschenk kann ich mir für diesen Ehrentag wirklich nicht vorstellen. Ob in Form eines schreiend großen Plakats, das seinen Platz in der Küche einnimmt oder elegant zurückhaltend auf der ersten Seite des Planers, »Du-darfsts« sind kühn beschlossene Abweichungen gegen das Dogma »Perfekte Mutter«. Und so könnten sie aussehen.

- Du darfst dir erst Schuhe und Mantel ausziehen, bevor du den Brei machst, auch wenn dein Baby aus vollem Halse vor Hunger brüllt. Es ist sogar okay, vorher noch aufs Klo zu gehen.
- Du darfst den braunen Klecks im Strampler schlicht ignorieren, wenn dein Baby hundemüde ist, ohne Sorge zu haben, dein Kind verwahrlosen zu lassen.
- Du darfst deinen Stammhalter dann baden, wenn du es für nötig hältst, ganz egal, ob irgendwo steht, dass man es zweimal, dreimal oder zehnmal in der Woche tun sollte.
- Du darfst statt der üblichen Kindergesichter dein eigenes Portrait auf dem Bildschirmschoner installieren.
- Du darfst abstillen, obwohl du genug Milch hast.
- Du darfst das letzte Wort in der Auseinandersetzung um die richtige pädagogische Intervention mit deinem Mann haben, wenn du die Einzige bist, die jede Nacht aufsteht.
- Du darfst deinem Elfmonatskind neun Pommes frites zu essen geben, ohne Sorge zu haben, dass es eine Acrylamidvergiftung davonträgt.
- Du darfst so lange mit dem Hausputz warten, bis es dir selbst stinkt.

- Du darfst naserümpfenden Besuchern lachend erklären, dass du tatsächlich nicht zu den zwanghaften Sauberkeitsfanatikern gehörst.
- Du darfst dein Kind, während es bei der Tagesmutter gut aufgehoben ist, komplett vergessen.
- Du darfst beim Kindergartensommerfest den Orangennektar mit 40 Prozent Fruchtgehalt zu den Pfandflaschen mit Bio-Apfelsaft, Ökomilch, dem Walnusskuchen aus Vollkorndinkel und dem fair gehandelten Kaffee auf das Büfett stellen.
- Du darfst im Kinderzimmer Jack Johnson statt Benjamin Blümchen auflegen.
- Du darfst das Eis für deine geliebten Nachkommen auf eine Kugel beschränken.
- Du darfst mit deinen Kindern mit Chipstüte, Schokonüssen und Limo an einem Freitagabend Miss Marple gucken.
- Du darfst den heranwachsenden Milchbärten verbieten, für jedes Getränk ein neues Glas zu nehmen.
- Du darfst dein Kind statt um viertel vor drei erst zur Schließungszeit von der Kindertagesstätte abholen.
- Du darfst deine Lieblingsschokolade vor deinen eigenen Kindern verstecken und sie notfalls auch verteidigen.
- Du darfst auf eine Notlüge zurückgreifen und deinem Kind erklären, die Benjamin- Blümchen-Kassette wäre von der Hexe Baba Yaga geholt worden, obwohl du sie klammheimlich in den Müll geworfen hast.
- Du darfst die Babymassage schwänzen und dein Kind so streicheln, wie du es möchtest.
- Du darfst zum Zwecke der Aggressionsabfuhr zu deinem Kind bis zu einem Alter von zwei Jahren kleiner Stinker sagen.
- Du darfst mit deinem Partner Sex haben, auch wenn die Kinder wach sind, solange sie ebenfalls gut beschäftigt und versorgt sind.
- Du darfst von deiner elfjährigen Tochter verlangen, das Handy umgehend wegzulegen, wenn Besuch kommt.
- Du darfst gegen den Rat des superpingeligen Zahnarztes die Zahnspange für dein Kind ablehnen.
- Du darfst den Versorgungsstandard senken. Er ist mit Sicherheit danach immer noch hoch.

- Du darfst dich im Zweifel immer für das Nein entscheiden, denn Jas gibt es garantiert noch genug.
- Du darfst viel falsch machen und bist trotzdem eine gute Mutter.

Von Mutter zu Mutter

Ein herrlich böses Beispiel für politisch unkorrektes Verhalten in Sachen Kindererziehung können Sie in dem Sketch Selbstgebastelt *aus Anke Engelkes Show* Ladykracher *sehen. In dem Spot, der unter diesem Stichwort im Netz leicht zu finden ist, konfrontiert uns Mutter Engelke schonungslos mit dem übertriebenen Zirkus um die Kinder. Wie sie das macht, ist so böse und deshalb auch herrlich entlastend, dass es Pflichtprogramm für alle Mütter werden sollte, die sich dazu entschlossen haben, nicht mehr die Supermama spielen zu wollen.*

Neue Mütter braucht das Land – andere Vorbilder

Wir haben uns den Abschied von unserem bisherigen Ideal, wie eine Mutter zu sein hat, bereits einige Male vorgestellt. Um uns nun wirklich und endgültig von diesem Trugbild, das uns unser bisheriges Dasein als Mutter so schwergemacht hat, verabschieden zu können, sollten wir unserem alten Ideal ein geeignetes Vorbild gegenüberstellen.

Schauen wir erst noch einmal zurück. Welches Ideal schwebte uns vor, als wir Mutter wurden? Es ist aufschlussreich, an dieser Stelle bei sich selbst zu forschen. Um Ihnen den Einstieg zu erleichtern, möchte ich Ihnen als Beispiel von mir selbst erzählen:

Mein Mutterideal war es, für meine Kinder alles zu geben, komme, was da wolle! Anrührende Spielfilme, in denen altruistische Mütter für ihre Kinder durchs Feuer gingen, sich gar für sie opferten, konnten mich stets zu Tränen rühren. Voller Wehmut saß ich auf meinem weichen Sofa, erfüllt von der Sehnsucht, auch so eine vollkommene, makellose Mutter zu werden. Und gleichzeitig spürte ich damals schon so etwas wie eine leise Vorahnung, dass sich das nie erfüllen würde.

Der Gegenentwurf, selbstachtsame Mütter, die trotz größter Schwierigkeiten kompromisslos ihren einmal gewählten Weg gingen, wie die ehemalige kolumbianische Präsidentschaftskandidatin Ingrid Betancourt, die für ihre Überzeugung sogar das eigene Leben riskiert hat, ließen mich befremdet und irritiert zurück. Diese unterschiedlichen Muttertypen ließen sich nicht mit meinem Bild von der idealen Mutter vereinbaren. Das gab mir zu denken, und ich ahnte, dass sich daraus für mich eine Aufgabe ergeben würde.

Unsere Gefühle angesichts von Müttern in der Öffentlichkeit offenbaren viel über unsere inneren Mutterbilder. Dabei sind die schwierigen Gefühle mindestens so aufschlussreich wie die angenehmen. Das Ideal genauso wie das Antiideal. Horchen wir einmal unzensiert in uns hinein, wie andere Mütter auf uns wirken:

- Welche Mutterfiguren haben uns bislang fasziniert?
- Welche lassen uns in Ehrfurcht verstummen?
- Welche lassen uns grün anlaufen vor Neid?
- Welche bringen uns auf die Palme?
- Welche hassen wir regelrecht?
- Welche rühren uns zu Tränen?

Wie reagieren wir auf Heidi Klum, die augenscheinlich Familie und Beruf mit großem Erfolg und ganz gelassen meistert? Wie stehen wir zu Müttern wie Ursula von der Leyen oder Hillary Clinton, die in männliche Domänen eingedrungen sind? Was lösen Berichte von Müttern in uns aus, die Mann und Kinder für ein anderes Leben verlassen haben, indem sie einfach auf und davon gegangen sind?

Während Bewunderung, Anziehung und Sympathie, aber auch eifersüchtige Gefühle uns auf unsere verinnerlichten Idealvorstellungen hinweisen, können Empfindungen wie Antipathie und Missbilligung Aufschluss darüber geben, was bei uns versteckt im Dunkeln liegt. Die heftige Ablehnung bestimmter Muttertypen kann auf Anteile in uns hindeuten, die im Verborgenen liegen, aber nur darauf warten, in unsere Persönlichkeit integriert zu werden. Wenn es wehtut, hat das immer einen Grund.

Gerade die Mütter, die uns zunächst mit ihrer gegensätzlichen Art verärgern und zum Widerspruch reizen, können uns weiterbringen. Wie die unkonventionelle Nachbarin, die ungeniert ihre Kinder mit dem Auftrag, nicht vor einer Stunde wieder nach Hause zu kommen, zum Spielen auf die Straße schickt, damit die Frau Mama in der Zwischenzeit in Ruhe ihren Kaffee trinken kann. Der Trick dabei ist, die progressive Nachbarsfrau für ihren gesunden Egoismus nicht zu verteufeln, sondern sie als günstige Gelegenheit zur Selbstreflexion zu betrachten: Was die macht, ist vielleicht gar nicht so übel. Was die lebt, kann mich vielleicht entlasten oder stärken. Was die kann, kann ich vielleicht auch!

Es geht dabei gewiss nicht darum, das Verhalten der Nachbarin in den Himmel zu heben, genauso, wie sie zu werden oder dasselbe zu leisten. Es geht darum, sich Rückendeckung und Impulse für das Eigene zu holen. Identifizieren wir uns ein wenig mit dieser so anderen Mutter, schicken wir unsere Kinder zwar noch lange nicht auf die Straße, aber vielleicht für einige Zeit auf ihr Zimmer, um uns ungestört auf eine wichtige Handlung konzentrieren zu können. Die Mutter, die Mann und drei Kinder verlassen hat, kann uns daran erinnern, unsere eigene Entwicklung für die Familie nicht außer Acht zu lassen. Sie kann uns ein Anlass sein, unser enges Idealbild zu korrigieren und – innerlich wie äußerlich – etwas Luft zwischen uns und unsere Lieben zu bringen.

Begeben wir uns auf die Suche nach neuen weiblichen Leitfiguren, müssen wir also genauer hinschauen. Oft können wir sie gleich um die nächste Straßenecke finden. Mütter fern unserer alten Ideale tun sich in der Regel nicht durch große Heldentaten oder besonderen Glamour hervor. Normale Mütter sind im Gegensatz zu den alles überstrahlenden Supermüttern eher stille Heldinnen des Alltags, die auf den ersten Blick nicht zur Idealisierung taugen. Aber genau darum geht es ja. Schenken wir – fern von Äußerlichkeiten – den Frauen unsere Aufmerksamkeit, die uns wachrütteln und von denen wir lernen können.

Doch noch einmal zurück zu den großen Idolen. Schauen wir bei den Großen und Berühmten nach, hat das sicherlich den Nachteil, dass deren Dasein nicht viel mit unserem Leben gemeinsam hat, da sie einen besonders privilegierten finanziellen und gesellschaftlichen Status genießen. Die Anstrengungen, Zweifel und Sorgen, die mit jedem Muttersein untrennbar verbunden sind, sehen wir nicht. Die schillernde Oberfläche, die wir zu Gesicht bekommen, gibt das Wesentliche nicht preis; das liegt darunter. Das, worum es wirklich geht, das emotionale Scheitern oder Gelingen können wir als Außenstehende unschwer erkennen.

Das Tückische an Idealen ist, dass man zwar das Ziel vor Augen hat, aber nicht den mühseligen Weg, es zu erreichen. Berühmte engelsgleiche Mütter, wie Cate Blanchett, scheinen dieses Ziel zu verkörpern. Es wäre interessant, sie zu fragen, ob sie das auch so sehen.

Auch wenn uns deren innerer Weg verschlossen bleibt: Von vielen prominenten Müttern können wir in einer Hinsicht auf jeden Fall profitieren. Ungeachtet aller leuchtenden Fassade leben sie vor, dass man trotz der Kinder sein eigenes Leben in die Hand nehmen kann. Sie sind Mütter, die nicht gewillt sind, der Kinder wegen auf eigene Ansprüche und Träume zu verzichten. Sie stellen ihre Kinder nicht ins Zentrum ihrer Welt, obwohl sie sie sicherlich genauso lieben wie alle anderen Mütter auch. Und sie stehen zu ihrer Entscheidung und sind dafür bereit, auch Kritik einzustecken.

Neben den realen Identifikationsfiguren in unserem Umfeld bieten sich selbstredend Kunstgeschöpfe aus Literatur und Film an. Die sind zwar nicht echt, haben aber den großen Vorteil, dass wir den Figuren sehr nahe kommen können. Wie zum Beispiel Erin Brockovich aus dem gleichnamigen Film, der eine wahre Geschichte erzählt. Mal abgesehen davon, dass Erin Brockovich von Julia Roberts verkörpert wird, ist sie eine glaubhafte Darstellung einer normalen Mutter mit Ecken und Kanten, von der wir uns das eine oder andere abgucken können. Orientieren wir uns wieder nur an Übervätern und Übermüttern, tappen wir in die alten Fallen – die Tücken des Ideals und der guten, fachlichen Ratschläge sind ja inzwischen bekannt. Es ist viel angenehmer und lebendiger, durch Identifikation als durch Ratschläge zu lernen, und eine zeitgenössische Symbolfigur gleichen Geschlechts eignet sich dafür am besten. Was für eine Mutter ist Erin Brockovich? Wie können wir von ihr profitieren? Dass sie eine tolle Frau ist, wissen wir. Aber sie ist auch eine ganz gewöhnliche Frau und Mutter. Als Alleinerziehende hat sie furchtbar viel am Hals, einschließlich großer Geldsorgen, geht trotz leerer Taschen mit ihren kleinen Lieblingen Hamburger essen, isst dort selbst nichts und täuscht ihren drei Kindern zur Beruhigung vor, schon zum Essen eingeladen worden zu sein. Wie jede Mutter bringt sie ihre Kinder liebevoll ins Bett, deckt sie zu und geht warmherzig und einfühlsam mit ihnen um. Wie jede andere Mutter bricht sie in Panik aus, als sie die Kinder nicht bei der wenig vertrauensvollen Tagesmutter vorfindet, und sorgt sich darum, ihren Kindern kein besseres Heim bieten zu können. Und schließlich möchte sie, wie jede Mutter, ihre Kinder zu anständigen Menschen erziehen.

Auf der anderen Seite stürzt sich Erin Brockovich kopfüber in die neue Arbeit und engagiert sich dabei wie eine Besessene für eine gute Sache (sie deckt einen spektakulären Umweltskandal auf). Um ihren Job zu behalten und ihrem Herzen folgen zu können, überlässt sie dem noch wenig bekannten Nachbarn ihre Kinder, bleibt immer öfter von zu Hause weg, obwohl sie wie auch die Kinder unter der Trennung von ihnen leidet. Sie verspätet sich ständig und liest bei den seltenen, gemeinsamen Essen noch Akten. Sie ist manchmal ungeduldig mit ihren Kindern, barsch im Ton und verlangt einiges an Rücksicht und Verzicht von ihnen. Und dann verpasst sie auch noch das erste Wort ihrer Jüngsten. Das, wie wir Kinoliebhaber wissen, nicht Mama, sondern Ball war.

Obgleich ein Kind ihrer Zeit, ist sie durch und durch unkonventionell und unangepasst. Sie ist hartnäckig, impulsiv, hat eine starke, direkte Ausdrucksweise, scheut keine Autoritäten und macht ihr eigenes Ding – scheinbar auf Kosten der Kinder. Denn ihre Kinder vermissen sie, sind traurig und wütend. Doch bei alldem bleibt kein Zweifel: Sie liebt ihre Kinder und ihre Kinder lieben sie.

Mütter wie Erin Brockovich sind alles andere als perfekt, genau genommen bauen sie auch manchmal Mist. Man hätte sie trotzdem gerne zur Freundin. Sie sind nicht nur Mutter, sondern auch Frau. Aber nicht in dem Sinne, dass sie die vielfältigen, anderen weiblichen Rollen und Aufgaben pflichtbewusst ausfüllen, sondern indem sie die unterschiedlichen Aspekte ihrer Persönlichkeit zu Wort kommen lassen. Und zwar laut und vernehmlich. Und für die Kinder unüberhörbar. Und sie ist alles andere als eine Supermama. Wir können uns eine Scheibe bei ihr abschneiden.

Diese Frau, die wie eine Löwin für ihre eigene Entwicklung, Gerechtigkeit und letztlich auch für das Wohlergehen ihrer Kinder kämpft, zeigt, dass das selbstbestimmte Muttersein kein Zuckerschlecken ist. Doch der kleine Einblick in ihre Biografie macht klar, dass sie nur diesen einen Weg gehen kann, auch wenn er mit Verlust und Kummer einhergeht. Und dass man nicht alles haben kann, dass es sich aber trotzdem lohnt!

Nanny McPhee lässt grüßen

Es gibt noch eine weitere Mutterfigur auf der Kinoleinwand, die uns auf unserem Trip zu einem unabhängigen Muttersein behilflich sein kann. Es ist Nanny McPhee aus dem Filmmärchen *Eine zauberhafte Nanny*. Die wunderbare Emma Thompson hat diesen Film initiiert und gibt Nanny McPhee auch ihr Gesicht. Sie spielt zwar eine Nanny und keine Mutter, doch nichtsdestotrotz ist sie als Vorbild gut zu gebrauchen, denn sie vereint all das, was uns Mütter außer Liebe und Fürsorge noch ausmacht:

Emma Thompson, im eigentlichen Leben selbst Mutter, erscheint in Gestalt der potthässlichen Nanny McPhee als letzte Rettung für sieben außer Rand und Band geratene Kinder, die mehr oder weniger auf sich gestellt sind: Die Mutter ist tot, alle vorherigen Kindermädchen wurden vergrault. Die Geschwisterschar akzeptiert keine Grenzen, und alle spucken große Töne. Zugleich sind sie völlig überfordert und müssen die volle Verantwortung für das Baby tragen. Um der Lage einigermaßen Herr zu werden, werden sie von den anwesenden Erwachsenen mit Süßigkeiten ruhiggestellt, was natürlich nur kurzfristig Erfolg hat.

Diese Familie Brown ist das fleischgewordene Chaos, der Albtraum jedes Pädagogen, und dass es trotzdem zu einem Happy End kommt, ist den reichlich unbequemen und sehr unpopulären Interventionen von Nanny McPhee zu verdanken.

Das Wesen dieser merkwürdigen Nanny liegt darin, dass sie Autorität und große Zuversicht verströmt. Sie hält eine respekteinflößende Distanz zu allen Personen des Haushalts, ohne je unangemessen streng oder im Mindesten gleichgültig zu wirken.

Ihre Mission, den Kindern fünf Lektionen beizubringen, ist der wesentliche Eckpfeiler für ein entspanntes und wertschätzendes Miteinander. Ihr Erziehungsziel erreicht Nanny McPhee mit logischen Konsequenzen, die sie dank ihres knorrigen Zauberstabs problemlos durchziehen kann. So nimmt die »zauberhafte Nanny« die Kinder beim Wort, als sie vortäuschen, krank zu sein, obwohl das Täuschungsmanöver offensichtlich ist. Sie müssen konsequenterweise im

Bett bleiben (sie werden festgehext), müssen ekelhafte Medizin und nicht minder widerliche »Kraftbrühe« trinken. Obwohl McPhee dank ihrer Zauberkräfte sehr mächtig erscheint, offenbart sie ihre Grenzen und unterscheidet darin, was sie leisten kann und was nur die Kinder selbst tun können. Damit wirft sie die Kinder auf sich selbst zurück und überträgt ihnen altersgemäße Verantwortung für ihr Tun. Sie dürfen auf eigene Faust handeln, müssen für die Konsequenzen jedoch ebenso geradestehen.

Wenn die Nanny im Dienst ist, ist sie ganz da, ist präsent und aufmerksam. Sonntags jedoch hat sie frei. Trotz des Tumults um sie herum nimmt sie sich Zeit für sich selbst, nimmt sich Raum für das Eigene, ist im Notfall, wenn sie wirklich gebraucht wird, aber immer da. Sie bietet die Basis, auf der die Kinder Halt finden, auf die sie zurückgreifen können, wenn es notwendig ist, die aber verschwindet, wenn sie nicht mehr gebraucht wird.

Originalton Nanny McPhee: »Wenn ihr mich braucht, aber mich nicht wollt, muss ich bleiben. Wenn ihr mich wollt, aber nicht mehr braucht, muss ich gehen.«

Diese märchenhafte Story zeigt in kunterbunten Bildern, dass gute Mütter auch Seiten haben, die in Kinderaugen ätzend, gemein und ungerecht erscheinen. Ein Bild dafür ist die Hässlichkeit von Nanny McPhee. Sind wir ganz wir selbst und zeigen uns mit unseren fordernden und mächtigen Anteilen, erscheinen wir unseren Kindern hin und wieder tatsächlich wie hässliche, gräuliche Hexen. Die Geschichte der zauberhaften Nanny zeigt aber ebenso, dass das Hässliche verschwindet (die Warzen, der Hasenzahn und die Knubbelnase verschwinden sukzessive mit jeder gelernten Lektion), sobald ein Erziehungsschritt vollzogen ist. Mit jeder vollbrachten Lösung werden die Konflikte weniger und das Kind stärker. Denn ein Kind, das gelernt hat, mit Anforderungen und Konsequenzen klarzukommen, beunruhigt das Fordernde, das »Hässliche« nicht mehr. Das »Hässliche« verschwindet.

Nanny McPhee macht uns vor, dass sogar die von den Kindern ungeliebten Anteile einer Mutter auf Liebe, Halt und Respekt gründen und dass es nichts Verwerfliches ist, unpopuläre Maßnahmen zu ergreifen und seine Macht in den Dienst einer guten Erziehungssache zu stellen. Fantastische Zauberkräfte können wir uns leider nicht aneignen, McPhees Haltung allemal.

Kindergeschichten für Mütter

Lotta zieht um

Auf der Suche nach neuen Vorbildern können wir ebenfalls in der Kinderliteratur fündig werden. In dem Buch *Lotta zieht um* von Astrid Lindgren begegnen wir einer Mutter, die weiß, was sie will, und zeigt, wo es langgeht. Die Geschichte handelt von der kleinen Lotta, die eines Morgens schlecht gelaunt aufwacht und einen Konflikt vom Zaun bricht, den jede Mutter kennt. Lotta weigert sich, den von der Mutter ausgewählten Pullover anzuziehen, weil er kratzt und piekt. Als perfekte Mutter hätten wir dafür natürlich vollstes Verständnis und würden unseren Schatz sogleich fragen, welcher Pulli es denn stattdessen sein soll. Lottas Mutter allerdings ist keine perfekte, sondern eine starke Mutter und bleibt ungerührt bei ihrer Forderung, Lotta möge den Pullover, der ganz bestimmt nicht kratzt und piekt, doch bitte schön anziehen. Nachdem Lotta bekundet, dann schon lieber nackt herumzulaufen, entgegnet die Mutter, das solle sie dann eben tun. Die Mutter bleibt ungerührt, auch als Lotta ohne Pullover zum Frühstück erscheint. Erst Anziehen, dann frühstücken. Da Lotta ein recht dickköpfiges Kind ist, denkt sie gar nicht daran, sondern zerschneidet vor lauter Wut über die böse Mama das Objekt des Anstoßes. Als sie die Mutter nicht zum Einkaufen begleiten kann – der Pullover ist ja im Eimer, und das würde dann sogleich auffliegen –, packt Lotta ihren Teddy und zieht aus, zu Tante Berg nebenan. Nicht ohne eine Nachricht zu hinterlassen.

Dieses Buch von Astrid Lindgren gehört vermutlich nicht zu ihren bekanntesten, und doch ist es ein kleines pädagogisches Juwel. Lottas Mutter ist ein fabelhaftes Vorbild für alle verunsicherten Mütter, denn sie ist eine vollkommen normale Mutter, die ganz klare Grundsätze hat, ohne je bemüht erzieherisch zu sein. Sie ist einfach nur sie selbst und bleibt sogar in Konfliktsituationen bei sich. Sie setzt ihrer Tochter deutliche Grenzen, lässt ihr aber auch die Freiheit, sich anders zu entscheiden und die Konsequenzen dafür zu tragen. Das geht so weit, dass sie Lotta den »Auszug« von zu Hause zugesteht. Sie respektiert Lottas eigene Versuche, den Konflikt auf diese Weise für sich zu lösen, und bringt ihr sogar Blumen für ihr »neues Heim«. Gleichwohl baut sie Lotta Brücken, indem sie ihr sagt, dass sie sich freuen würde, wenn sie wieder heimkäme. Doch auch dann überlässt sie es ihrer Tochter wieder, selbst zu entscheiden. Erst als Lotta sich überfordert und sich aus eigener Kraft nicht aus dem Konflikt befreien kann, schreiten die Eltern ein: Als es dunkel wird und Lotta sich fürchtet, holt der Vater sie nach Hause. Bei allem Freiraum, den sie der Tochter gewähren, sind die Eltern da, wenn Lotta sie braucht.

Ich war's nicht

In dem wunderschön gezeichneten Bilderbuch *Ich war's nicht* von Lynn Munsinger können wir ebenfalls einer starken Mutter begegnen, die ganz sie selbst ist. In diesem Buch kann der kleine Hase Lothar der Versuchung nicht widerstehen und stibitzt einen der Karottenkuchen, die die Mutter für ihre Kinder anlässlich eines geplanten Picknicks gebacken hatte. Als die Mutter ihn zu Rede stellt, versucht sich Lothar aus der Affäre zu ziehen, in dem er die Schuld auf imaginäre Räuber schiebt (ein beliebtes Mittel bei Kindern). Die Mutter zieht daraus prompt die logischen Schlüsse. Als Lothar ein Schwein anführt, packt sie ihn, um ihn in die Badewanne zu stecken, denn Schweine sind schmutzig. Als Lothar daraufhin seinen Irrtum einräumt und einen großen Hund ins Feld führt, holt Mama Hase das Flohpulver, um Lothar tüchtig einzustäuben, worauf Lothar sich besinnt und meint, es wäre wohl doch ein fieser Fuchs gewesen. Nachdem die Mutter auch auf diesen Einfall folgerichtig reagiert und ankündigt, nun müsse für alle das Picknick ausfallen (herumschleichende Füchse sind sehr gefährlich für kleine Hasen), ist Lothar schrecklich unglücklich, weil er der ganzen Familie den schönen Tag verdorben hat. Seine Mutter lässt ihn in seinen Gefühlen »schmoren«. Das Ende der Geschichte ist, dass Lothar seinen Diebstahl beichtet, die Mutter ihm herzlich gerne verzeiht und die Hasenschar ihr Picknick veranstaltet, bei dem jedes Hasenkind seinen Möhrenkuchen mümmelt, während Lothar an einem Kleeblatt knabbert.

Und die Moral von der Geschicht: Die starke Hasenmutter weiß genau, dass ihr kleiner Lothar schwindelt, doch sie nimmt ihn in dem, was er sagt, voll und ganz ernst, worauf der kleine Hase erlebt, dass seine Vorgehensweise höchst unangenehme Folgen hat. Lothars Mama nimmt ihm das Problem nicht ab, sie löst es nicht für ihn. Stattdessen verlangt sie von ihm, die innere Spannung auszuhalten, und lässt ihm gleichzeitig die Freiheit zu wählen: Ehrlichkeit oder Gewissensbisse. Sie ermöglicht ihrem Sohn eine freie Entscheidung. Er kann bei dem Schwindel bleiben, muss dann allerdings die Last der Lüge tragen. Oder er überwindet sich und findet den Mut, Farbe zu bekennen. Im letzten Bild gibt es noch einen deutlichen Hinweis auf die feste Haltung dieser Mutter: Lothar ist beim Picknick im Kreise seiner Familie aufgehoben und integriert, doch im Gegensatz zu seinen Geschwistern, die alle Möhrenkuchen futtern, gibt es für ihn nur ein Kleeblatt. Auch wenn Lothar sich entschuldigt hat, bleibt die Konsequenz bestehen. Er hat seinen Kuchen schon aufgegessen, deshalb kann er keinen mehr zum Picknick verdrücken. Ganz schön stark!

Die perfekte Mutter hätte noch schnell einen gebacken oder besorgt oder hätte die anderen Kinder aufgefordert, Lothar ein Stück von ihrem abzugeben, damit er sich auf keinen Fall ausgeschlossen fühlt.

Das sind wahrlich beachtliche Mütter in diesen Kinderbüchern! Doch nicht vergessen, sie sind wieder nur ein Ideal! Alle beschriebenen Mutterexemplare sind nur richtungsweisende Vorbilder, an die wir uns anlehnen und von denen wir uns motivieren lassen können. Wir brauchen uns also ganz und gar nicht schlecht zu fühlen, weil wir nie genauso konsequent sein können und Lothar wenigstens einen Trostkeks gegeben und mit Lotta einen Kompromiss ausgehandelt hätten.

Von Mutter zu Mutter

Ich hoffe auch auf neue Vorbilder vonseiten der Medien. Tatsächlich gibt es erste Anzeichen eines Sinneswandels, die darauf schließen lassen, dass angepasstes, perfektes Verhalten bald out, menschelnde Schwächen demnächst in sein könnten.
In Werbespots dürfen Mütter ihrem Kind das Eis wegessen, während der Fratz mal gerade kurz aus dem Autofenster sieht. Familien dürfen im hektischen Durcheinander des Packens bei der Abreise ihr Baby vergessen, um alsbald reuig zurückzukehren.
Auch bei den Elternmagazinen schleichen sich immer öfter Artikel ein, die von mütterlicher Gelassenheit sprechen. Das bemerkenswerte Fazit: Mütter müssen also doch nicht alles richtig machen. Sogar mit der Fürsorge sollten wir es nicht übertreiben, denn Kinder brauchen – wie von Experten festgestellt – freie, selbstbestimmte Spielräume ohne Kontrolle.

Sich selbst wiederentdecken

Kein Gesetz der Welt gebietet es, dass wir uns für unsere Kinder aufgeben müssen, und doch scheint von der traditionell mütterlichen Rolle nach wie vor ein starker Sog auszugehen. Mollig weich verführt das Muttersein dazu, sich aus der Welt da draußen zurückzuziehen und in archaische Verhaltensmuster zurückzufallen. Die Mutterhöhle ist nicht nur schützender Ort für unsere Kinder. Das Muttersein ist auch Ort der Regression, Schutzschild gegen unliebsame und angstbesetzte Anforderungen und Auseinandersetzungen mit dem rauen Leben. Stellen wir unsere Kinder in das Zentrum unseres Lebens, kneifen wir vor dem eigenen. Das Leben der Kinder füllt uns dann aus, nicht das eigene.

Für die erste Lebenszeit ist dieses psychische Phänomen für die Kinder überlebenswichtig, überdauert der Zustand jedoch die Kindergartenzeit, geht das unweigerlich auf Kosten der individuellen Persönlichkeitsentwicklung. Die Kinder müssen ersetzen, was wir selbst uns nicht trauen zu leisten. Auf diese Weise entstehen die ungeheuren Ansprüche, die heute an Kinder gestellt werden. Statt uns und für uns müssen die Kinder glücklich, erfolgreich und strahlend sein. Das macht es schwer, die Kinder so anzunehmen, wie sie sind, mit ihren Merkwürdigkeiten und Eigenheiten, mit ihrer Verletzlichkeit und ihren Ängsten.

Es ist nicht nur reinste Mutterliebe, wenn wir verbissen um den begehrten Schulplatz kämpfen oder unsere Stammhalter von einem Förderprogramm zum nächsten karren. Wenn unser Supergirlie außer einer Traumhaltung auch den Anmut und Liebreiz einer gefeierten Primaballerina in der Ballettschule erlangen soll, geht es auch um unsere unerfüllten Sehnsüchte. Wenn wir unsere persönliche Ich-Entfaltung außer Acht lassen, ist die Gefahr groß, dass wir unsere eigenen

Wunschträume und Ansprüche an die Kinder delegieren und sie zu unseren Erfüllungsgehilfen machen. Das bekommt weder ihnen noch uns. Instrumentalisierte Kinder wachsen mit einer Last auf, da sie viel mehr sein müssen als nur Kind, viel mehr leisten müssen, als für die kindliche Entwicklung notwendig ist. Wir Mütter dagegen bringen uns ganz unnötig um die Entfaltung unseres Ichs und werden dementsprechend mit unangenehmen Gefühlen wie Missgunst, Eifersucht oder Kränkung unseren Kindern gegenüber zu kämpfen haben, denn aller Wahrscheinlichkeit nach werden wir unseren Kindern ihren großen Erfolg, ihre prächtige Entfaltung nur schwer gönnen können, sollten wir uns nicht zum radikalen Altruismus berufen fühlen.

Nur wenn wir für eigenen Glanz sorgen, werden auch unsere Kinder glänzen können. Nur wenn wir unsere Grenzen schützen, werden sich die Kinder ihrerseits schützen lernen. Nur wenn wir auf ein eigenes ausgefülltes Leben bestehen, werden wir unseren Kindern das ihrige ermöglichen.

Der Weg zu einer selbstbestimmten Erziehung geht nun mal nur über das Selbst. Herauszufinden, was uns im Kern ausmacht, ist eine wahre Herkulesaufgabe ohne sichtbaren Masterplan. Für die Selbstverwirklichung gibt es keine vorgeschriebenen Stationen, die man tunlichst abklappern sollte. Das Geheimnis liegt nicht unbedingt in der Berufstätigkeit oder in anderweitigem Erfolgsstreben. Es geht wohl eher darum, möglichst viele Zimmer des inneren Hauses zu entdecken und bewohnbar zu machen und so manchen persönlichen Mount Everest zu bezwingen. Es geht darum herauszufinden, wer man ist und wer man sein kann. Das geht mit und ohne Berufstätigkeit. Wir sind richtig, wenn wir uns mit uns selbst wohlfühlen, wenn wir etwas finden, das uns genauso fordert und das wir genauso lieben wie unsere Kinder. Das ist in den wenigsten Fällen etwas Spektakuläres oder Außergewöhnliches. Es muss nur wirklich unseres sein.

Zurück zum Selbst mit Lust und Liebe

Sich aus der Mutterhöhle zu wagen ist nichts für Feiglinge. Liebe ist bekanntlich bestens dazu geeignet, Hemmungen und Ängste zu überwinden. Echte, lustvolle Lebensräume, neben dem Leben mit den Kindern, sind für dieses abenteuerliche Unternehmen deshalb außerordentlich hilfreich. Räume, die Kinder zur allerschönsten Nebensache der Welt machen.

Es muss ja nicht gleich der nette Nachbar mit den süßen Wangengrübchen von gegenüber oder der blonde Traum aus dem Tennisclub sein. Das verursacht unter Umständen komplizierte Verwicklungen und widerspricht den idealen Vorstellungen einer glücklichen Familie. Seine Begierden allein auf eine funkelnagelneue High-Tech-Küche oder das sensationelle Armani-Kostüm zu beschränken bringt uns genauso wenig weiter. Außer Konsumsucht und einem heimlichen Lover ist alles erlaubt. Hauptsache, das Selbst-Projekt bekommt volle Konzentration und Hingabe, sonst droht ein Rückfall ins überversorgende Mutterreich. Je entrückter wir dabei sind, je beunruhigender wir es empfinden, desto besser. Denn auch wir Mütter wachsen an der Herausforderung und an der Überwindung von Grenzen.

Erinnern wir uns daran, was uns in unserer Kindheit schon die größte Freude schenkte. Wer waren wir, bevor wir Mutter wurden? War es für uns schon immer ein Glück, aus vollem Halse zu singen? Karaoke ist eine feine Sache, um diesem Faible Raum zu verschaffen. Synchron können wir dabei noch eigene Schamgrenzen austesten.

Schwingen wir das Tanzbein in der Salsa-Tanzschule oder entfalten wir voller Inbrunst die schon reichlich zerknitterte Rockröhre in uns, bringt uns das unseren Körperempfindungen und der Lust an der Selbstdarstellung nah.

Bevorzugen wir die kommunale Politik, um endlich die gesellschaftliche Wende einzuläuten, können wir Bekanntschaft mit unserer aggressiven, männlichen Seite machen. Wunderbar! Nur zu!

So gesehen bekommen wir ein weiteres Kind hinzu. Das Selbst beansprucht nun auch unsere mütterliche Aufmerksamkeit und Zeit. Das kleine Kind in uns, das irrationale, fantasievolle, wilde und sinnliche, will, was alle kleinen Kinder wollen: Es will gehegt und gepflegt werden. Es will tüchtig gefüttert werden, damit es satt ist. Es will über die Stränge schlagen dürfen und verlangt nach Ausdruck, um blühen zu können. Es soll seinen großen Auftritt bekommen.

Egal ob waghalsiges Bungeejumping, stille Meditation im Kloster, hingebungsvolle Gartenpflege, kostspieliges Segelfliegen oder gewöhnliches Vereinstreiben – alle Leidenschaften haben eines gemeinsam: Sie bringen uns Mütter auf andere Gedanken. Mehr noch! Sie führen uns in eine andere Welt und für einige Zeit weit, weit weg von unseren Kindern. In dieser Welt verlieren Biomöhren und Englischhausaufgaben drastisch an Bedeutung. Der hartnäckige Läusebefall beim Jüngsten bietet keinen Anlass mehr für Panikattacken, denn er ist jetzt, was er ist: eine lästige, aber harmlose Sache und keine Ungezieferinvasion. Staubflusen unterm Sofa werden in diesem Stadium nur noch vage wahrgenommen. Wen stören schon verschmierte Fenster, wenn der wache Geist und die innere Freiheit rufen?

Saßen wir bisher im Sand und guckten dem kleinen Knilch beim Buddeln zu, während wir uns nach dem seit langem unberührten Klavier im Wohnzimmer sehnten, buchen wir jetzt ganz stiefmütterlich den Babysitter und streicheln die Tasten. Von nun an spielen wir wieder bei den Erwachsenen mit; dann assoziieren unsere erwachsenen Kinder mit Eltern nicht nur Zoobesuche und Kuchenbacken, sondern weinselige, durchdiskutierte Nächte mit Freunden, und Mama und Papa allein hinter geschlossenen Schlafzimmertüren, als aufregende Vorboten eines bewegten Lebens, gelegentlicher Katzenjammer eingeschlossen.

Denn jetzt mal alle Idealisierungen beiseite: Wenn wir unseren Kindern eine selbstbestimmte und unabhängige Gangart vorleben, schließt das die Höhen ebenso wenig aus wie die Tiefen. Sie werden also aller Wahrscheinlichkeit nach auch Enttäuschungen, Rückschläge und geplatzte Träume bei uns erleben können. Doch das ist in Ordnung, denn zu einem erfüllten Leben gehört das zwangsläufig dazu. Es gibt keinen Grund, warum Kinder nichts davon erfahren sollten. Wenn wir auf die eigene Persönlichkeitsentwicklung bestehen, machen wir ihnen vor, wie wir durchs Leben gehen, dass man mit Misserfolgen und Verlusten umgehen kann und dass es sich lohnt, Ängste zu überwinden. Wir machen uns unabhängig von den Erfolgen unserer Kinder und ermöglichen ihnen ihre eigenen.

Ich bin davon überzeugt: Das, was wir für unsere eigene Persönlichkeitsentwicklung tun, tun wir auch für die der Kinder.

Die Entfaltung des Ichs hat einen Preis

Ein gut gepflegtes Selbst ist mehr als die halbe Miete. Deshalb sollten wir dafür kämpfen. Bekanntermaßen ist das nicht immer einfach, denn alles hat seinen Preis. Selbstverwirklichung ist für diejenigen am schwersten, die ihrem Mann beruflich den Rücken freihalten oder sich alleine durchs Leben schlagen müssen.

Schließen wir als Frau doch einen weiteren Handel mit unserem Mann: Wir schmeißen den ganzen Laden zu Hause, dafür dürfen wir uns in einigen Abendstunden oder so manches Wochenende auf seinen Rückhalt verlassen. Am besten gleich feste Termine vereinbaren, damit nicht immer wieder neu und kräftezehrend verhandelt werden muss.

Bei diesem konservativen Familienarrangement können wir erwarten, dass sein schwer verdientes Geld nun nicht fraglos in die Erweiterung und Verfeinerung der häuslichen Umgebung, in die Familienfernreise oder in einen neuen Kombi, sondern in gute und umfangreiche Kinderbetreuung fließt. Die Entfaltung des Ichs geht häufig nur über den Verzicht von Konsum. Für eine Designerbrille gibt es viele Babysitterstunden. Das Sein kommt vor dem Haben.

Egal ob mit oder ohne Lebensgefährte, ohne materielle Opfer wird es nicht gehen, falls wir nicht zu den Privilegierten gehören, denen ein Au-pair-Mädchen oder eine Haushaltshilfe zur Verfügung steht. Steht man ohne Putzfrau da, müssen außerdem Abstriche bei der Hausarbeit gemacht werden, die de facto den Löwenanteil fraulicher Freizeit und Energien verschlingt. Es muss ja nicht so weit kommen, dass der Älteste seiner Biologielehrerin beim Thema Moos erzählt, dass bei ihm zu Hause in der Duschkabine auch so grünes Zeug wächst. Es ist eine Sache der Prioritäten. Erst die Leidenschaft, dann das Putzen.

Der Preis für die Ich-Entfaltung ist ein riesiger Wäscheberg auf dem blauen Sofa, aus dem sich die liebe Sippschaft die Socken und das Lieblingshemd herausziehen muss. Je nach fraulicher Auftragslage kann es passieren, dass die Mülltonne noch drei Tage nach dem Müllabfuhrtermin auf dem Gehweg steht und das Treppenhaus nur alle vier Wochen Besuch vom Wischlappen bekommt. Liebevoll gestaltete Fotoalben samt Anekdoten und Armbändchen aus dem Wochenbett sucht man jetzt häufig vergeblich. Vielmehr stapeln sich Hunderte von Photos auf den Dateien des häuslichen Rechners oder in alten Schuhkartons auf dem Dachboden. Gelebtes Leben schlägt archiviertes!

Der gekaufte Kuchen für den Weihnachtsbasar kommt ziemlich unprätentiös daher, und hin und wieder gibt es dank des Fertiggerichts aus der Tiefkühltruhe lange Gesichter am Esstisch.

Wenn beide Eltern Inhaber der Erziehungskompetenz sind, bleiben hitzige Debatten mit dem männlichen Geschlecht nicht aus. Und auch die Kinder werden sich ein ums andere Mal über ihre »fürchterliche« Mutter beklagen. Das alles lässt sich aber aushalten und ist in Ordnung, denn unsere bejahenden, fürsorglichen und liebevollen Seiten als wärmender Ausgleich gehen unseren Kindern gewiss nicht verloren.

Die Selbstpflege bringt es mit sich, dass gesamtfamiliäre Unternehmungen das eine oder andere Mal hintanstehen müssen. Sie bringt den Verlust an gemeinsam verbrachter Zeit mit sich. Doch auf diese Weise verhüten wir unter Umständen einen radikalen Befreiungsschlag in zehn oder 15 Jahren. Vernachlässigen wir die eigene Persönlichkeitsentwicklung aufs Gröbste, müssen wir irgendwann die Notbremse ziehen, um nicht in Depressionen zu versinken. Da alles andere besser als eine Depression ist, trennen wir uns dann von einem schicken Häuschen samt dem dazugehörigen schicken Mann – trotz zwei schicker Kinder –, wohnen wieder in einem winzigen WG-Zimmer und studieren mit 43 Philosophie, um nach dem Platz in der Welt für uns zu suchen. Vernachlässigen wir unser Ich hier und heute, kommt das unsere Familie in der Zukunft weit teurer zu stehen.

Wo ein Wille ist, ist auch ein Weg, wir müssen ihn nur suchen gehen. Das Resultat ist hin und wieder eine satte Zufriedenheit – nicht die schlechteste Voraussetzung fürs Erziehen. Diese Zufriedenheit ist wichtig, damit wir unseren Kindern sagen können: Werde so, wie ich bin.

Von Mutter zu Mutter

Für alle, die befürchten, die Kinder könnten durch unsere eigenen Vorlieben und Passionen (zeitlich) zu kurz kommen: Was wirklich zählt ist die Intensität in der Beziehung zueinander. Und die ist nicht in erster Linie von der Dauer der gemeinsam verbrachten Zeit abhängig, sondern von dem eigenen Wohlergehen, aufrichtiger Verständigung und wirklicher Begegnung. Das kann in einer Stunde innigsten Beisammenseins am Abend besser geschehen als an einem ganzen hektischen Tag ohne Berührung.

Bis zum Mond und wieder zurück ...

... haben wir uns lieb.« So endet das beliebte Kinderbilderbuch *Weißt du eigentlich, wie lieb ich dich hab?*, die, wie ich finde, anrührendste Erzählung von geglückter Mutterschaft. Sie zeigt, dass ein starkes Muttersein sehr viel mit Liebe zu tun hat und mit dem großen Unterschied zwischen Eltern und ihren Kindern. Der große Hase bleibt bei sich, hält der Herausforderung des kleinen Hasen stand, wahrt das Eltern-Kind-Gefüge und bleibt dabei immer liebevoll.

In dieser kleinen Tiergeschichte geht es um einen zärtlichen Wettstreit zwischen dem kleinen und dem großen Hasen. Der Kleine fordert den Großen immer wieder aufs Neue heraus, indem er ihm mit der Spannbreite seiner Arme oder mit Riesensprüngen zeigt, wie groß seine Liebe zu dem großen Hasen ist. Der Große nimmt die Herausforderung an und steht dem Kleinen in Sprüngen und Ideen in nichts nach, im Gegenteil. Auch er zeigt, mit dem, was er hat und was er kann, wie lieb er den kleinen Hasen hat. Und da er längere Arme hat und höhere Sprünge machen kann, ist er dem kleinen Hasen immer überlegen. Doch das entmutigt den kleinen Hasen nicht, sondern motiviert ihn zu immer neuen Anläufen und Anstrengungen. Das Buch endet damit, dass der große Hase die Wettkampfsituation auflöst. Er gibt seine stärkere Position nicht auf, aber er zeigt, dass sie sich beide in ihrer großen Liebe in nichts nachstehen.

Der perfekte Mutterhase hätte die Arme nie höher gestreckt als der kleine Hase, hätte sich extra klein gemacht, um dem Kind die Kränkung, kleiner und schwächer zu sein, zu ersparen. Er hätte dem Kind die Illusion bewahren wollen. Doch die Realität ist, dass wir unseren Kindern haushoch überlegen sind. Das muss so sein, sonst könnten wir unsere Kinder nicht beschützen und großziehen. Mit einem ansehnlichen Wissens- und Erfahrungsvorsprung gesegnet, dürfen wir als Erwachsene führen und den Weg vorgeben. Fragen wir nicht zuerst, was das Beste fürs Kind ist. Fragen wir uns zuerst, was das Beste für unsere Familie ist. Wie wollen wir leben? Was wollen wir unseren Kindern vorleben? Wie können wir unsere Familie zu einem emotionalen Kraftzentrum für all ihre Mitglieder machen?

Teil der Antwort wird es dann sein, auch das Eigene zu schützen und zu entwickeln. Wenn wir wirklich wir selbst sind, wird das nicht ohne Fehler und Irrtümer ablaufen. Ich empfehle daher, das unselige Wort »perfekt« mit dem mächtigen Wort »potent« zu ersetzen. Das beschreibt am besten, was uns als Mütter ausmachen sollte, damit es uns und den Kindern gut geht.

Überdenken wir auch unser Erziehungsziel »Glückliches Kind« neu. Glück ist eine flüchtige Angelegenheit und eine Frage des Moments. Hängt die Latte zu hoch, drohen wir zu scheitern. Ich plädiere dafür, »Glückliches Kind« durch »Vitales Kind« zu ersetzen. Ein volles und lebendiges Leben für unsere Kinder anzustreben – Glücksmomente natürlich inklusive – ist realistischer und beschreibt ein »in der Welt sein«, das unsere Töchter und Söhne für ein Leben mit Höhen und Tiefen wappnet und schützt, das Unterschiede und Individualität erlaubt, die Loslösung des Kindes anerkennt und ermöglicht. Mehr kann man mit Erziehung nicht erreichen.

Der Kosmos der Großen sollte ein wenig Mysterium für die Kinder bleiben. Etwas Geheimnisvolles, Erstrebenswertes, wonach Kinder sich sehnen können, was sie erlangen wollen. Bleibt den Kindern ein Stück der Erwachsenenwelt verschlossen, ist das Kraftstoff für den Entwicklungsmotor des Kindes und sorgt für eine klare Trennung zwischen der Welt der Eltern und der der Kinder. Wir sind nicht dafür da, unser Leben nach den Kindern auszurichten, und unsere Kinder sind nicht dazu da, das unsrige auszufüllen. Gemeinsamkeiten sind wichtig, aber das Eigene eben auch.

Nichts lag mir ferner, als mit diesem Buch ein neues, unerreichbares Ideal zu schaffen. Prüfen Sie für sich, welche der genannten Anregungen und Ideen zu Ihnen passen. Mir ging es darum, Sie als Leserinnen darin zu unterstützen, das individuelle, höchstpersönliche, das für Ihr Ich maßgeschneiderte Ideal zu finden. Ich hoffe, ich konnte dazu einen Beitrag leisten.

Apropos, was halten Sie von dem folgenden Ideal? Ganz hübsch, oder? Auch wenn es nur ein Ideal ist...

Beispiel

Eine beschwingte Frau in Jeans begutachtet flüchtig die wenig fachmännisch von Kinderhand gemachten Betten im Kinderzimmer. Sie läuft über den struppigen Flokati zum hellen Fenster, um zu lüften. Ihr Blick fällt sehnsüchtig auf das neue Buch auf der Sonnenliege im Garten. Ein spärlich gelockter, kleiner Engel faltet grimmig seinen Schlafanzug zusammen. Ein Junge mit verwuschelten Haaren, lässig in einem auf links gedrehten T-Shirt, ruft genervt aus dem Nebenzimmer:»Kann ich bitte ein Paar Socken ohne Löcher haben!« Ein leises Grinsen umspielt die unbescheidenen Lippen der Mutter.

— Schnitt —

Hungrige Mäuler: Die Familie sitzt am runden Kieferntisch, auf dem ein Tiefkühlhühnchen, eingeschweißter Gouda und ein ländlicher Bordeaux für die Erwachsenen und Tritop für die Kinder warten. Der große Junge kratzt sich versunken am Kopf. Das Mädchen mustert argwöhnisch das Gemüse. Der Vater serviert voller Stolz sein Menü. Die Mutter quetscht ein bemühtes:»Ähh, fein, Papa hat gekocht!« hervor. Die Kinder kichern.

Mit einem Stirnrunzeln angelt die Mutter ketchupverschmierte Teller samt Fischstäbchenbrocken vom Vortag aus dem Geschirrspüler, knüpft sich den Kleinsten vor und führt ihn vom Geschirrspüler zum Abfalleimer und wieder zurück. Die Küche im Hintergrund ist in schönster Unordnung, man kann ein paar Staubflusen über das Holzparkett huschen sehen.

Danksagung

Meine Liebe und mein Dank gehen an meinen Mann André Knauff für den Raum fürs Schreiben und den Rückhalt – jederzeit. An meine Kinder Matilda und Malte, die – wie könnte es anders sein – Quelle all dieser Seiten sind. An meine Mutter für die Anerkennung und an meinen Vater für die Zeit.

Von Herzen bedanken möchte ich mich bei Susanne Spröer, deren spontane Solidarität und tatkräftige Unterstützung eine echte Wohltat war; bei Doro Köchling für ihr Verstehen und ihr feines Gespür beim Korrekturlesen; bei Luisa von Kietzell, die mit konstruktiver Kritik für Erdung gesorgt und sich meiner Kommata angenommen hat, und natürlich bei Maria Faust, die mit Verve dabei war. Die fruchtbaren Dialoge mit ihr über die innere (Mütter-)Realität haben ihren Platz in diesem Buch.

Ein Dankeschön auch an Frau Dipl. Soz. Päd. Dipl. Heilpädagogin Irmgard Wintgen von der KFH Köln und an Herrn Dipl. Soz. Päd. und Heilpädagogen Wolfgang Köhn, KFH Münster. Viele erhellende Erkenntnisse, die ich durch sie gewonnen habe, sind in meine Arbeit eingeflossen.

Mein herzlicher Dank geht auch an meine Lektorin Anne Stadler vom Campus Verlag für ihr Ja zu diesem Projekt und die achtsame und sichere Führung durch das Manuskript. Und an meine Literaturagentin Franka Zastrow von der Michael Meller Literacy Agency für die Ausdauer.

Mein besonderer Dank geht an Frau Ulrike D., der ich nicht weniger als die Basis für dieses Buch zu verdanken habe.

Literaturhinweise

Dieses Literaturverzeichnis enthält eine Auswahl von Büchern, die um das Thema »Muttersein« kreisen und die ich zur Reflexion oder ganz einfach zur Unterstützung empfehlen möchte. Es sind Erziehungsratgeber darunter, genauso wie Romane und Kinderbücher. Für diejenigen, die sich für die Psychologie der Märchen interessieren, finden sich auch dazu einige Titel.

Bettelheim, Bruno: *Kinder brauchen Märchen.* München, 1999

Bittlinger, Arnold: *Es war einmal.* München, 1994

Diergarten, Anne / Smeets, Friederike: *Komm, ich erzähl dir was.* München, 1996

Frank, Julia: *Die Mittagsfrau.* Frankfurt am Main, 2007

French, Marylin: *Tochter ihrer Mutter.* Reinbek, 1988

Furedi, Frank: *Die Elternparanoia. Warum Kinder mutige Eltern brauchen.* Frankfurt am Main, 2002

Gordon, Thomas: *Die Neue Familienkonferenz.* München, 1989

Grimm, Jakob und Wilhelm: *Kinder- und Hausmärchen.* München, 1996

Hacke, Axel: *Der kleine Erziehungsratgeber.* München, 2006

Jessel, Tim: *Amorak.* Esslingen, 1997

Jorgensen, Margot / Schreiner, Peter: *Kampfbeziehungen.* Reinbek, 1989

Juul, Jesper: *Das kompetente Kind.* Reinbek, 1997

Juul, Jesper: *Nein aus Liebe. Klare Eltern, starke Kinder.* München, 2008

Kast, Verena: *Wege zur Autonomie: Märchen psychologisch gedeutet.* München, 1993

Korczak, Janusz: *Das Kind neben dir.* Berlin, 1990

Lindgren, Astrid: *Lotta zieht um.* Hamburg, 1997

McBratney, Sam / Jeram, Anita: *Weißt du eigentlich, wie lieb ich dich hab?* Aarau, Frankfurt am Main und Salzburg, 1994

Mulack, Christa: *Und wieder fühle ich mich schuldig.* Stuttgart, 1996

Munsinger, Lynn / Oppenheim, Joanne: *Ich war's nicht.* München, 2001

Murphy, Jill: *Schönen Abend, Mama Elefant.* Wien, München, 1988

Petri, Nina / Kaloff, Susanne: *Elternkrankheiten.* München, 2007

Pinkola Estes, Clarissa: *Die Wolfsfrau.* München, 1993

Rogge, Jan-Uwe: *Kinder brauchen Grenzen.* Reinbek, 1998

Rogge, Jan-Uwe: *Ängste machen Kinder stark.* Reinbek, 1999

de Saint-Exupéry, Antoine: *Der kleine Prinz.* Düsseldorf, 64. Auflage 2007

Schneider, Regine: *Gute Mütter arbeiten.* Frankfurt, 2002

Schrobsdorff, Angelika: *»Du bist nicht wie andre Mütter«.* München, 1996

Sendak, Maurice: *Wo die wilden Kerle wohnen.* Zürich, 1967

Seybold-Krüger, Annette (Hrsg.): *Denkanstöße für Eltern.* München, 2005

Sichtermann, Barbara: *Leben mit einem Neugeborenen.* Frankfurt, 2004

Irene Becker
Kein Angsthasenbuch
Warum sich Risikofreude
für Frauen lohnt

2009, 232 Seiten
ISBN 978-3-593-38706-2

No risk, no fun!

Kennen Sie das? Sie sitzen lieber in Ihrer Stammkneipe, als die neue schicke Bar im Viertel auszuprobieren, haben im Job Versagensängste, wenn man Ihnen mehr Verantwortung bietet, und statt ein neues Urlaubsziel auszuprobieren, reisen Sie zum wiederholten Mal an den gleichen Ort. Gerade Frauen scheuen sich oft, mal etwas Neues zu wagen und Risiken einzugehen, und bleiben lieber bei Erprobtem und Altbewährtem – leider verpassen sie dadurch viele Chancen. Irene Becker zeigt in ihrem neuen Buch, wie Frauen spielerisch lernen können, ihre Hemmschwellen zu überwinden, Risiken vernünftig einzuschätzen und auch mal etwas zu wagen.

Mehr Informationen unter
www.campus.de

Frankfurt · New York

Marco von Münchhausen
unter Mitarbeit von Iris und
Johannes von Stosch
**Liebe und Partnerschaft
mit dem inneren Schweinehund**

2009, 189 Seiten, gebunden
ISBN 978-3-593-38779-6

Schweinehunde in love

Zu Beginn einer Beziehung fällt es uns leicht, unserem Partner etwas Gutes zu tun oder ihm zuliebe Kompromisse einzugehen. Warum aber tun wir uns bloß so schwer damit, das auch nach der ersten Verliebtheit beizubehalten? Dieser humorvolle Ratgeber zeigt: Es sind unsere inneren Schweinehunde, die sich in unser Liebesleben einmischen! Marco von Münchhausen enthüllt die Tricks und Taktiken der inneren Widersacher und erklärt die Motive, die dahinter stecken. Denn wer den inneren Schweinehund verstehen lernt, wird ihn davon überzeugen, dass das Leben mit Partner noch viel schöner ist!

**Mehr Informationen unter
www.campus.de**

Frankfurt · New York

Christian Püttjer, Uwe Schnierda
Keine Macht den Gute-Laune-Dieben
Wie Ihnen schwierige Mitmenschen nicht mehr den letzten Nerv rauben

2009, 192 Seiten, gebunden
ISBN 978-3-593-38685-0

Der Miesepeterausweichplan

Chef, Kollege, Kunde, Freund oder Partner: Oft sind sie nichts anderes als Diebe. Abgesehen haben sie es auf Ihre gute Laune. Auch wenn der Tag noch so gut begann, irgendwann sind sie zur Stelle und rauben einem mit ihrem Nölen, Jammern und ihrer Besserwisserei den letzten Nerv. Zwei, die sich mit diesen Gute-Laune-Dieben bestens auskennen, haben ihnen jetzt den Kampf angesagt. Christian Püttjer und Uwe Schnierda, erfahrene Trainer, Coaches und erfolgreiche Autoren, spüren die gemeinen Glücksverhinderer auf, denen wir uns oft hilflos ausgesetzt sehen. Mit ihrem unterhaltsamen Ratgeber voller konstruktiver Tipps zeigen sie, wie Sie die Gute-Laune-Diebe stoppen können.

Mehr Informationen unter
www.campus.de

Frankfurt · New York

Klaus Bös, Margit Pratschko
Das große Kinder-Bewegungsbuch

2009, 232 Seiten, gebunden
ISBN 978-3-593-38684-3

Raus aus dem Kinderzimmer und fit ins Leben!

Der Sportwissenschaftler Professor Klaus Bös und die Medizinjournalistin Margit Pratschko zeigen in diesem Praxishandbuch, wie in der Kindheit die entscheidenden Grundsteine für ein gesundes Leben gelegt werden. Denn gerade für Kinder ist ausreichend Bewegung lebenswichtig. Anhand des Fitnesschecks im Buch können Eltern regelmäßig überprüfen, ob ihr Kind sich ausreichend bewegt und seinem Alter gemäß motorisch entwickelt.
Mit zahlreichen Anregungen, Übungen und Spielideen, wie Eltern ihre Kinder zu mehr Bewegung im Alltag motivieren. Für fröhlichere, ausgeglichenere und gesündere Kinder.

Frankfurt · New York

Mehr Informationen unter
www.campus.de